Jezus,
het onbekende verhaal

I0521848

Gerjo van der Horst

Uitgeverij Fiola
www.fiola.nl

With very special thanks to Steve Balsamo.
Without his tremendous emotions while singing 'Gethsemane'
this book probably would never have been written.

Bethlehem

Het was een stralende dag toen ze werd begraven. De zon had bloesem aan de bomen getoverd en vogels vlogen af en aan met nestmateriaal. De pracht van het ontluikende voorjaar stond in schril contrast met het verdriet van Jozef. De lange nachten die hij aan haar ziekbed had gewaakt, hadden hun tol geëist. Bleek stond hij aan haar graf. Zijn kleding had hij als teken van rouw gescheurd en hij keek toe hoe zijn dorpsgenoten de kist naar het graf droegen. Hij hoorde hoe zij de bekende psalmen reciteerden maar zelf kon hij geen geluid voortbrengen. Zijn keel was dichtgesnoerd door alle emoties van de afgelopen dagen. Haar te moeten missen was een onmogelijke opgave. Hij hield zo zielsveel van haar. Hoe zou hij zonder haar verder kunnen? Ook bij de rituele reiniging en het daarna kleden in de eenvoudige lijkwade was hij nauwelijks in staat geweest iets te doen. Hij had het niet op kunnen brengen en had alleen sokken aan haar mooie slanke voeten getrokken. En nu lag ze daar, in die kist en de gedachte alleen al dat hij daar straks drie scheppen aarde op moest gooien deed een rilling van afschuw over zijn rug gaan.

De stoet was nu bij het graf aangekomen. Jozef zag dat ze de kist eerbiedig in het gat lieten zakken. Nu moest hij Kaddish het traditionele dodengebed, bidden. Maar zijn stem liet hem nog steeds in de steek. Toen legde iemand een arm om zijn schouders. Hij keek op en zag de bemoedigende blik van zijn vader. En hij hoorde hoe hij begon:

"Laat de grootheid en de heiligheid van Zijn grote Naam vermeld worden in de wereld die Hij geschapen heeft, volgens Zijn wil ..."

Zijn vader kneep hem ter aanmoediging in zijn arm en schor klonk zijn stem toen hij inhaakte:

" ... en moge Hij Zijn Koningschap vestigen tijdens uw leven en tijdens het leven van heel het huis Israël, spoedig en binnenkort. Zegt nu: Amen."

Zijn dorpsgenoten antwoordden met een eerbiedig 'Amen'. Gesteund door zijn vader die trouw aan zijn zijde bleef, vervolgde Jozef het lange gebed tot het met een gezamenlijk 'Amen' werd afgesloten. Jozef was opgelucht dat dit nu achter de rug was. Hij pakte de schop die naast het graf klaar stond. Als het dan toch moest gebeuren, dan maar beter meteen. Hij schepte drie scheppen aarde op de kist en gaf daarna de schop door aan zijn vader. Hij dwong zichzelf toe te kijken hoe deze en zijn vrienden zijn voorbeeld volgden. Langzaam verdween de kist onder het zand. Toen verliet het gezelschap de begraafplaats. In de bijzaal van de synagoge liepen zijn dorpsgenoten langs om hem te condoleren. Het was een lange rij want zijn vrouw was door haar opgewekte karakter geliefd geweest. Jozef wist niet hoeveel handen hij wel niet schudde. Tot eindelijk iedereen afscheid had genomen en hij achterbleef met zijn ouders en rabbi Barachi die de dienst had geleid. Op van alle emotie zakte hij neer op een stoel. Zijn moeder kwam naast hem zitten en streelde zijn hand.

"Wil je echt niet dat we straks met je meegaan?" vroeg ze meelevend. "Volgens mij kun je nu beter niet alleen zijn. Of ga anders met ons mee. Zo ver is Nazareth nu ook weer niet."

Maar Jozef schudde beslist zijn hoofd.

"Ik wil juist wel alleen zijn," zei hij heftig. "Al die mensen vandaag! Het is goed bedoeld, maar ik wil nu even niemand meer zien. Laat me maar, ik red me wel."

Hij drukte haar hand, bedankte de rabbi en ging naar huis. En in zijn eigen huis, in de beslotenheid van zijn eigen kamer liet hij zijn tranen de vrije loop en hij huilde hartstochtelijk tot hij geen tranen meer over had.

Een week lang rouwde Jozef. Daarna pakte hij zijn werk als timmerman weer op. De lichamelijke inspanning deed hem goed en zorgde ervoor dat hij niet al te lang bij zijn verdriet stil kon blijven staan. Zijn beste vrienden, Ruben en Gideon, kwamen regelmatig langs om te zien hoe het met hem ging. Vaak spraken ze over geloofszaken en de situatie in hun land. De bezetting door de Romeinen hield hen bezig. Hoe langer deze duurde, hoe meer ze ernaar verlangden om, zoals eens onder de grote koning David, in vrede te leven en te werken naar Gods gebod. Hun koning Herodes maakte het niet makkelijker. Al veertig jaar regeerde hij met strakke hand en hij stak zijn bewondering voor de Romeinse keizer Augustus niet onder stoelen of banken. In Jeruzalem had hij een paleis laten bouwen dat er net zo prachtig uit zag als het onderkomen van Augustus in Rome. En hoe ouder hij werd, hoe meer het aan hem knaagde dat hij niet dezelfde status had weten te bereiken als die grote keizer. Hij had weliswaar een groepje volgelingen, de Herodianen, maar de meeste joden tolereerden hem alleen omdat ze ervan overtuigd waren dat op korte termijn de Messias, de échte troonopvolger, geboren zou worden. Wanneer deze nakomeling van David zijn opwachting zou maken zou alles anders worden. De Romeinse overheersing zou zijn langste tijd hebben gehad en Herodes, die nota bene niet eens van David afstamde, zou afstand moeten doen van zijn troon. Die gedachte maakte de vorst wantrouwig. In iedereen zag hij een vijand en zelfs zijn familie was bang voor hem.

"Heb je het gehoord, van de vrouw van Herodes?" vroeg Ruben toen ze op een avond weer eens bij elkaar zaten. "Ze schijnt naar haar vaderland te zijn gevlucht, en ze heeft haar zoons meegenomen. Herodes moet woedend zijn geweest toen hij er achter kwam!"

"Waarom heeft ze dat gedaan?" zei Jozef verwonderd. "Ik dacht dat Herodes een goede partij voor haar was."

"Dat is hij ook," knikte Ruben. "Maar ze voelde zich niet meer veilig. De geruchten gaan dat Archelaüs, hun oudste zoon, zijn vader wilde vermoorden om daarna zelf de troon te bestijgen. Herodes ging er waarschijnlijk vanuit dat zij daarvan wist en hem steunde."

"Nou, van mij had hij dat mogen doen!" zei Gideon fel. "Ik zie die Herodes liever gaan dan komen!"

"Alsof we met Archelaüs beter af zouden zijn," merkte Jozef op. "Een zoon die zijn vader vermoordt lijkt me ook niet bepaald geschikt als koning!"

"Dat is waar," beaamde Ruben. "Maar ik hoorde ook dat Archelaüs zijn vader voor wilde zijn. Herodes zélf schijnt plannen te hebben gehad om niet alleen hem, maar ook zijn andere zoon, de jonge Herodes, te doden!"

"Waarom zou een vader dat doen?" reageerde Jozef geschokt. "Is het hebben van kinderen niet het mooiste wat een mens kan overkomen? Het is spotten met Gods plan om je eigen kinderen naar het leven te staan!"

"Zo zie je hoe verziekt zijn geest is," zei Gideon bezorgd. "Een bedreiging van zijn macht tolereert hij gewoon niet. Ook niet als die komt van zijn zoon, die in principe recht heeft op de troon."

Jozef schudde zijn hoofd.

"Ik vraag me af of het ooit nog goed komt met ons land," verzuchtte hij. "God stelt ons wel heel erg op de proef. We wachten nu al zo lang, maar ook ik, al kom ik uit het huis van David, verlies soms het vertrouwen dat onze troonopvolger echt zal komen."

Ruben en Gideon knikten. Ook zij zagen de tijd waarin zij leefden als donker en weinig hoopvol. Even zwegen ze. Maar toen viel Ruben uit:

"En toch wil ik de moed niet opgeven! Is het niet zo dat God ons altijd weer de helpende hand heeft toegestoken? En dat dit altijd gebeurde op de donkerste momenten? Misschien is dit wel juist de tijd waarin we iets mogen verwachten!"

Jozef en Gideon knikten. Ruben had gelijk. Ze moesten blijven hopen, anders was alles immers verloren. Toen ze aan het eind van de avond afscheid namen, omhelsden ze elkaar ernstig, dankbaar dat hun vriendschap in ieder geval stand hield.

Op een dag, toen Jozef de dienst in de synagoge had bezocht, kwam rabbi Barachi naar hem toe.

"Blijf nog even Jozef," zei hij vriendelijk. "Het is al een poosje geleden dat ik je heb gesproken en ik ben benieuwd hoe het met je gaat."

Jozef knikte instemmend. In Barachi's huis schonk deze iets te drinken in. Maar een gesprek kwam niet echt op gang. Jozef was niet zo in de stemming voor een oppervlakkig praatje. Barachi vond dat hij er terneergeslagen uitzag. Het viel natuurlijk ook niet mee om op je 32e weduwnaar te worden en zonder vrouw en kinderen achter te blijven. Hij had werkelijk met hem te doen en belangstellend vroeg hij:

"En Jozef, lukt het je wel allemaal, zo in je eentje?"

Jozef haalde zijn schouders op.

"Ik heb volgens mij niet veel keus," reageerde hij cynisch. "Ik moet immers wel verder met mijn leven."

"Je zou eigenlijk niet alleen moeten blijven," sprak Barachi meelevend. "Waarom hertrouw je niet? De periode van rouw is voorbij en het staat je vrij op zoek te gaan naar een andere vrouw."

Jozef antwoordde niet. Hij draaide zijn hoofd af want hij wilde niet dat Barachi zijn verdriet zou zien. Maar deze had het wel gezien en hij legde een hand op Jozefs schouder.

"Begrijp me goed," zei hij vriendelijk. "Ik wil niet zeggen dat een ander haar kan vervangen. Maar jou zo eenzaam te zien stemt me bedroefd. Bovendien zou het goed zijn als je vader werd. Je bent nu eenmaal stamhouder uit het huis van David en die lijn mag zeker niet uitsterven!"

Jozef lachte schamper.

"Welke vrouw wil nu zo'n oude weduwnaar als ik hebben?" vroeg hij bitter. "Bovendien ben ik tot nu toe kinderloos gebleven. Dus of ik ooit vader zal worden is maar zeer de vraag."

"Ik kan me voorstellen dat je er zo over denkt," knikte Barachi. "Maar misschien moeten we het lot een handje helpen. Hier, lees dit bericht maar eens dat een koerier mij vanmorgen kwam brengen. In mijn ogen kan dit geen toeval zijn."

Hij overhandigde hem een blad perkament. Jozef zag dat het afkomstig was van de Sadduceeën, de priesterorde van de tempel in Jeruzalem. Hij begon te lezen en al snel werd duidelijk waarom Barachi hem dit liet zien. De priesters vertelden over een meisje, Maria, dat zij jarenlang liefdevol hadden opgevoed na het overlijden van haar ouders. In de tempel had ze de beste opvoeding genoten. Ze was mooi, zo schreven zij, maar het meest bijzonder was haar buitengewone wijsheid. Bij iemand van haar leeftijd hadden zij dit nog nooit meegemaakt. Het had hen zelfs zo verrast dat zij ervan overtuigd waren dat zij voorbestemd was om de stamboom van koning David voort te zetten. Vandaar dat ze op zoek waren naar erfgenamen in die lijn, om zo de ideale omstandigheden te scheppen voor de geboorte van de Messias, de enige echte koning van Israël.

Jozef las de woorden met stijgende ergernis. Waar bemoeide Barachi zich mee! Hij kon heel goed zelf beslissen of hij wilde hertrouwen, en ook met wie dan wel. Geïrriteerd gooide hij de brief aan de kant.

"U zult het wel goed bedoelen," zei hij stuurs. "Maar wat moet zo'n meisje nou met zo'n oude timmerman als ik!"

Barachi raapte het blad op en antwoordde scherp:

"Je moet jezelf niet zo naar beneden halen! Timmerman is een prachtig beroep. Bovendien heb ook jij een prima opleiding genoten. Daar staan wij Essenen immers om bekend!"

Jozef stond op. Zijn hele wezen kwam in opstand tegen deze vrijpostige inmenging in zijn privéleven.

"Dat kan wel zo zijn," zei hij wrevelig. "Maar ik vind het prima om alleen te zijn, ik ben er al aan gewend geraakt."

"Ja, ja, dat zal wel!" doorzag Barachi hem echter. "En je wilt zeker ook ontkennen dat je uit het huis van David komt! Alleen daarom al zou je op de uitnodiging van de priesters moeten ingaan!"

Maar Jozef was niet van plan zich de wet voor te laten schrijven. Hij pakte zijn jas en sprak kortaf:

"Het spijt me zeer, maar laat die priesters maar een ander zoeken. Ik voel hier helemaal niets voor. En u zou er beter aan doen zich niet zo met mijn leven te bemoeien!"

Hij liet Barachi verbijsterd achter en ging naar huis. Daar gekomen liep hij meteen door naar zijn werkplaats en smeet nog steeds kwaad zijn jas aan de kant. Hij pakte wat gereedschap en wilde aan het werk gaan. Toen zag hij opeens het beeldje staan dat hij enige tijd geleden had gemaakt. Het was slechts klein, maar hij had er lang en met veel liefde aan gewerkt. Het stelde een zwangere vrouw voor en de ronde vormen waren goed gelukt. Jozef pakte het en dacht aan het gesprek met Ruben en Gideon van een tijdje geleden en aan de verwachting van de priesters dat hij misschien voor de komst van de Messias zou kunnen zorgen. En de pijn van zijn ongewenste kinderloosheid sneed plots scherp door zijn hart. Hoe zou hij ooit iemand kunnen vertellen hoeveel verdriet hij hiervan had en dat hij een nieuwe teleurstelling liever uit de weg ging. Een hevig gevoel van onmacht overviel hem en in een opwelling gooide hij het beeldje wild van zich af. Met een harde klap belandde het onder zijn werkbank op de grond en bleef daar verloren liggen.

Toen Jozef een paar weken later buiten een tafel stond te schuren zag hij vanuit de verte een ruiter naderen. De man reed zijn erf op en steeg voor zijn woning af. Jozef zag aan zijn kleding dat hij behoorde tot de Sadduceeën, de priesters van de tempel in Jeruzalem. De man richtte het woord tot hem en zei beleefd:

"Shalom, goede man. U bent toch Jozef de timmerman, zoon van

Jacob, geboren uit het huis van David?"

"Dat klopt," knikte Jozef. "Maar wat brengt u hier? Wij worden hier niet vaak vereerd met zulk hoog bezoek."

Zijn woorden klonken vriendelijk, maar waren niet van een zeker wantrouwen gespeend.

"Ik was benieuwd hoe het met u gaat," antwoordde de man belangstellend. "Wij hoorden dat enige tijd geleden uw vrouw is overleden en dat u sindsdien alleen bent. Wij hopen dat u dat verlies heeft kunnen verwerken."

Jozef viel even stil, maar hij hervond zich snel en zei:

"Dat gaat wel. Gelukkig leven mijn ouders nog en ook al wonen zij in Nazareth, ze komen regelmatig bij mij langs. En ook heb ik veel vrienden die naar mij omkijken. Dus ik mag niet klagen. Maar eerlijk gezegd kan ik me niet voorstellen dat u alleen maar bent gekomen om naar mijn welbevinden te informeren."

Hij keek de man argwanend aan. Deze was even van zijn stuk gebracht door zijn rechtstreekse vraag en zijn ogen ontweken Jozefs vorsende blik.

"U hebt gelijk," gaf hij toen schoorvoetend toe. "Ik zou graag even met u praten als het mag. Ik weet niet of het nu gelegen komt?"

Jozef keek naar de tafel waar hij mee bezig was, maar bedacht dat deze ook later afgewerkt kon worden.

"Ja, dat is goed," knikte hij.

Hij pakte een doek en veegde het zand van zijn handen.

"U mag uw paard wel even om de hoek in de stal zetten. Dan maak ik ondertussen wat te eten klaar."

De priester bedankte hem en terwijl hij zijn paard verzorgde, haalde Jozef een kruik fris water en wat brood. Toen ze even later samen aan tafel zaten vroeg de priester:

"Ik kwam op weg hiernaar toe langs de Frankenberg. Wat wordt daar bovenop gebouwd en waarom wordt er zoveel water naar de top gevoerd?"

Jozef schoot in de lach. Met enig sarcasme in zijn stem antwoordde hij:

"Oh, dus u heeft dat gedrocht al gezien? Het is weer een idioot verzinsel van Herodes. Dat water is bedoeld voor de paradijselijke tuin die hij bovenop de berg heeft laten aanleggen. Zijn volgelingen noemen het daarom al de Paradijsberg. En dan te bedenken dat wij helemaal naar de put moeten lopen om water te halen! En die torens zijn de hoekpunten van het paleis dat er moet komen. Hij denkt zeker dat als hij in Bethlehem gaat wonen, de mensen hem eindelijk zullen accepteren als de Messias. Alsof de Messias eruit zou zien als een bejaarde, verbitterde man die niets anders doet dan een onmogelijke droom najagen!"

"De Herodianen denken anders wel dat hij de Messias is," weersprak de priester hem. "Maar ik ben het met u eens. Volgens onze orde zal de Messias geboren worden uit het huis van David, en wel in Bethlehem. Vandaar dat wij uw rabbi enige tijd geleden een brief hebben gestuurd. Heeft hij u deze niet gegeven? Tot nu toe hebben we namelijk geen antwoord gekregen."

Jozef keek verstoord op. Zijn gevoel had hem dus niet bedrogen. Dit bezoek was niet zo vrijblijvend als de man wilde doen voorkomen. Stuurs zei hij:

"Ja, die brief heb ik wel gelezen. Maar ik voelde me niet geroepen erop te antwoorden."

Hij aarzelde even maar vervolgde toen:

"Ik ben veertien jaar getrouwd geweest. Toch hebben mijn vrouw en ik geen kinderen gekregen. Dus waarom zou ik uw brief beantwoorden? Ik ben bang dat u hier aan het verkeerde adres bent."

Maar de priester liet zich niet zo snel uit het veld slaan.

"Misschien vergist u zich," sprak hij vriendelijk. "Kregen Abraham en Sarah ook niet pas op hoge leeftijd hun eerste kind? En ook u, als Esseen, moet toch met smart uitkijken naar de komst van de Messias? Of onderwerpt u zich liever aan de waanzin van Herodes?"

Jozef aarzelde opnieuw. De laatste tijd had dit thema wel door zijn hoofd gespeeld. Mocht hij zijn eigen onzekerheid zwaarder laten wegen dan een misschien veel groter belang dat speelde? De priester vervolgde:

"We hebben al verschillende mannen uit het huis van David bezocht. Maar geen van hen vonden wij geschikt als echtgenoot voor Maria. De tekenen wijzen echt in uw richting. Wilt u misschien toch overwegen om met mij naar Jeruzalem te gaan om op zijn minst Maria te ontmoeten?"

Jozef wist niet wat hij moest antwoorden. Hij voelde zich weliswaar eenzaam als weduwnaar maar zat ook niet echt te wachten op een andere vrouw. En deze Maria was nog jong, meer een meisje dan de gelijkwaardige levenspartner die hij gewend was geweest. Hij haalde zijn schouders op en verzuchtte:

"Ik weet het niet. Is dit wel echt Gods bedoeling? Ik ben toch geen partij voor zo'n jong kind. Ze zou beter af zijn met iemand van haar eigen leeftijd."

"Dat zegt u, omdat u haar nog niet hebt ontmoet!" lachte de priester en zeer overtuigend vervolgde hij: "Ik heb nog nooit iemand van haar leeftijd gezien die zo wijs en volwassen is. Ze zou u nog versteld doen staan! Maar goed; dat kunt u pas beoordelen als u met me mee gaat natuurlijk."

En zo lag de bal weer bij Jozef. Opnieuw aarzelde hij. Zijn blik dwaalde weg en in gedachten zag hij het grote paleis van Herodes op de Frankenberg voor zich. Hij stelde zich voor hoe de koning, gedreven door zijn grootheidswaanzin, daar op de muur zou staan en zijn blik over het gebied rond de berg zou laten gaan. En hoe die blik Jozefs geliefde dorp Bethlehem zou bezoedelen omdat ze niet liefdevol, maar op macht belust was. Hij stond op en in gepeins verzonken liep hij heen weer. Toen Barachi hem de brief had laten lezen was hij heel stellig geweest: hij wilde zijn leven niet door anderen laten bepalen. Maar nu die priester de moeite had genomen om vanuit Jeruzalem juist naar hem toe te komen, zag alles er toch anders uit. En ineens wist hij wat hem te doen stond. Hij draaide zich naar de man en zei:

"Ik zal met u meegaan. Of het een goede beslissing is weet ik niet en waar dit allemaal naar zal leiden weet ik al helemaal niet. Maar ik vertrouw erop dat God u heeft gezonden."

De priester haalde opgelucht adem. Hij had er eigenlijk al niet meer op gerekend dat Jozef akkoord zou gaan.

"Dan stel ik voor dat ik u morgen kom halen om u te begeleiden," lachte hij.

Van Bethlehem naar Jeruzalem was slechts een paar uur reizen. Jozef had zijn ezel voor de wagen gespannen en de priester reed naast hem. Nog in de ochtend kwamen ze bij de stad aan. Zoals altijd was het daar een drukte van belang. De tempel was een trekpleister voor bewoners uit de Joodse provincies. Maar ook vanuit het buitenland kwamen veel bezoekers de stad bezichtigen. Egyptenaren,

Grieken, Perzen, al deze nationaliteiten kon je in de straten van Jeruzalem tegenkomen. Het immense paleis van Herodes, dat tegen de stadsmuur was aangebouwd, was een ware blikvanger. En in de smalle steegjes van de Benedenstad kon je in de exotische winkeltjes alles kopen wat je maar kon bedenken. De priester ging Jozef door dit doolhof voor naar de tempel. Op het voorhof wemelde het van de mensen. Hier waren offerdieren te koop, kon je tempelbelasting betalen en je geld wisselen tegen de speciale tempelmunten. Hoewel Jozef hier al vaker was geweest, keek hij ook nu weer zijn ogen uit. Even vroeg hij zich af of koning Salomo dit alles wel zo had bedoeld toen hij ooit deze prachtige tempel ter ere van God had laten bouwen. De zuilengang met de hoge, slanke pilaren was nu een verzamelplaats van bedelaars en zieken die probeerden wat geld bij elkaar te scharrelen. En de rust die er ooit had geheerst werd verstoord door het blaten van schapen, het koeren van duiven en de luide stemmen van kooplieden die in felle discussies probeerden een zo gunstig mogelijke prijs voor hun koopwaar te bedingen. Het verwonderde Jozef dat de priester het kennelijk doodnormaal vond. Want onverstoorbaar ging hij hem voor naar het bijgebouw waar de Hoge Raad met haar zeventig leden zetelde.

De belangrijkste groep in de Hoge Raad was die van de Sadduceeën. Zij zorgden voor de diensten in de tempel en het strikt naleven van alle religieuze wetten. Maar ook de Farizeeën waren goed vertegenwoordigd. De twee meest aansprekende figuren in het bestuur van de Raad waren ongetwijfeld Hillel en Sjammai. Deze twee priesters waren in veel opzichten elkaars tegenpolen. Sjammai probeerde met harde hand de regels van de Thora te bewaken. Mensen vroegen hem vaak om raad als het ging om de voorschriften uit dit heilige geschrift. Hillel daarentegen voelde dat deze vaak te benauwend waren en hij probeerde ze te vertalen naar de tijd waarin ze leefden om zo de mensen wat meer ruimte te geven. Dit vaak tot ergernis van Sjammai die liever had gezien dat zijn compagnon zijn strakke lijn zou volgen. Al met al vulden zij elkaar goed aan en de Raad functioneerde naar behoren voor zover dat mogelijk was onder de Romeinse overheersing. En vooral hun gezamenlijk verlangen naar de komst van de Messias verbond hen. Jozef kende de leden van het bestuur.

"Wie zal ons zo dadelijk te woord staan, denkt u?" vroeg hij.

"Ik heb met Hillel afgesproken," antwoordde zijn begeleider. "Hij heeft Maria gesproken. Zij weet dat ik naar Bethlehem ben gegaan om met u te praten. Uw komst zal voor haar dan ook geen verrassing zijn."

Hij opende de deur van het bijgebouw en ging voor naar de kamer van Hillel. Jozef moest toegeven dat hij enigszins gespannen was. Maar Hillel begroette hem vriendelijk en bood hem een zitplaats aan. Toen Jozef had plaatsgenomen vroeg hij belangstellend:

"Hoe gaat het met je, Jozef? Lukt het je om als timmerman in je onderhoud te voorzien?"

Jozef knikte opgelucht omdat deze vraag makkelijk te beantwoorden was. Trots antwoordde hij:

"Jazeker! Ik kan lang niet alle opdrachten uitvoeren waarvoor mensen mij vragen. En men is ook altijd tevreden over mijn werk."

"Dat is fijn om te horen," glimlachte Hillel. "En hoe gaat het met de Esseense gemeenschap in Bethlehem? Ik begrijp dat jullie in de minderheid zijn. Lukt het om jullie gedachtegoed te bewaren?"

Weer knikte Jozef.

"We zijn in de minderheid, dat klopt. Maar juist daardoor is onze gemeenschap heel hecht. Dit heb ik ondervonden na het overlijden van mijn vrouw. Ik heb toen zoveel hulp van mijn vrienden gekregen! Wat ons op dit moment echter het meest parten speelt, is dat Herodes zijn invloed steeds meer in Bethlehem laat gelden. Zijn plannen met de Frankenberg zijn ons een doorn in het oog. Bovendien doen er hardnekkige geruchten de ronde over occulte rituelen waarmee hij zich in de grotten rond Bethlehem zou bezighouden."

Hillel schudde zijn hoofd.

"Die geluiden hebben ons ook bereikt," sprak hij bezorgd. "Hij schijnt daar Adonis te vereren. Daarom spannen wij ons ook zo in voor het zuiver houden van onze godsdienst, en proberen we alles in dienst te stellen van de komst van de beloofde Messias. Vandaar dat jij hier nu ook zit, natuurlijk. Want ik heb begrepen dat je bereid bent Maria te ontmoeten."

Jozef lachte wat onzeker en hij frunnikte verlegen aan zijn jas.

"Echt enthousiast over het hele idee ben ik niet," zei hij toen eerlijk. "Maar haar ontmoeten leek mij het minste wat ik kon doen."

Hillel knikte hem bemoedigend toe.

"En dat stellen wij zeer op prijs!" antwoordde hij vriendelijk. "Ik heb met Maria afgesproken dat ik haar zou halen zodra je er was. Dus laat ik dat dan nu maar doen, als jij het ook goed vindt, uiteraard."

"Ja, dat is goed," knikte Jozef.

Even zuchtte hij want hij besefte dat er nu geen weg terug meer was. Hillel moest lachen om zijn verlegenheid die niet echt bij zijn leeftijd paste. Hij stond op en verliet de kamer. Jozef was blij dat hij even de tijd had om tot zichzelf te komen. Nerveus liep hij enige rondjes door het vertrek. Hij vroeg zich af wat hij zo meteen in vredesnaam tegen het meisje moest zeggen. Zou hij er in haar ogen niet verschrikkelijk oud en onbeduidend uitzien? Hij ging weer zitten en keek naar zijn kleding. Misschien had hij toch beter iets anders aan kunnen trekken. Maar daarvoor was het nu te laat want hij hoorde voetstappen op de gang en de deur ging open. Hij keek op en zag Hillel binnenkomen met het mooiste meisje dat hij ooit had gezien. Ze was nog jong, niet ouder dan een jaar of veertien en ze had haar prachtige zwarte haar opgestoken en in een vlecht om haar hoofd gedraaid. De kleding die ze droeg was eenvoudig, maar juist daardoor kwam haar slanke lichaam goed tot zijn recht. Met een onbevangen blik keek ze hem aan. Jozef was onmiddellijk gecharmeerd van haar en zijn nervositeit smolt weg, al kon hij het idee dat hij haar vader had kunnen zijn niet makkelijk uit zijn hoofd zetten. Hillel knikte hen bemoedigend toe en verliet toen discreet het vertrek. Maria knielde neer en bleef met gebogen hoofd zitten, beleefd wachtend tot hij het woord tot haar zou richten. Haar onderdanigheid bracht hem in verlegenheid. Vriendelijk strekte hij zijn hand naar haar uit en sprak:

"Sta op, alsjeblieft. Het is niet mijn gewoonte een vrouw als mindere te behandelen, want in mijn ogen heeft God man en vrouw als gelijken geschapen."

Maria keek verrast op en haar dankbare glimlach verwarmde zijn hart.

"Dank u wel voor uw vriendelijke woorden, mijnheer," zei ze en haar stem klonk helder en welluidend. "U moet weten dat ik tot nu toe voornamelijk in het vrouwenhuis heb gewoond en niet veel in het gezelschap van mannen heb verkeerd. Misschien dat ik daardoor niet zo goed weet hoe ik mij het beste kan gedragen."

Ze kwam overeind en nam plaats op de bank, naast hem. Weer wachtte ze af tot hij het initiatief zou nemen om met haar te praten. En Jozef vroeg:

"Hoe bevalt het je om hier te wonen, Maria? Zorgen de priesters goed voor je?"

"Oh, zeker wel!" antwoordde ze. "Al was het in het begin niet makkelijk voor me omdat ik mijn ouders erg miste. Ik was pas acht jaar toen zij overleden en ik was erg verdrietig."

"Dat zal inderdaad niet makkelijk zijn geweest," knikte Jozef begrijpend. "Ik weet maar al te goed hoe het voelt wanneer God iemand van wie je zielsveel houdt, zomaar van je wegneemt."

Maria keek hem meelevend aan en zacht zei ze:

"Ik heb gehoord dat uw vrouw is overleden en dat de tijd van rouw nog maar net om is. Graag condoleer ik u met dit verlies. Maar het doet mij verdriet te horen dat u God de schuld geeft van haar dood. Alsof God er plezier in zou hebben dat u zich nu eenzaam voelt. Ik zie het liever zo, dat wanneer het lichaam zijn dienst heeft bewezen, de ziel liefdevol door Hem wordt begroet in Zijn Rijk. Ik weet dan ook zeker dat uw vrouw in goede handen is."

Jozef slikte iets weg. Haar woorden ontroerden hem. En de vriendelijke wijze waarop ze hem terecht had gewezen maakte dat hij zich schaamde voor zijn onnadenkende opmerking.

"Je hebt natuurlijk gelijk," verontschuldigde hij zich. "Maar het is soms toch moeilijk voor mij om het zo te zien. De ene dag gaat het weliswaar beter dan de andere. Maar af en toe ben ik nog wat somber en vind ik het moeilijk mijn draai te vinden. Hopelijk vind je dat niet erg."

Maria knikte hem bemoedigend toe.

"Natuurlijk niet," zei ze begripvol. "Ik zou het denk ik moeilijker vinden wanneer u uw verdriet niet zou tonen. Nu weet ik in ieder geval dat u zich er niet voor schaamt uw gevoelens te laten zien. En wie weet kan ik weer wat zon in uw leven brengen."

Opnieuw raakte haar glimlach zijn hart. Voorzichtig beantwoordde Jozef haar lach en hij vroeg:

"Dus ze hebben je wel verteld wat de bedoeling is? Dat je met mij mee gaat om bij mij te wonen?"

"Ja, dat is mij wel verteld," antwoordde ze eerlijk. "En zo te zien heeft men voor mij een goede keus gemaakt. U lijkt mij erg vriendelijk en graag zorg ik goed voor u, als u het mij toestaat."

Haar open gezicht, haar eerlijkheid en vriendelijke stem waren als balsem voor Jozefs gekwetste hart en wat hij nooit had verwacht gebeurde dan toch: hij besloot akkoord te gaan met het voorstel van de priesters. Opgelucht zei hij:

"Dan heet ik je van harte welkom in mijn leven, Maria. Ik hoop dat Bethlehem je zal bevallen. Ikzelf woon er met veel plezier. En wil je me alsjeblieft gewoon Jozef noemen en dat u achterwege laten? Anders voel ik me zo oud!"

Maria schoot in de lach.

"Zo oud bent u, eh, ben jij nou toch ook weer niet!" grapte ze. "Vergeleken bij die twee oudjes, Hillel en Sjammai, ga ik er wat dat betreft in ieder geval flink op vooruit!"

Haar vrolijkheid werkte aanstekelijk en Jozef lachte nu voluit. Met een blij hart stond hij op van de bank en gaf haar zijn hand.

"Mevrouw, zal ik u dan maar voorgaan?" sprak hij gemaakt beleefd en hij maakte een kleine buiging.

"Nu, graag mijnheer!" deed zij mee aan zijn spel en ze legde haar hand in de zijne en boog eveneens even voor hem.

Hun blikken ontmoetten elkaar en ze voelden dat ze de juiste beslissing hadden genomen. Toen Hillel hen door de gang zag aankomen bloeide zijn hart op van vreugde. In het bijzijn van de priester ondertekenden ze de ketoeba, de huwelijksakte. En diezelfde middag nog keerden ze samen terug naar Bethlehem, Maria's weinige bagage meenemend in Jozefs wagen. Toen ze na de korte reis, waarbij ze over van alles en nog wat hadden gepraat, in zijn straat aankwamen wees Jozef:

"Kijk Maria, dat is mijn huis. Ik heb het grotendeels zelf gebouwd."

Tot haar verrassing zag Maria dat de woning er keurig uitzag. Jozef had vensters gemaakt die door luiken konden worden gesloten en ernaast lag zijn werkplaats. Een ruime veranda zorgde ervoor dat hij ook buiten in de schaduw kon werken. En toen ze de bocht omdraaiden zag ze een kleine stal met voldoende plaats voor de ezel en eventuele bezoekers. Ze was verheugd dat alles er zo verzorgd uit zag en opgewekt bedacht ze dat ze hier vast wel zou kunnen wennen. Ze glimlachte naar Jozef en zei bewonderend:

"Ongelooflijk dat je dit allemaal zelf hebt gemaakt. Weet je, ik denk dat ik hier best gelukkig zal zijn."

Haar woorden ontroerden hem en even streelde hij haar hand.

"Ik zal er in ieder geval alles aan doen om daaraan bij te dragen," beloofde hij.

Hij bracht de wagen tot stilstand, zette de ezel vast aan het hek en tilde haar voorzichtig van de bok. Toen ging hij haar voor de woning in. Hij leidde haar rond en liet haar eerst de benedenverdieping zien: de kamer, de keuken met de twee gescheiden werkplekken en de handige kruikenstandaard, de tussendeur naar zijn werkplaats. Daarna ging hij de trap af naar de koele kelder waar de slaapkamers waren.

"Dit is mijn kamer," wees hij en hij opende even de deur zodat zij er een blik in kon werpen. "En dit is jouw kamer zijn. Ik dacht: je moet vast wel wennen in het begin en hebt dan misschien behoefte aan een eigen plekje."

Hij opende de deur van haar kamer en ze zag een eenvoudig bed staan, een kleine tafel met een krukje en een mooie kast.

"Die meubels heb ik ook zelf gemaakt," vertelde Jozef een beetje verlegen. "Ik hoop dat het naar je zin is."

Maria draaide zich naar hem toe.

"Het ziet er geweldig uit," sprak ze bewogen. "Wat attent dat je mij mijn eigen plekje gunt. Dank je wel, ik ben er heel erg blij mee."

Ze ging op haar tenen staan en kuste hem op zijn wang om hem te bedanken. Jozef wist zich met zijn figuur geen raad.

"Ik zal je spullen halen," zei hij kortaf en hij maakte dat hij weg kwam.

Maria lachte hartelijk om zijn verlegenheid. Haar vrolijke lach weerklonk door het hele huis en verdreef het verdriet dat daar het afgelopen jaar had geheerst. Ook de dagen en weken daarna fleurde haar aanwezigheid het leven van Jozef op. Al snel raakten ze goed op elkaar ingespeeld en verliepen de dagen in blijdschap en harmonie. Zij verraste hem met haar kookkunst. Ze toverde de lekkerste gerechten op tafel en hij liet het zich goed smaken. Ook haar andere kleine attenties, een mandje met fruit op tafel, een mooie zelfgemaakte nieuwe jas, ontgingen hem niet en hij was gelukkiger dan hij in tijden was geweest. En zij voelde zich op haar gemak bij hem. Hun leeftijdsverschil speelde geen rol. Zijn liefdevolle aandacht voor haar en hun gelijkwaardige niveau waardoor ze goed samen konden praten, maakten dat ze al snel een warme genegenheid voor hem voelde.

Op een dag, toen Jozef aan het werk was in zijn werkplaats, kwam Maria binnen en ging met een kom thee in een hoekje op een kruk zitten. Ze deed dat wel vaker want ze vond het fijn om hem aan het werk te zien. Hij was een ware kunstenaar met hout. Wat zijn ogen zagen konden zijn handen maken en hij leverde de prachtigste werkstukken af. Ze keek hoe hij nu bezig was met een ladekastje. Met een beiteltje versierde hij de voorzijde van de laatjes en het werd een waar pronkstukje. Maria dronk haar thee en liet haar blik door de werkplaats gaan. Hoe vertrouwd was dit alles al geworden. Het rek waaraan zijn gereedschap hing, de werkbank waarop hij kleine karweitjes kon afmaken. Ineens viel haar blik op iets dat onder de werkbank op de grond lag. Ze bukte en pakte het op. Het was een beeldje van een zwangere vrouw. Hoewel Jozef de vorm slechts ruw had aangegeven, was het duidelijk wat het moest voorstellen. Door het eindeloos te schuren waren de ronde vormen prachtig glad geworden en hij had het bewerkt met olie waardoor het hout zacht glom. Maria liet het door haar handen gaan en ze voelde hoe zacht het was. Liefkozend drukte ze het tegen haar wang. Jozef keek op en zag dat ze zijn kunstwerkje had ontdekt. Even schrok hij maar hij hervond zich snel.

"Vind je het mooi?" vroeg hij zacht.

"Het is prachtig!" verzuchtte Maria. "Wanneer heb je het gemaakt?"

"Ik denk zo'n anderhalf jaar geleden," antwoordde hij.

Hij veegde zijn handen schoon en nam het beeldje van haar over. Zijn handen streelden de ronde vormen en een zweem van verdriet gleed over zijn gezicht.

"Ik maakte het voor haar omdat ze zwanger was. Helaas kreeg ze kort daarna die miskraam en werd ze ziek."

Hij zweeg even en slikte. Toen vervolgde hij met verstikte stem:

"We hadden ons zo verheugd op de komst van dat kindje. Na al die jaren huwelijk eindelijk die zwangerschap... Maar in plaats daarvan stierf ze en ik bleef alleen achter."

Maria zag zijn verdriet. Ze legde haar hand op zijn schouder.

"Dat moet een moeilijke tijd voor je geweest zijn," zei ze

meelevend. "Ik zie dat je veel van haar hield."

Jozef knikte. Weer streelde hij het beeldje en even worstelde hij met zijn gevoelens. Maar toen zette hij het gedecideerd aan de kant en toverde een voorzichtige glimlach tevoorschijn. Warm keek hij haar aan en hij zei teder:

"Maar van jou houd ik minstens evenveel!"

Zijn blik bracht Maria in verlegenheid en zijn liefdevolle woorden raakten haar diep. Wat een geweldige man had ze toch getroffen! Zo goed was hij voor haar. Zoveel ruimte gaf hij haar om haar leven zo in te richten dat ze zich gelukkig voelde, nooit drong hij zich op. Ze wist zich met haar gevoelens geen raad en ze stamelde:

"Volgens mij... heb ik nog wat op het vuur staan in de keuken."

Ze vluchtte weg en hij lachte hartelijk om haar verwarring. Hij merkte dat ze er opnieuw in was geslaagd hem zijn verdriet snel te doen vergeten. Opgewekt een deuntje fluitend toog hij weer aan het werk. En die avond, toen hij in bed lag, dankte hij God voor het geluk dat hem in de vorm van dit lieve meisje zomaar ten deel was gevallen. Tevreden draaide hij zich op zijn zij om te gaan slapen. Maar toen hoorde hij zacht de deur van zijn kamer opengaan. Hij draaide zich terug en zag Maria binnenkomen. Hij richtte zich op en zei verbaasd:

"Maria .... ?"

Zij antwoordde niet. Zwijgend stond ze naast zijn bed. Haar slanke gestalte was goed zichtbaar in het zachte maanlicht dat naar binnen scheen. Toen zag hij hoe ze langzaam maar weloverwogen het lint van haar nachtgewaad losmaakte. Het gleed langs haar lichaam naar beneden en naakt nu stond ze voor hem. Haar jonge lijf was van een adembenemende schoonheid en Jozef kon zijn ogen niet van haar afhouden. Een diepe ontroering maakte zich van hem meester. En Maria fluisterde:

"Heb je een plekje voor mij? Want ik hou van je en ik wil niet meer alleen slapen."

Onmiddellijk sloeg hij zijn deken open en schoof wat opzij zodat er plaats voor haar kwam. Ze vlijde zich naast hem neer en voelde zijn sterke, gespierde lichaam warmte uitstralen. Niet eerder had ze zich zo veilig gevoeld. Ze draaide zich naar hem toe, zocht zijn mond en drukte er voorzichtig een kus op. Jozef zag haar jonge gezicht en de ernst die daarop te zien was. Heel even aarzelde hij maar toen beantwoordde hij haar kus en hij voelde dat het goed was. Teder nam hij haar in zijn armen en innig nu omhelsden ze elkaar. En eindelijk, na al die weken van geduldig wachten, waarin hij haar de tijd en ruimte had gegeven om hier naartoe te groeien, nam Jozef haar nu echt tot zijn vrouw. Hun lichamen vonden elkaar in hetzelfde verlangen en hun liefdesspel was oprecht en hartstochtelijk. Zo was liefde de basis voor een groot en ongrijpbaar mysterie: een voortzetting van het huis van David waarop Gods hoogste zegen zou rusten.

Al snel werd duidelijk dat Maria zwanger was. Helaas konden ze niet lang ongestoord van dit geluk genieten want de gezondheid van Jozefs moeder ging hard achteruit en zijn vader kon niet meer alleen voor haar zorgen. Daarom besloot Jozef, zij het met pijn in zijn hart, om naar Nazareth te verhuizen. Hij moest hard werken om in zijn nieuwe woonplaats een nieuwe klantenkring op te bouwen. Maar hij vergat niet om Maria met alle mogelijke zorg te omringen. Zijn bezorgdheid ontroerde haar, vooral omdat ze zo goed begreep waar deze vandaan kwam. Want hoe vaak zou hij wel niet terugdenken aan de zwangerschap van zijn eerste vrouw en de fatale afloop daarvan. Ze probeerde hem dan ook zo veel mogelijk gerust te stellen en dit kostte haar geen moeite want ze voelde zich prima. Na enkele maanden kon je steeds beter zien dat ze in verwachting was. Haar borsten werden voller en haar buik al wat ronder. Jozefs vader fleurde op nu zijn zoon zo dicht in de buurt woonde en hij hielp Jozef met klusjes in huis en probeerde nieuwe klanten voor hem te vinden. Maria op haar beurt hielp met het verzorgen van haar schoonmoeder die door haar liefdevolle aandacht zowaar weer een beetje opknapte. Zo verstreken de weken.

Op een dag lag Maria op bed te rusten. Nu het einde van haar zwangerschap in zicht kwam, had ze het nodig om af en toe even te gaan liggen en vandaag was ze zomaar in slaap gesukkeld. Haar ademhaling was diep en regelmatig. En ze droomde. Ze zag zichzelf in haar kamertje in de tempel. Zonlicht straalde door het venster naar binnen. Ze kneep haar ogen een beetje dicht, zo fel was het licht en opeens zag ze een gestalte staan. Haar mond viel open van verbazing want de gestalte was van een adembenemende schoonheid en het licht omringde hem niet alleen, hijzelf was ook van stralend licht. Hij maakte een hoffelijke buiging voor haar en toen hij het woord tot haar richtte was zijn stem als een klokkenspel van louter zuivere klanken.

"Wees niet bang Maria, want God is met je en groet je."

Zijn prachtige stem ontroerde Maria diep. Ze begreep dat dit een engel, een boodschapper van God, moest zijn. De engel glimlachte en opnieuw klonk zijn wonderschone stem:

"Luister goed Maria, want ik breng je een boodschap van grote vreugde. De Heer zal de zoon die je draagt onder Zijn hoede nemen. Hij zal rechtvaardig zijn en wijs, en door de mensen Immanuël, God met ons, worden genoemd. Maar jij zult hem noemen: Jezus. De Heer zal hem de troon van zijn voorvader David geven en hij zal koning zijn voor altijd en zijn volk bevrijden uit angst en onderdrukking. En Gods geest, Christus zelf, zal zich met hem verbinden en hem helpen om de boodschap van Gods Koninkrijk van liefde te brengen."

Zijn woorden verbijsterden Maria. Verward schudde ze haar hoofd en hakkelend vroeg ze:

"Hoe ... kan het ... dat juist onze zoon dit alles mag doen? Waarom heeft God ons uitgekozen om zo'n bijzonder kind op te voeden?"

De engel antwoordde:

"Je man Jozef komt uit het rijke geslacht van David. Door zijn goedheid heeft hij dit alles meer dan verdiend. En jij kunt met jouw wijsheid je zoon in alles steunen."

Hij groette haar ten afscheid en even plotseling als hij was gekomen, verdween hij weer. Maria schrok wakker. Even wist ze niet of ze had gedroomd of dat de engel écht tot haar had gesproken. Onrustig kwam ze overeind en ze kon bijna niet wachten tot Jozef er zou zijn. Toen ze eindelijk zijn vertrouwde voetstap op de veranda hoorde, vloog ze naar buiten en gooide zich in zijn armen. Ze vertelde hem alles en Jozef geloofde onmiddellijk dat deze boodschapper van God de waarheid had gesproken. Innig omhelsden ze elkaar. Ze beseften dat alle inspanningen van de priesters om hen destijds bij elkaar te brengen niet voor niets waren geweest en dat hun liefde voor elkaar en hun vertrouwen beloond zouden worden. Ontroerd keken ze elkaar aan. En zij dankten God voor al het goede dat op hun weg kwam.

Ze woonden nu ruim een half jaar in Nazareth en in alle rust wilden ze zich voorbereiden op de geboorte van hun zoon. Maar de grote keizer Augustus zelf stak hier een stokje voor. Er ging een bevel uit dat iedereen in zijn rijk zich moest laten inschrijven in zijn geboorteplaats. Hoewel Jozef er niets voor voelde het decreet van de keizer op te volgen, het was immers niets anders dan een ordinaire belastingmaatregel, ging hij toch met Maria op weg naar Bethlehem. Onderweg stonden ze versteld van de ware volksverhuizing die in hun land op gang was gekomen. Overal troffen ze mensen die net als zij op weg waren om zich te laten inschrijven. De reis schoot daardoor niet echt op. Het was druk op de wegen en al liep hun ezel gestaag door, echt snel ging het nu ook weer niet. Gelukkig kwamen ze na enkele dagen al aardig in de buurt van Bethlehem en ze verwachtten het dorp voor de avond te bereiken. Maria was een beetje stilletjes. De reis was eigenlijk te lang voor haar en het gehobbel op de rug van de ezel was niet echt comfortabel nu ze zo zwaar was. Jozef bemerkte haar vermoeidheid.

"Zullen we even rusten, Maria?" vroeg hij bezorgd. "Of gaat het nog?"

Maria glimlachte ontroerd. Hoe kon het toch dat hij altijd zo goed in de gaten had hoe zij zich voelde.

"Het gaat wel," antwoordde ze dankbaar. "Ik heb wat pijn in mijn rug, dat is alles. Laten we maar doorgaan, hoe eerder we er zijn hoe beter."

Jozef knikte haar bemoedigend toe en grapte:

"Ik zal eens kijken of die luie ezel van ons niet een stapje harder wil lopen."

Hij porde de ezel op maar deze trok zich weinig aan van zijn aanmoedigingen. Niet alleen werd de pijn in haar rug langzaam heftiger, ook voelde Maria dat haar buik met regelmaat onprettig hard aanvoelde. Een lichte ongerustheid overviel haar want ze besefte dat het weeën waren die haar parten speelden. Aarzelend zei ze:

"Jozef ...,"

De klank van haar stem maakte dat hij onmiddellijk al zijn aandacht op haar richtte.

"Jozef, het spijt me maar ... volgens mij heb ik weeën."

Jozef schrok. Ze waren weliswaar niet ver meer van Bethlehem maar er was hier nog geen woning te bekennen.

"Hou vol meisje!" zei hij, liefdevol zijn ongerustheid verbergend. "Bij zo'n eerste schijnt het meestal niet zo snel te gaan, heb ik me laten vertellen. Gaat het nog, zo op de ezel?"

Maria knikte dapper maar de weeën werden snel sterker. Nogmaals probeerde Jozef de ezel op te porren, die nu zowaar een stapje harder leek te gaan. En gelukkig zagen ze in de verte de eerste huizen van Bethlehem voor zich. Jozef was blij dat hij de weg in het dorp zo goed kende. Ondanks de invallende schemering wist hij zonder moeite de dichtstbijzijnde herberg te vinden. Daar aangekomen hielp hij Maria van de ezel en met zijn arm stevig om haar heen bonsde hij op de deur.

"Ja, ja, één momentje," hoorden ze een wat narrige stem.

Iemand aan de andere kant schoof de grendels opzij en opende de deur op een klein kiertje.

"Goedendag beste man," groette Jozef de herbergier vriendelijk. "We weten dat het laat is maar heeft u misschien een slaapplaats voor ons?"

De deur ging iets verder open en de man liet zijn blik over hen gaan. Zijn ogen bleven duidelijk rusten op de buik van Maria, waarna hij kortaf zei:

"Het spijt me, we zitten vol. U zult het ergens anders moeten proberen."

Jozef voelde Maria zwaar tegen zich aanleunen.

'Toe mijnheer, u ziet dat mijn vrouw niet verder kan," sprak hij dringend. "Alstublieft, u heeft vast wel een plekje voor ons."

"Het spijt me," hield de man echter aan. "Met dat gedoe van die inschrijving is het vreselijk druk in het dorp. Alles is bezet. Ik begrijp dat het vervelend voor u is, maar het is niet anders."

Hij wilde de deur weer sluiten maar zag toen dat de jonge vrouw al weeën had. Hij zuchtte en krabde even nadenkend achter zijn oor.

"Nou, vooruit dan maar," zei hij toen met zichtbare tegenzin. "Op de binnenplaats heb ik een kleine stal. Daar kun je vannacht blijven. Maar zodra het kan, zoeken jullie maar mooi iets anders."

"Dat zullen we doen mijnheer!" beloofde Jozef, opgelucht dat de man toch wilde meewerken.

Bemoedigend knikte hij naar Maria en hij fluisterde haar toe:

"Nog even volhouden meisje. Je kunt zo gaan liggen."

De herbergier haalde een lamp en ging hen voor door een klein steegje. Via een smalle deur kwamen ze op de binnenplaats. De stal, zoals de man het had genoemd, was niet meer dan een schamel afdakje waaronder een os wat beschutting vond. Maar het bood bescherming tegen de wind en er lag vers stro.

"Hiermee redden jullie het wel hè," bromde de herbergier terwijl hij de lamp aan een spijker hing. "Dan ga ik nu snel terug naar mijn andere gasten. Succes ermee."

Jozef bedankte de man en nam toen de situatie in ogenschouw. Maria kon echt niet meer en zo vlug hij kon, pakte hij hun bagage van de ezel. Van de dekens die ze hadden meegenomen improviseerde hij een bed, het stro dat in de stal lag als matras gebruikend. Dankbaar om zijn goede zorgen vlijde Maria zich neer en weer werd ze volledig in beslag genomen door de weeën die sterker en sterker werden. Jozef bleef trouw aan haar zijde en hij zag hoe zij dapper de pijn doorstond en hoe ze met een oerkracht die bijna onvoorstelbaar was hun zoon ter wereld bracht. Toen ze zijn eerste kreetjes hoorden liepen de tranen hen over de wangen. Ze waren opgelucht dat alles goed was verlopen. Bij het licht van de lamp bekeken ze hun zoon en hij was prachtig en gaaf. Maria straalde. Ze wikkelde het kind in een paar doeken en legde het dicht tegen zich aan. Jozef omhelsde haar en veegde haar bezwete voorhoofd af. Ontroerd fluisterde hij:

"Dus daar is hij nu, onze kleine Jezus."

Maria knikte verstild en vulde toen zachtjes aan:

"Ons koningskind."

Jozef pakte haar hand en drukte er een kus op. Toen nam hij haar handen tussen de zijne en zocht God. Hij dankte Hem voor dit schitterende kind dat nu aan hun zorgen was toevertrouwd. En hij vroeg Hem hen wijsheid te geven om, nu ze wisten wat hij zou mogen doen, de juiste beslissingen voor hem te nemen. Daarna strekte hij zich naast Maria neer en met Jezus veilig tussen hen in vielen ze al snel in slaap.

De volgende ochtend werden ze vroeg wakker omdat hun kindje klagelijk huilde. Maria toonde zich al een echt moedertje. Ze wiegde hem in haar armen en legde hem aan haar borst om hem te voeden. Jozef probeerde hun onderkomen wat comfortabeler te maken. Hij bekleedde een voederbak met dekens zodat ze deze als wiegje konden gebruiken. En na Maria gewassen te hebben en haar wat te eten te hebben gegeven ging hij op weg om zich te laten inschrijven. Maar tot zijn verrassing was het smalle steegje naast de herberg versperd door een kudde schapen en een groepje herders kwam schoorvoetend naar hem toe.

"Pardon mijnheer," richtte een van de mannen het woord tot hem. "Wij zoeken het koningskind. Weet u misschien waar wij het kunnen vinden?"

Verwonderd keek Jozef hen aan.

"Hoe weten jullie dat dit kindje hier is geboren?" vroeg hij argwanend.

"Een engel kwam het ons vertellen toen wij vannacht met onze kudde op de hei waren," antwoordden de herders. "Bovendien heeft de ster ons de weg gewezen."

Zij keken omhoog. Jozef volgde hun blik en tot zijn verbijstering zag hij een ster aan de hemel waarvan het licht zo sterk was dat zij van ver zichtbaar moest zijn. Overweldigd ging hij de mannen voor naar Maria en hun kindje dat vast in slaap in zijn geïmproviseerde bedje lag. De herders vielen ontroerd op hun knieën. Ze vouwden hun handen en dankten God voor de komst van deze lang verwachte koning. Pas nu drong het écht tot Jozef door welk een bijzonder kind ze hadden gekregen en dat het misschien niet zo makkelijk zou worden. Want Herodes en de Romeinen zouden waarschijnlijk heel wat minder blij zijn met deze nieuwe koning dan deze goede mannen. Toen de herders afscheid hadden genomen sprak hij ernstig met Maria. Ze waren het er snel over eens dat het beter was om Jezus' bestemming, zeker de eerste tijd, niet bekend te laten worden.

In die dagen trok een bont gezelschap door de straten van Jeruzalem. Drie vreemdelingen, rijk gekleed en rijdend op kamelen bezochten de stad. Na de tempel en de andere bezienswaardigheden te hebben bekeken, reden ze naar het paleis van Herodes en spraken daar een van de wachters aan.

"Goedendag, beste man. Wij zijn uit het verre Perzië gekomen om uw koning te bezoeken. Denkt u dat hij ons kan ontvangen? Wij willen hem feliciteren en enkele geschenken aanbieden."

"Ik zal kijken wat ik voor u kan doen," zei de wachter en hij ging het paleis binnen.

Na enige tijd kwam hij terug en maakte een hoffelijke buiging.

"De koning zal u graag ontvangen," sprak hij beleefd. "Volgt u mij maar. Onze stalknechten zullen zich over uw rijdieren ontfermen."

Hij ging hen voor het paleis in en leidde hen een lange gang door met aan weerszijden prachtige zuilen. De gang kwam uit op een binnentuin, waar fonteinen klaterden en marmeren beelden de bloemperken sierden. Het geheel was overduidelijk naar Romeins voorbeeld aangelegd. Na de tuin te zijn overgestoken volgde opnieuw een lange gang, nu met de mooiste muurschilderingen. Aan het eind daarvan opende de wachter een monumentale deur en schoof een zwaar damasten gordijn aan de kant.

"Uwe hoogheid, de bezoekers uit Perzië voor u."

De drie vreemdelingen betraden de ruimte en daar stond de grote koning Herodes voor hen. In feite was hij een vrij kleine man en duidelijk te dik door te overdadig eten. Maar met zijn kroon en mantel maakte hij toch indruk. Hij begroette hen allervriendelijkst:

"Beste mensen, treed binnen in mijn schamel onderkomen. Kom verder, kom verder! Vertel: wie zijn jullie en wat brengt jullie hier?"

De bezoekers maakten een kleine buiging en een van hen nam het woord.

"Uwe hoogheid, dank u dat u ons wilt ontvangen. Ik ben Kaspar, priester uit de tempel van Persepolis en leider van de grootste religieuze gemeenschap in ons land. Dit is onze belangrijkste wetenschapper Balthasar. Hij is gespecialiseerd in sterrenkunde en ontdekte als eerste de nieuwe ster aan de hemel. En onze beroemde filosoof Melchior, specialist in het ontcijferen van oude geschriften. Hij ontdekte de tekst van onze grote spirituele leider Zarathustra waarin de geboorte van de nieuwe koning wordt aangekondigd door een nieuwe ster aan de hemel. Vandaar dat wij hier zijn om deze koning geschenken aan te bieden en te eren. Maar eerst willen wij u natuurlijk van harte feliciteren met de geboorte van deze troonopvolger!"

Hij stak zijn hand uit maar Herodes keek hem bevreemd aan.

"Mijn beste man, eh, Kaspar, zei u? Ik ben bang dat ik u moet teleurstellen. In mijn paleis is geen troonopvolger geboren. Ik denk dat uw filosoof en sterrenkundige u verkeerd hebben voorgelicht."

Verwonderd hoorde Kaspar de koning aan. Toen schoot hij in de lach.

"U maakt een grap, toch zeker? Onze cultuur is eeuwenoud en iedereen weet hoe hoog de stand van onze wetenschap is. U denkt toch niet dat wij deze verre reis hebben ondernomen, zonder zeker van onze zaak te zijn?" Zijn woorden klonken zeer overtuigend en een onaangenaam gevoel bekroop Herodes. Met een ruk draaide hij zijn bezoekers de rug toe, liep naar een tafel waarop een dienblad stond en schonk zichzelf met trillende handen een glas wijn in. Een koningskind, opgemerkt door wijzen uit Perzië? Dat kon maar één ding betekenen. Ergens in zijn land was de Messias geboren! In één teug sloeg hij het glas achterover. De prikkelende drank maakte dat hij weer enigszins tot zichzelf kwam. En hij besefte dat hij de drie bezoekers een verklaring schuldig was. Hij toverde een glimlach tevoorschijn, draaide zich weer naar hen toe en sprak verontschuldigend:

"Neemt u mij mijn wat ongelukkige reactie niet kwalijk alstublieft. Ik heb de laatste tijd wat privéproblemen gehad. Mijn vrouw heeft mij verlaten en ik woon al een poos alleen. Vandaar dat uw felicitaties mij wat rauw op het dak vielen. Maar ik denk dat ik u kan helpen. In onze profetische boeken staat geschreven dat de Messias, degene die de stammen van Israël zal leiden, in Bethlehem geboren zal worden. Dus ga daarheen en wanneer u dit hooggeboren kind vindt, keer dan hier terug alstublieft en vertel mij alles, zodat ik het zelf ook kan bezoeken."

De wijzen volgden zijn aanwijzingen op en toen ze in de buurt van Bethlehem kwamen zagen ze de ster weer. Zo vonden ze de stal met Maria, Jozef en het kind, en zij gaven hen kostbare geschenken. Maar ze keerden niet naar Jeruzalem terug. Ze twijfelden aan de goede bedoelingen van Herodes en ze wilden de ouders en het kind niet in gevaar brengen. Dus lieten zij de stad links liggen en reisden via Betanië en Jericho terug naar het oosten.

Toen Herodes erachter kwam dat de drie wijzen zonder naar hem te zijn teruggekeerd waren vertrokken, was hij razend. Buiten zichzelf van woede beende hij heen en weer. De gedachte dat de Messias was geboren en zijn positie in gevaar zou kunnen brengen, dreef hem bijna tot waanzin. Hij moest iets doen, dat was duidelijk. Hij belde en zijn bediende kwam binnen.

"Je zult het niet geloven," gromde Herodes met ingehouden

woede. "Maar die Perzen hebben me bedrogen. Daardoor weet ik niet waar in Bethlehem zich de Messias bevindt. Maar ik weet wat mij te doen staat. Laat de commandant van de Romeinse garde bij mij komen! Ik heb iets met hem te bespreken!"

De bediende boog licht en verliet het vertrek. Kort daarna maakte de Romeinse commandant zijn opwachting bij de koning. Deze kwam meteen ter zake.

"Luister goed naar wat ik zeg!" beet hij hem toe. "Breng een cohort soldaten op de been en ruk op naar Bethlehem. Er is daar een samenzwering tegen mij gesmeed die met harde hand moet worden neergeslagen. Daarom beveel ik u alle mannelijke kinderen in het dorp die jonger zijn dan twee jaar te doden. Zo weet ik zeker dat de troonpretendent die daar kortgeleden is geboren, uitgeschakeld wordt."

De commandant aarzelde. Hij was niet echt teerhartig en had al in menige strijd gevochten. Maar dit bevel stuitte hem tegen de borst.

"Neem me niet kwalijk," sprak hij verontschuldigend. "Maar heb ik u goed begrepen? U wilt dat wij kleine kinderen en baby's ombrengen? Is dat niet wat al te gortig?"

Als blikken hadden kunnen doden dan had de beste man ter plekke het leven gelaten. IJzig keek Herodes hem aan en hij zei scherp:

"Ik kan mij niet herinneren dat ik u om uw mening heb gevraagd. U doet zoals ik heb gezegd en als u daar moeite mee hebt dan ken ik genoeg anderen die mij wel zonder aarzelen gehoorzamen!"

De commandant slikte even maar besloot toen zich niet door de koning te laten intimideren.

"Dan moet u maar een ander oproepen," zei hij vastbesloten. "Want hier werk ik niet aan mee. Ik heb er niets op tegen om te vechten wanneer mijn tegenstander gelijkwaardig is en in staat om een eerlijke strijd aan te gaan. Maar wat u nu wilt kan echt niet."

Deze woorden kostten hem zijn leven. Woedend sprong Herodes overeind, liep op de man toe, trok diens eigen dolk uit de schede en stak hem zonder aarzelen meermalen in de borst. Met een rauwe kreet viel de Romein op zijn knieën. Hij bloedde hevig en een blik van verbijstering kwam in zijn ogen. Met een laatste rochelende ademstoot zakte hij in elkaar, viel op de vloer en bleef daar roerloos liggen, de dolk nog in zijn borst. Minachtend keek Herodes op hem neer. Toen belde hij opnieuw. Wederom kwam zijn bediende binnen. Geschokt keek hij naar het levenloze lichaam op de grond. Herodes gaf echter geen krimp en zei koel:

"Misschien kun je er nu één halen die wel doet wat ik zeg. En oh ja, ruim deze rommel zo even op, alsjeblieft."

Met een lijkbleek gezicht knikte de man. Toen maakte hij zich uit de voeten. De geur van het bloed had hem misselijk gemaakt. Verward meldde hij zich in de Romeinse burcht Antonia en hij vertelde wat er was gebeurd. De overige commandanten waren nu maar al te bereid Herodes' bevel uit te voeren. Korte tijd later was dan ook een groot aantal soldaten op weg naar Bethlehem om daar de gruwelijke opdracht van de waanzinnige koning uit te voeren.

Maria en Jozef verbleven noodgedwongen nog steeds in de stal. De herbergier gedoogde hen omdat ze hem goed betaalden. Maar zijn houding bleef nors en het was duidelijk dat hij ze liever vandaag dan morgen zag gaan. Jezus was gelukkig een rustige baby die weinig huilde en Maria voelde zich iedere dag sterker. Maar om de terugreis te ondernemen, dat was nog wat te veel gevraagd. Ze probeerden er dus het beste van te maken. Jozef liep iedere ochtend naar de bakker om brood te halen en 's avonds bracht de herbergier hen wat restjes van het avondeten. Na acht dagen lieten ze hun zoon besnijden en hij heette nu officieel Jezus, de naam die de engel had genoemd. Zo verstreken de dagen vredig. Tot op avond de herbergier de binnenplaats kwam oprennen. Hij zag er enigszins verwilderd uit en zijn stem klonk schril toen hij riep:

"Luister! Jullie zijn in gevaar! Herodes is gek geworden. Hij laat het hele dorp uitkammen op zoek naar de Messias. Het is verschrikkelijk! Soldaten trekken moordend rond. Ze brengen alle kleine jongetjes zomaar om. Maar ze zijn nog niet hier. Dus vlucht nu het nog kan! Snel, neem je zoontje mee en maak dat je wegkomt!"

Jozef en Maria waren met stomheid geslagen. Het drong nog niet goed tot hen door wat de man precies had gezegd. Gelukkig was de herbergier doortastender. Hij maakte hun ezel los en leidde hem de stal uit. Ongeduldig snauwde hij:

"Schiet op dan! Ik wil niet dat jullie hier nog zijn als die soldaten komen. Jullie zijn hier sowieso lang genoeg geweest. Vooruit, wegwezen, nu!"

In een flits drong de ernst van de situatie tot Jozef en Maria door. En onmiddellijk kwamen ze in beweging. Jozef rende naar de stal, propte alles wat hij zag liggen in zijn plunjezak en legde deze over de rug van de ezel. Ondertussen had Maria de slapende Jezus uit de kribbe getild. Het kind schrok wakker en begon klagelijk te huilen.

"Ssst," fluisterde Maria dringend en ze wiegde hem even op haar arm. "Ssst, wees stil alsjeblieft!"

Het leek wel of het kind haar begreep want hij keek haar met grote ogen aan en huilde niet meer. Ze haastte zich de stal uit waar Jozef al klaar stond met een draagdoek. Ze deed hem om, legde het kind erin en sloeg een dekentje om hem heen zodat hij geen kou kon vatten. Toen haastten ze zich het smalle steegje door, achterom langs de herberg en via een smal veldweggetje het dorp uit. De herbergier haalde opgelucht adem. Gelukkig, die waren weg! Snel harkte hij het stro in de stal, viste de laatste doeken uit de kribbe en haastte zich terug naar huis. Toen een kwartier later de soldaten zijn herberg en binnenplaats doorzochten vonden ze geen spoor van het koningskind.

Door het zachte wiegen van de draagdoek was Jezus gelukkig weer snel in slaap gesukkeld en Jozef en Maria haastten zich het veldweggetje af. Al snel kwamen ze uit op de grotere weg die links naar Betanië en rechts naar Hebron leidde. Jozef aarzelde.

"Wat zullen we doen?" overlegde hij. "Als Herodes Jezus niet in Bethlehem vindt, zal hij dan de rest van het land afzoeken?"

"Ik heb geen idee," zei Maria. "Maar ik voel dat we deze weg niet moeten nemen. Vanaf de Frankenberg is hij zowel naar het noorden als zuiden goed zichtbaar. Stel dat we ontdekt worden!"

Jozef knikte. Ze had gelijk. Maar wat was dan wijsheid? Toen kreeg hij een idee.

"Ik weet wat we kunnen doen, Maria," sprak hij opgelucht. "We steken hier over en gaan verder naar het oosten, naar het klooster van mijn orde in Qumran. Daar zullen we zeker hulp krijgen."

Maria knikte bevrijd.

"Ja, dat is goed plan," knikte ze. "Laten we dat doen."

Ze glimlachten warm naar elkaar en voelden zich, juist nu het er zo op aankwam, innig met elkaar verbonden. Toen haastten ze zich de weg over en volgden het pad dat hen richting Qumran moest brengen. Ze liepen de hele nacht door en rustten alleen om het kind te verschonen en te voeden. Tegen de ochtend bereikten ze de rand van het bos. De zon kwam op en diep beneden hen lag de vlakte die naar de Dode Zee leidde. In de verte zagen ze het klooster al liggen. Opgelucht haalden ze adem. Het leek erop dat hun vlucht onopgemerkt was gebleven en dat ze veilig het doel van hun tocht zouden bereiken. Voorzichtig volgden ze een steil pad naar beneden. Het kostte hen moeite zonder te struikelen beneden te komen. Gelukkig konden ze hun ezel als steun gebruiken. Na meer dan een uur afdalen bereikten ze eindelijk de vlakte. Ze porden de ezel op om nu zo snel mogelijk bij het klooster te komen. Daar aangekomen bonsde Jozef zo hard hij kon met zijn vuisten op de poort. Vrijwel onmiddellijk zwaaide de zware deur open en ze zagen een broeder, gekleed in witte pij, voor hen staan. Alle spanning gleed van hen af en opgelucht vielen ze elkaar om de hals. En de broeder zei:

"We zagen jullie aankomen. We weten niet wat de reden is van jullie komst, maar kom verder. Hier is iedereen welkom."

Jozef omhelsde hem dankbaar en ze stapten naar binnen. Pas toen de zware poort achter hen dicht viel en hen beschermde tegen alle geweld in de wereld daar buiten voelden ze zich veilig.

Ze bleven die dag in het klooster en spraken lang met de abt. Ze namen hem volledig in vertrouwen en vertelden hem over de bijzondere bestemming van Jezus en de vreselijke reactie van Herodes. De abt raadde hen aan om niet in Israël te blijven, maar om verder te trekken richting Egypte, om bij een bevriende gemeenschap in Heliopolis nog een poos te schuilen. Nog diezelfde avond hielpen de broeders hen op weg, de Jordaan over en langs de andere kant van de Dode Zee zuidwaarts. Ze verbleven enkele maanden in Egypte, tot ze hoorden dat Herodes was overleden. Pas toen durfden ze naar hun woonplaats Nazareth terug te keren.

Nazareth

Jezus groeide voorspoedig op. Hij was een makkelijk en vrolijk kind. Hij kon zichzelf prima vermaken, al hield hij er niet zo van om buiten te spelen. Liever zat hij met zijn moeder aan tafel om te tekenen of zich door haar te laten voorlezen. Vanaf zijn derde probeerde hij al letters na te schrijven, wat hem wonderwel lukte. Maria en Jozef begrepen dat ze hem de kans moesten geven zijn talenten te ontwikkelen. Dus vroegen ze de rabbijn van de synagoge, Gamliël, of hij hun zoon les wilde geven. Hoewel Gamliël hem eigenlijk nog te jong vond, besloot hij een poging te wagen en telkens weer deed de jongen hem verbaasd staan. Het gemak waarmee hij alles oppakte was wonderbaarlijk. Op zijn vierde kon hij praktisch foutloos lezen en schrijven. Speurend naar de grenzen van zijn kunnen begon Gamliël hem te onderrichten in de Thora en de boeken van de profeten. Jezus leerde met een gretigheid die hem versteld deed staan. Zijn honger naar kennis leek geen einde te kennen en hij las alles wat hij te pakken kon krijgen. Waar hij eerst zonder problemen een kamer had gedeeld met zijn twee broertjes en zusje merkte Jozef dat hij meer en meer behoefte kreeg aan een eigen plekje. Daarom timmerde hij voor hem een eigen kamer af, zodat hij ook thuis rustig kon werken. Jezus' bijzondere verrichtingen bleven in de buurt waar zij woonden natuurlijk niet onopgemerkt. Ondanks de pogingen van zijn ouders om hem geen uitzonderingspositie te geven, werd hij toch een buitenbeentje en als hij zich buiten vertoonde werd hij vaak geplaagd. Veel leek hij zich daarvan niet aan te trekken en hij ging rustig zijn eigen weg.

Op een dag, toen Jezus op bed lag te lezen, kwam zijn zusje Mirjam binnenkruipen. Zij scheelden vijf jaar in leeftijd en Jezus was verzot op haar. Haar capriolen om te leren lopen volgde hij met veel plezier en ook nu deed ze een poging om zich aan zijn bed op te trekken om op haar wiebelende beentjes te gaan staan. Jezus moedigde haar enthousiast aan:

"Toe maar Mirjam, doe je best! Ja, kom maar eens kijken bij je grote broer!"

Mirjam lachte kraaiend en greep de deken als steuntje om overeind te komen. Maar ineens verloren haar handjes hun grip en met een klap viel ze achterover met haar hoofd op de vloer. Onmiddellijk begon ze hartverscheurend te huilen. Jezus tilde haar op.

"Och kleintje, wat is dat nou toch," zei hij troostend en hij wiegde haar liefdevol op zijn knie. "Waar doet het pijn dan, laat me eens kijken."

Voorzichtig streelde hij de pijnlijke plek op haar achterhoofd. Plotseling merkte hij hoe een warm, tintelend gevoel door zijn hand trok. En van het ene op het andere moment stopte Mirjam met huilen. Jezus schrok. De abrupte overgang tussen het heftige huilen en de plotselinge stilte bracht hem van zijn stuk en schielijk trok hij zijn hand terug. Verbijsterd keek hij naar zijn zusje en zag dat ze al weer lachte. Zo vond Maria hen toen ze zijn kamer binnenkwam.

"Wat is er gebeurd?" vroeg ze terwijl ze het meisje van hem overnam.

"Ik weet het niet," antwoordde Jezus verward. "Ze viel met haar hoofd op de grond en ik heb alleen even over de pijnlijke plek gestreeld. En ineens stopte ze met huilen. Ik begrijp er niets van. Volgens mij deed ik niets bijzonders."

Indringend keek Maria hem aan.

"Nou, zo te zien heb jij verborgen talenten," zei ze. "Daar zal ik aan denken als Jacobus of Levi ook eens wat hebben."

Haar woorden klonken luchtig maar ze had Jezus' verwarring niet weggenomen. En in de weken en maanden daarna merkte hij vaker dat hij door handoplegging pijn kon verlichten. Behalve zijn ouders wist niemand hiervan en zij spraken er eigenlijk nooit over. Het was iets dat kennelijk bij hem hoorde. Maar Jezus begreep heel goed dat het een bijzondere gave was en vaak speelde de vraag door zijn hoofd waarom juist hij deze had.

Rabbi Gamliël had nog steeds plezier in zijn ijverige scholier al wist hij bijna niet meer wat hij hem nog zou kunnen leren. Op zijn zevende kende Jezus de Thora en de boeken van de profeten helemaal van buiten en kon hij ze foutloos reciteren. Ook als Gamliël met hem over de betekenis van de teksten sprak stond hij versteld over zijn inzicht. Om hem toch nog iets aan te kunnen bieden, was hij op zoek gegaan naar meer teksten en in zijn eigen bibliotheek had hij enkele boekrollen met wijsheidsverhalen gevonden. Jezus was meteen enthousiast.

"Toe rabbi, mag ik er één mee naar huis nemen om daar te lezen?" vroeg hij verlangend. "Ik beloof u dat ik er heel zuinig op zal zijn!"

"Nou, vooruit," lachte Gamliël goedig. "Maar denk erom dat ik hem onbeschadigd terugkrijg, afgesproken?"

Jezus knikte en blij liep hij naar huis, de rol onder zijn arm. Daar aangekomen ging hij aan de tuintafel zitten en rolde de rol open. Begerig gleden zijn ogen langs de letters. Hij vond het heerlijk om zich in teksten te verdiepen en rabbi Gamliël had hem een prachtige rol meegegeven. Een glimlach speelde om zijn mond. Zo vond Maria hem toen ze de was wilde ophangen. Liefkozend gleed haar blik over zijn gezicht. Ze zag dat hij lachte en dit deed haar goed. Hij was vaak zo ernstig en eigenlijk te bezorgd voor zijn leeftijd.

"Wat lees je?" vroeg ze belangstellend.

Jezus keek op.

"Wijsheidsverhalen van koning Salomo," antwoordde hij opgewekt. "Rabbi Gamliël gaf me de rol mee. Leuk hè!"

Maria zette de wasmand neer en schoof naast hem op de bank.

"Wil je er eentje voorlezen?" vroeg ze.

Hoewel ze zelf uitstekend kon lezen vond ze het heerlijk als Jezus voorlas. Zijn heldere stem had een prachtige intonatie. Als hij begon te vertellen moest je wel luisteren. Jezus knikte verheugd.

"Dat wil ik wel," zei hij, blij met haar belangstelling.

Hij verschoof de bladwijzer, zocht een mooie vertelling uit en begon te lezen. Zo beeldend vertelde hij dat het leek of Maria zelf een rol in het verhaal speelde. Ze zag de twee broers die elkaar de erfenis van hun vader gunden als het ware voor zich en ze begreep nu pas echt wat Salomo had bedoeld: dat liefde alles overwint. Jezus' stem verstomde. Het verhaal was uit. Even zaten ze stil naast elkaar. Toen verzuchtte Maria:

"Wat een prachtig verhaal. Wat een liefde hadden die broers voor elkaar!"

Jezus knikte verstild. Toen gleed plotseling een zweem van verdriet over zijn gezicht.

"Waarom gaan mensen niet altijd zo met elkaar om," sprak hij triest. "Dat is immers wat God wil. Weet u, ik vind deze wereld best mooi. Ik kan de zon zien en de bloemen en de dieren. Maar God zie ik hier niet."

Er klonk een diep verdriet door in zijn woorden en Maria zag tranen in zijn ogen. Even moest ze slikken.

"Nee, dat is zo," zei ze toen. "Je kunt God hier niet zien. Maar je kunt hem toch wel voelen?"

Jezus knikte.

"Ja, natuurlijk voel ik Hem," antwoordde hij met een opmerkelijke vanzelfsprekendheid. "Ik voel Hem altijd. Maar het is zo anders dan toen ik nog bij Hem was. Die onvoorwaardelijk liefde die daar altijd voelbaar is, ben ik hier nog niet tegengekomen. Mist u dat ook niet moeder, dat gevoel?"

Aarzelend haalde Maria haar schouders op.

"Ik ben bang dat ik me dat gevoel niet meer zo goed herinner," zei ze zacht.

Verbaasd keek Jezus op.

"Maar moeder, hoe kunt u dat nu zeggen!" reageerde hij verwonderd. "Dat gevoel is immers overweldigend! En niet te vergelijken met wat dan ook. Wanneer je dat eenmaal hebt ervaren, vergeet je dat toch zeker niet meer!"

Weer moest Maria even slikken. Hoe kon ze hem uitleggen dat ook bij hem dat gevoel zou wegzakken en hoeveel moeite het kostte om er af en toe nog een glimp van te ontdekken. Ze sloeg een arm om hem heen.

"Dan wens ik je toe dat jij die herinnering mag vasthouden," zei ze zo opgewekt mogelijk. "En dat je die overweldigende liefde voelbaar mag maken voor de mensen om je heen."

Ze drukte een zoen op zijn wang en haalde haar hand door zijn krullende haar. En Jezus lachte al weer.

"Nou, dat zou mooi zijn!" zei hij. "En wie weet, als iedereen die liefde voelt, wordt het dan wel weer vrede in ons land!"

"Zo is het, je weet maar nooit!" beaamde Maria bemoedigend. "Denk daar maar aan en geen tranen meer, begrepen!"

Ze stond op, pakte de wasmand en hing de was op. Toen liep ze naar de keuken en controleerde de waterkruiken. Tot haar spijt zag ze dat er te weinig water was voor de rest van de dag. Ze zou dus naar de put moeten lopen om bij te halen. Met tegenzin pakte ze twee lege kruiken en stapte naar buiten. Jezus zag wat ze ging doen.

"Oh, mag ik water halen, moeder?" vroeg hij gretig. "Het is zo'n mooie weg naar de put. En die kruiken zijn veel te zwaar voor u om te dragen."

Maria glimlachte opgelucht.

"Nou graag!" antwoordde ze. "Eerlijk gezegd vind ik het wel fijn dat jij dat vervelende karweitje voor me wilt opknappen!"

Jezus nam de kruiken van haar over.

"Ik vind het helemaal geen vervelend karweitje!" lachte hij. "Het is toch heerlijk in de zon!"

Opgewekt ging hij op pad. In zijn hoofd had hij nog het mooie verhaal dat hij daarnet voor zijn moeder had gelezen. Wat fijn toch, dat rabbi Gamliël hem die rol had meegegeven! Hij verheugde zich er nu al op dat hij straks verder kon lezen! In gedachten liep hij de straat uit waardoor hij het groepje jongens dat een eindje verderop aan het spelen was niet opmerkte. Maar zij zagen hem wel.

"Kijk jongens, daar gaat ie weer," riep er één. "Moet je zien, ons meisje gaat water halen."

Het groepje lachte honend en spottend riep een ander:

"Kom, laten we eens kijken of we meneer soms moeten helpen met zijn meidenklusje."

Ze liepen op Jezus af en dromden om hem heen.

"Zo, ga je water halen?"

Een bijtend sarcasme droop van die vraag af. Maar Jezus liet zich niet provoceren.

"Zoals je ziet," zei hij en hoewel ze probeerden hem de pas af te snijden liep hij rustig door.

"Kom, ik zal die kruik wel voor je dragen."

Een lange plaaggeest graaide een van de kruiken uit Jezus' handen en rolde deze treiterig een heel eind weg. Jezus kneep zijn lippen op elkaar. Hij zei niets maar met zijn blik monsterde hij het groepje, de blik waarom ze hem waren gaan haten.

"Ja, waar blijf je nou hè!"

Nog dichter dromden ze om hem heen en plagend duwden ze

hem van de één naar de ander. Maar Jezus reageerde niet op hun pesterijen en zo kregen ze er al gauw genoeg van.

"Ach kom, laat hem maar. Meneer voelt zich toch te goed voor ons."

Ze gaven hem een harde duw waardoor hij op zijn knieën op de grond belandde. De andere kruik rolde nu ook uit zijn handen en hij kon hem nog maar net grijpen. De jongens lachten smalend maar lieten hem toen met rust. Jezus stond op en ging op zoek naar de tweede kruik. Gelukkig was deze niet kapot gegaan. Hij pakte hem op en vervolgde zijn weg. Maar zijn opgewektheid was verdwenen. Hij voelde tranen prikken. En hij zocht God, zoals hij zo vaak deed, en vroeg:

"Here God, waarom ben ik toch altijd het mikpunt? Waarom hoor ik er niet gewoon bij?"

Er kwam geen antwoord en teleurgesteld verbeet Jezus zijn verdriet. En hij was zo in gedachten verzonken dat pas laat een enorm lawaai tot hem doordrong. Het was het geluid van hoefijzergekletter en ratelende wielen. Een Romeins tweespan kwam met enorme snelheid de hoek van de straat om, recht op hem af. Jezus had de wagen absoluut niet horen aankomen en puur op instinct nam hij een enorme sprong. Dat redde zijn leven. De paarden galoppeerden rakelings langs hem heen en hij voelde de wind van de wielen toen deze vlak langs hem heen denderden. Zijn hart klopte in zijn keel van schrik en hij besefte dat hij enorm geluk had gehad. Maar achter hem liep het minder goed af. Jezus hoorde een vreselijke gil. Hij draaide zich om en zag dat een van de jongens zich niet zo snel uit de voeten had kunnen maken. Kermend van de pijn lag hij op de grond en greep naar zijn been. Jezus bedacht zich geen moment. Hij sprong overeind en rende naar hem toe. Hij knielde bij de jongen neer.

"Wacht maar," sprak hij geruststellend. "Wacht maar, ik help je."

Hij legde zijn handen op het pijnlijke been en sloot zijn ogen. Al snel trok de verlichtende tinteling door zijn handen. Vrijwel onmiddellijk voelde de jongen dat de pijn minder werd. Zijn mond viel open van verbazing en verbijsterd keek hij Jezus aan.

"Hoe ... doe jij dat?" stamelde hij onthutst.

Een beetje wrevelig haalde Jezus zijn schouders op.

"Ik kan het," zei hij kortaf. "Laten we het daar maar op houden."

De jongen schaamde zich diep. Zo net had hij Jezus nog geplaagd, getreiterd. En nu had deze hem geholpen, zomaar. Ruw duwde hij ineens Jezus' handen weg en geholpen door twee vrienden kwam hij overeind. Nog een beetje wankelend en Jezus' blik ontwijkend hobbelde hij weg. Hij wist zich duidelijk geen houding te geven. Jezus bleef nog even zitten. Zijn actie om de jongen te helpen had hem afgemat. Zijn gave was prachtig maar vergde ook veel van hem en nu was hij moe. Toen zag hij even verderop zijn twee kruiken staan. Hij zuchtte. Dat was waar ook. Hij was op pad gegaan om water te halen. Met enige tegenzin kwam hij overeind en haalde de kruiken op.

Het was nu op het heetst van de dag en niemand waagde zich op straat. Jezus was blij dat hij de stad achter zich kon laten en het pad naar de put kon inslaan. Er was weinig schaduw op deze smalle weg. Er stonden weliswaar wat struiken langs de kant maar deze waren te laag om verkoeling te bieden. Maar dat vond Jezus niet erg. Juist door de warmte kon hij zonder iemand tegen te komen zijn weg vervolgen. En die weg was mooi. Het pad kronkelde tussen de struiken en velden door en in de verte kon hij de put al zien. Hij voelde de vermoeidheid van zich afglijden en hij genoot van de prettige wandeling. En hij dacht terug aan het voorval van daarnet. Hij was blij dat hij de jongen had kunnen helpen. Dat deze hem nauwelijks dankbaar was geweest, ach, dat verbaasde hem niet. Hij had allang geleerd dat sommige mensen moeite met hem hadden. Ze begrepen niet waarom hij anders was en daarom lieten ze hem liever links liggen. Hij kon zich dat ook best voorstellen. Hij lachte een beetje wrang en zei hardop:

"Geen wonder dat ze zich geen raad met mij weten. Geen wonder dat ze me niet begrijpen. Ik begrijp het zelf niet eens! Waarom kan ik dingen die een ander niet kan? Zie en begrijp ik dingen die een ander niet ziet of begrijpt?"

Ja, zijn moeder had wel eens gezegd dat hij een bijzonder kind was. Maar een verklaring kon of wilde ze niet geven.

"Vertrouw op jezelf," had ze gezegd. "Volg je hart, dan is alles wat je doet goed."

Jezus dacht terug aan die woorden en hij zei, nog steeds hardop:

"Ja, het is allemaal wel leuk wat mijn moeder zegt en ik wil best m'n hart volgen en doen wat ik denk dat goed is, maar het maakt me anders en eenzaam. En ik wil niet eenzaam zijn."

Opeens klonk er een stem achter hem. En de stem zei:

"Jij zult nooit meer eenzaam zijn Jezus, want ik beloof je dat ik altijd bij je zal zijn."

Als door een wesp gestoken draaide Jezus zich om. Hij had zich alleen gewaand op het stille pad en had niet gehoord dat er iemand achter hem was komen lopen. Maar toen hij zich had omgedraaid, leek het of hij een slag in zijn gezicht kreeg. Want het pad was leeg. Zo ver als hij kon zien was het pad leeg. Verbijsterd draaide hij zich terug en keek naar alle kanten om zich heen. Maar waar hij ook keek, er was niets of niemand te bekennen. En ineens, in een fractie van een seconde, begreep hij wie er tot hem had gesproken. Hij liet de kruiken uit zijn handen vallen en viel op zijn knieën. Het besef dat hij Gods stem had gehoord overweldigde hem zo dat hij beefde over zijn hele lichaam. En opnieuw hoorde hij de stem en hij voelde Gods geruststelling toen Hij zei:

"Wees niet bang, mijn zoon. Je hoeft niet bang te zijn, want ik zal als een vader voor je zorgen. Luister. Je bent anders ja, maar je doet het heel goed. Vertrouw op mij en het komt goed. Geloof in mij en je zult bij mij zijn en in mij zijn en ik zal in jou zijn, voor altijd."

Jezus sloeg zijn handen voor zijn gezicht. Zijn gedachten tolden door zijn hoofd. Toen strengelde hij zijn vingers ineen en stamelde, plotseling begrijpend:

"U maakt dat ik met mijn handen pijn kan verlichten ... U bent het!"

Het antwoord kwam vanuit zijn eigen hart:

"Ja, ik ben het."

Jezus schudde zijn hoofd. Dit was niet te begrijpen. Dit kon toch niet waar zijn? Gebeurde dit wel echt? Hij wilde wel honderd vragen stellen maar het lukte hem niet zijn gedachten te ordenen. De vragen buitelden over elkaar heen en hij kon ze niet tot woorden vormen. Maar dat hoefde ook niet. Want God begreep hem ook zonder woorden.

"Wees gerust," klonk het zacht door zijn ziel. "Wees gerust. Al je vragen zullen beantwoord worden. Maar pas als je het antwoord ook echt kunt begrijpen. Durf je daar op te vertrouwen?"

Er klonk zoveel liefde en warmte door in deze woorden dat Jezus weer wat tot rust kwam. Hij knikte en toonloos kwam zijn antwoord, vanuit zijn ziel rechtstreeks naar God.

"Ja, mijn Heer. Ik ben bang en ik begrijp er niets van, maar ik vertrouw U. Ik zal me door U laten leiden. U heeft vast het beste met mij voor." En God antwoordde:

"Dan beloof ik je, mijn zoon, dat ik je vertrouwen niet zal beschamen. En onthoud: ik zal er zijn als je me nodig hebt. Je hoeft me maar te zoeken en ik zal er zijn."

Na deze woorden werd het stil en Jezus wist niet welk gevoel in hem het sterkste was. Hij was bang, blij, ongerust en gelukkig tegelijk. En hij besloot de woorden van God te bewaren in zijn hart en er met niemand over te praten.

Maar na het avondeten, toen Jozef naar de werkplaats was gegaan om zijn gereedschap op te ruimen en zijn broertjes en zusje in bed lagen, kon Jezus het gebeurde niet meer voor zich houden. Toen zijn moeder na de afwas de kamer binnenkwam en de lamp had aangestoken vroeg hij haar, en zijn stem trilde:

"Moeder, heeft u wel eens de stem van God gehoord?"

Maria hoorde de trilling in zijn stem en ze begreep dat deze vraag niet zomaar uit de lucht kwam vallen. Ze ging tegenover hem aan tafel zitten en antwoordde:

"Nee, ik heb nog nooit de stem van God gehoord. Niet écht, bedoel ik." Een klemmende stilte viel. Maria zag een grote emotie bij haar zoon en ze vroeg gespannen:

"Waarom wil je dat eigenlijk weten?"

Even aarzelde Jezus maar toen antwoordde hij:

"Omdat ik vanmiddag de stem van God heb gehoord. En nee, u hoeft me niet te vragen of ik het wel zeker weet. Want ik ben er zeker van, ik weet het gewoon."

Maria's adem stokte en even sloot ze haar ogen. Toen nam ze zijn handen tussen de hare en streelde ze. Haar zoon, haar prachtige zoon! Eindelijk had God zich dus aan hem bekend gemaakt en was uitgekomen wat haar zeven jaar geleden was beloofd. En ze begon te vertellen. Ze vertelde hem alles. Dat toen ze in verwachting was, er een engel aan haar was verschenen die had gezegd dat het kind dat ze zou krijgen een heel bijzonder kind was. Want hij, die ze de naam Jezus moest geven, zou mensen de weg naar God wijzen zodat zij

Gods Koninkrijk van liefde konden leren kennen. En Gods geest, Christus, zou hem bij deze taak helpen. En nog meer vertelde ze. Hoe er bij zijn geboorte een stralende ster boven Bethlehem had gestaan. Dat er drie wijzen uit het oosten waren gekomen om hem, de nieuwe koning, te aanbidden. Hoe koning Herodes hier lucht van had gekregen en alle jongensbaby's had laten vermoorden. Dat ze gevlucht waren naar Egypte en pas veel later naar huis waren teruggekeerd. Jezus luisterde ademloos. Ineens was alles duidelijk. Alle vragen die hij had gehad, alles wat hij al lang had geweten in zijn hart maar niet had kunnen benoemen, zijn gevoeligheid en hang naar gerechtigheid, zijn anders zijn: alles viel op zijn plaats. Toen Maria klaar was met haar verhaal haastte hij zich naar haar toe en kroop bij haar op schoot. Zo vond Jozef hen toen hij klaar was met zijn werk.

"Hé, wat is hier aan de hand?" vroeg hij verbaasd.

Maria keek hem aan en bewogen zei ze:

"Hij weet het. God heeft hem aangesproken en daarom heb ik hem alles verteld."

Jozef schoof naast hen op de bank. Geëmotioneerd omarmde hij zijn zoon en hij ontvouwde Jezus het plan dat had liggen wachten tot dit moment. Dat ze hem naar Qumran wilden brengen, naar het klooster van de Essenen, waar hij voorbereid zou worden op de taak die hem wachtte. Dat hij daar de beste opleiding zou krijgen die maar mogelijk was en dat hij zoveel tijd als hij nodig achtte mocht nemen om alles te leren wat hij maar wilde weten. Een diepe dankbaarheid maakte zich van Jezus meester. Hij zou naar Qumran gaan, naar het klooster dat altijd al zijn nieuwsgierigheid had geprikkeld. Eindelijk zou hij dan niet meer het buitenbeentje van de buurt zijn, geen mikpunt meer van flauwe pesterijen. Hij zou mogen studeren en God zelf zou hem daarbij helpen. Toen hij na deze lange dag vol emoties naar bed ging vouwde hij zijn handen en dankte God voor alles. Voor de liefde van zijn ouders. Voor zijn broers en zusje, die hij zou missen. Voor het vertrouwen dat in hem werd gesteld en dat hij hoopte niet te beschamen. En opnieuw hoorde hij Gods stem, maar nu schrok hij niet meer. Hij luisterde met volle aandacht en hij voelde Gods zachte glimlach toen Hij zei:

"Gelukkig, ik zie dat je niet meer schrikt van mij. Rust dan nu maar uit, mijn zoon. Rust en heb vertrouwen. Dan zal alles goed zijn."

Jezus voelde zich weldadig en onbezorgd door deze liefdevolle woorden. Zielsgelukkig draaide hij zich op zijn zij en nestelde zich in zijn deken. Al snel viel hij in een diepe, dromenloze slaap.

In de weken daarna zocht God regelmatig contact met Jezus. De jongen raakte meer en meer gewend aan Zijn aanwezigheid in zijn hart en in zijn leven. Jozef en Maria vonden dat hij veranderde. Hij werd stiller en straalde een voor zijn leeftijd ongewone rust uit. Vaak zat hij in gedachten verzonken, zijn blik naar binnen gekeerd en dan leek het of hij in een andere wereld verbleef. Op die momenten voelde hij zich zeer verbonden met God en omdat deze hem steevast aansprak met 'mijn zoon' maakte hij er een gewoonte van Hem zijn Abba te noemen, wat liefkozend 'vadertje' betekent. Ook ging hij niet meer zo graag naar de lessen van rabbi Gamliël. Hij had het gevoel daar uitgeleerd te zijn en hij verlangde ernaar om naar Qumran te gaan.

Jozefs ouders stonden erop een afscheidsfeest voor hun kleinzoon te organiseren. Ze huurden een herberg af en nodigden alle familieleden en buren uit. Jezus voelde zich wat verlegen onder alle aandacht. Maar hij begreep dat dit wel eens de laatste keer zou kunnen zijn dat hij zijn grootouders zou zien, dus liet hij alles gelaten over zich heenkomen. Toen het feest een poosje aan de gang was stond zijn grootvader op en tikte met een mes tegen zijn beker. Het geroezemoes in de ruimte verstomde en hij wendde zich tot Jezus.

"Mijn lieve kind, vandaag heb je een mijlpaal in je leven bereikt. Het leven dat je tot nu hebt geleid ga je achter je laten en je staat op de drempel van een nieuw begin. En omdat dit zo'n bijzondere dag is, willen je grootmoeder en ik je graag iets cadeau geven. Dus zeg maar waarmee we je een plezier kunnen doen."

Nu, daarover hoefde Jezus niet lang na te denken.

"Lieve grootvader, ik wil geen cadeau want ik ben tevreden met wat ik heb. Maar ik heb een ander idee, is dat ook goed?"

"Alles is goed!" riep Jacob vrijgevig uit. "Dus voor de draad ermee!"

Jezus lachte verheugd en vol enthousiasme zei hij:

"Ik wil heel graag dat veel meer kinderen hier feest kunnen vieren. Er zijn in Nazareth veel jongens en meisjes die bijna geen geld hebben en die waarschijnlijk nog nooit op een feest zijn geweest.

Dus het mooiste cadeau dat u mij kunt geven, is dat ik kinderen mag uitnodigen die het in het leven minder goed getroffen hebben dan ik, om samen met ons feest te vieren."

Jacobs mond viel open. Zijn hart bloeide op omdat de jongen zo onzelfzuchtig had gesproken. Ontroerd zei hij:

"Dat is een prachtig idee, Jezus! En natuurlijk is dat goed! Ga maar, en neem zoveel kinderen mee als je wilt."

Dat liet Jezus zich geen twee keer zeggen. Hij rende ervan door en sprak alle kinderen aan waarvan hij wist dat ze het thuis niet zo breed hadden. Hij vroeg hen of ze zin hadden in een gratis feestje en in minder dan geen tijd volgden tientallen jongens en meisjes hem naar de herberg. Al snel was de feestzaal gevuld met vrolijk kindergelach. Er werd gezongen en gedanst. De blijdschap van de kinderen verwarmde het hart van iedereen aanwezig en zo werd het afscheidsfeest van Jezus een gebeurtenis waarover nog lang werd nagepraat. Iedereen erkende dat de ongewone integriteit die de jongen had getoond alleen van God zelf afkomstig kon zijn.

Qumran

Het gebied rond de Dode Zee is wellicht een van de meest sinistere plekken op aarde. Het meer ligt dan ook op het diepste punt van het aardoppervlak, zo'n 400 meter onder de zeespiegel. Niet voor niets heet deze binnenzee Dode Zee. Doordat het van zout verzadigd is, bevat het geen enkele vorm van leven. Geen vissen, geen krabben, geen waterplanten: niets. En ook de wijde omtrek van het meer is doods en levenloos. Geen struiken, geen graspol, geen bomen, geen kruid. Juist hier, nabij het dorp Qumran, lag het klooster van de Essenen. Bewust hadden zij deze plek uitgekozen om zich te vestigen. Ze verafschuwden het wereldse leven en de vaak respectloze manier waarop mensen met elkaar omgingen. Liever verwisselden ze dit leven voor de stilte van de woestijn. Daar konden ze zich volledig wijden aan gebed, studie en meditatie. Hun klooster was dan ook een rustpunt in een donkere, hectische wereld. En die rust werd goed bewaakt, want niet iedereen kon zo maar tot de orde toetreden. Men moest aan strenge eisen voldoen en bereid zijn zich volledig naar de regels te schikken. Zo zorgden ze ervoor dat hun zelfverkozen isolement niet werd verstoord.

Maar deze dag kwam er al vroeg een ruiter aan galopperen. De wachter op de toren sloeg alarm en stuurde een van de broeders naar de poort. De ruiter steeg af en liet de zware klopper op de deur vallen. Een klein luikje ging open en een broeder keek naar buiten. Hij zag een stoffige man in eenvoudige kleding staan.

"Goedemorgen," zei hij afwachtend, maar niet onvriendelijk. "Wie bent u en wat komt u doen?"

De ruiter antwoordde:

"Ik ben een koerier uit Nazareth. Jozef de timmerman heeft mij gestuurd. Ik heb een belangrijke boodschap voor jullie hoofd. Breng mij alstublieft bij hem."

En hij maakte het geheime teken dat alleen bij de Essenen bekend was. De broeder begreep dat hij een van hen was. Hij opende de poort en bracht hem naar de abt. Deze begroette de boodschapper hartelijk en bood hem een stoel aan.

"En beste man, wat brengt u hier?" vroeg hij belangstellend. "Ik begrijp dat u vanuit Nazareth hiernaar toe bent gekomen?"

De koerier knikte.

"Ik kom met een boodschap van Jozef, de timmerman," antwoordde hij. "Volgens Jozef zou u zich hem zeker herinneren. Hij is hier een jaar of zeven geleden geweest."

"En of ik me hem herinner!" sprak hij. "Hij kwam hier om zijn zoon Jezus te beschermen tegen het geweld van Herodes."

De koerier boog zich wat naar voren. Met zachte stem zei hij:

"Het gaat om Jezus. Het lijkt erop dat de Messias op wie we al zo lang wachten nu toch echt is gekomen. Hij is een grote vreugde voor zijn ouders en leraar. Hij legt een bijzondere wijsheid aan de dag. Zo jong als hij is, kent hij alle boeken van de Thora en de profeten al uit zijn hoofd, en dat niet alleen: hij kan ze ook verklaren en wel zo dat iedereen zich erover verbaast. En naar het schijnt heeft God zich nu aan hem bekend gemaakt. Daarom willen Jozef en Maria hem hier brengen om hem voor te bereiden op de taak die hem wacht. Ik denk dat ze overmorgen hier zullen zijn. Zij wilden vandaag uit Nazareth vertrekken."

De abt stond op en liep heen en weer door het vertrek. Een zekere opwinding maakte zich van hem meester. Jezus van Nazareth, het kind dat verbonden zou zijn met de Christuskracht, was op weg naar zijn klooster! Wat een eer, maar ook: wat een verantwoordelijkheid rustte er ineens op zijn schouders. Hij liep op de koerier toe en zei:

"Dank u wel vriend, dat u deze boodschap bent komen brengen. Wij zullen ons zo goed mogelijk op de komst van dit bijzondere kind voorbereiden. En u bent welkom om hier te rusten voor u terugreist."

De koerier stond op en maakte een kleine, hoffelijke buiging.

"Wanneer ik hier aan het middagmaal zou mogen aanschuiven zou dat plezierig zijn," glimlachte hij.

Jozef en Maria waren inderdaad die ochtend uit Nazareth vertrokken. Ze hadden de ezel voor hun wagen gespannen en namen alleen het hoognodige mee. Jezus legde zijn boekrollen en wat kleding onder het bankje. Meer bezittingen had hij ook eigenlijk niet.

"Hé Jezus, blijf niet té lang weg, hoor je!" riep Jacobus hem toe. "We missen je nu al."

"Ik zal jullie ook missen!" riep Jezus terug. "Maar je mag nu wel in mijn kamer slapen, hè!"

Jacobus knikte en glunderde. Een eigen kamer! Ze klommen in de wagen en Jozef stuurde de ezel de hoek om. Nu kon Jezus zijn grootouders, broers en zusje niet meer zien.

De reis verliep voorspoedig. Jezus genoot van het wisselende landschap en hij keek uit naar de nieuwe fase in zijn leven.

"Vertel eens vader," vroeg hij terwijl hij naast Jozef op de bok klom. "Hoe ziet het klooster eruit?"

"Nou, er is een hoofdgebouw met een grote binnenplaats," vertelde Jozef. "De monniken studeren, werken en eten daar. En ze slapen in kleine huisjes of tenten. Maar er zijn ook kamers uitgehakt in de rotsen."

"Denk je dat ik ook een eigen kamer krijg?" informeerde Jezus.

"Als je dat wilt," antwoordde Jozef. "Maar in het begin zul je wel bij je leraar blijven."

"Ik vraag me af wie mijn leraar zal zijn," mijmerde Jezus. "Ik hoop iemand die me veel nieuwe rollen zal geven om te lezen."

Jozef glimlachte.

"Er zijn daar veel rollen en boeken die jij nog niet kent," zei hij. "Ik denk dat je er met veel plezier zult studeren. Maar stel het je ook niet té rooskleurig voor. De natuur daar is dor en kaal. En de regels zijn zwaar."

"Daar zie ik niet tegenop," reageerde Jezus echter welgemoed. "Het lijkt me zo fijn om nieuwe dingen te leren. En die regels, ach, daar wen ik vast wel aan."

Ze overnachtten in de buurt van Sichar en vervolgden de volgende dag hun reis. Het werd nu drukker op de weg omdat ze dichter in de buurt van Jeruzalem kwamen. Veel mensen trokken naar de heilige stad om in de tempel een offer te brengen. En kooplieden waren op weg met volgeladen wagens. Ook zag je hier beduidend meer Romeinse soldaten, soms te voet, soms te paard. Jezus keek zijn ogen uit.

"Toe vader, laten we in Jeruzalem overnachten!" zei hij

verlangend. "Ik wil zo graag de tempel zien."

Maar Jozef schudde beslist zijn hoofd.

"Nee jongen," sprak hij ernstig. "Ik weet niet of dat wel veilig is. We hebben geen herberg besproken. Stel dat we geen slaapplaats vinden dan worden we misschien wel overvallen of door de Romeinen opgepakt. Dat risico wil ik niet lopen. Maar ik beloof je dat we absoluut een keer gaan kijken, na je studie en als je wat ouder bent, goed?"

Jezus was teleurgesteld maar hij sprak zijn vader niet tegen. Jozef liet de stad links liggen en nam de afslag naar Betanië, waar ze sliepen. De volgende ochtend gingen ze verder. Het was nu niet ver meer en het landschap veranderde snel. Ze daalden af uit de heuvels naar de vlakte beneden en hoe lager ze kwamen hoe droger en warmer het werd. Nu het doel van de reis dichterbij kwam werd Jezus stiller. Meer en meer drong het tot hem door wat hem te wachten stond en hoe bijzonder dit was voor een kind van zijn leeftijd. Hij ging naast Maria zitten en zij sloeg haar armen om hem heen en koesterde hem. Tot tegen het middaguur Jozef zich omdraaide.

"Jezus, kijk, daar beneden, daar is het!" wees hij.

Jezus haastte zich overeind en ja, in de diepte kon hij het klooster zien liggen, het grote hoofdgebouw waarover zijn vader had verteld en de huisjes erom heen. En ook zag hij de uitgehouwen ruimtes in de rotsen. Maar het meest fascinerende was het enorme aquaduct dat naast het klooster lag. Bovenaan waren grote reservoirs gebouwd om regenwater in op te vangen. En via een ingenieus spel van kanalen en geulen kwam het water tot in de burcht, waar zowaar wat plantengroei was gerealiseerd. Jezus ademde op. Het deed hem goed toch nog wat groen te zien in deze dorre uithoek van het land. Ze draaiden het smalle toegangsweggetje op en zodra ze bij de poort aankwamen, zwaaide deze open. Jozef reed de binnenplaats op waar een aantal monniken hen al stond op te wachten. Hij zag enkele bekende gezichten en hij sprong van de bok. Onmiddellijk kwamen de broeders naar hem toe en schudden enthousiast zijn hand. Jezus bekeek het tafereel en hij was meteen onder de indruk van deze mannen in hun prachtige, witte gewaden. Toen zag hij hoe iemand zich een weg naar hen toe baande. De monniken maakten vol ontzag plaats en Jezus begreep dat dit het hoofd van de orde moest zijn. De abt omarmde Jozef en ontroerd sprak hij:

"Mijn vriend, het is goed je na zo lange tijd weer te zien. Hebben jullie een rustige reis gehad?"

Jozef knikte.

"Ja, gelukkig zijn we hier zonder problemen gekomen. En graag bedank ik u dat u zich over mijn zoon wilt ontfermen. Kom, ik breng u bij hem."

Jezus was inmiddels van de kar gesprongen. Hij hielp Maria met de hoge afstap en begon toen met het uitladen van de bagage. Zijn bezigheid werd echter onderbroken door zijn vader die riep:

"Jezus, kom je? Ik wil je graag voorstellen aan de abt van deze geëerde broederschap."

Hij liep naar de twee mannen toe en een beetje verlegen maakte hij een kleine buiging voor de rijzige man in zijn witte pij. De abt stak zijn hand uit.

"Van harte welkom in ons klooster Jezus," sprak hij vriendelijk. "Ik hoop dat je het hier naar je zin zult hebben."

Jezus schudde zijn hand en hij antwoordde met heldere stem: "Aangezien God ervoor heeft gezorgd dat ik hier mag verblijven, twijfel ik daar niet aan."

De broeders wierpen elkaar een veelbetekenende blik toe en zagen toen dat het gezelschap naar binnen ging, weg uit de hitte.

"Jullie zullen wel trek hebben," zei de abt. "Kom, eet iets."

Hij maakte een uitnodigend gebaar naar de tafel waar een eenvoudige maaltijd klaar stond. Ze aten en ondertussen spraken de drie volwassenen zacht met elkaar. Jezus luisterde niet echt naar hen. Zijn gedachten namen hun eigen loop. Hij bekeek de ruimte waar ze waren en zag dat deze zeer sober was ingericht. Afgezien van enkele kasten waar wat aardewerk in stond, was de kamer zo goed als leeg. Hij vroeg zich af of hij in deze strenge orde zijn draai wel zou kunnen vinden en even zuchtte hij. De abt hoorde het. Glimlachend richtte hij het woord tot hem.

"Mijn lieve kind, volgens mij hebben wij je wat aan je lot overgelaten. Vergeef het ons, want eigenlijk draait het natuurlijk om jou. Vertel: wil je misschien iets vragen? Want graag doe ik mijn best om zo lang je hier bent, al je vragen te beantwoorden."

Jezus knikte.

"Ja, ik wil iets vragen," zei hij. "Graag zou ik uw naam weten, zodat ik weet hoe ik u kan aanspreken."

"Mijn naam... ," zei de abt, kort aarzelend. "Je wilt mijn naam weten... Helaas is dat nu juist het best bewaarde geheim van onze orde, Jezus. Je moet weten dat ik misschien wel de grootste vijand ben van vele machtige krachten in dit land. Daarom is het beter dat je mijn naam niet weet, ook voor je eigen veiligheid. Maar je mag mij Abba noemen als je wilt, wat betekent: 'vader', want graag ben ik, zolang je hier verblijft, als een vader voor je."

Zijn antwoord viel bij Jezus echter in verkeerde aarde. Hij stond op en keek de man strak aan.

"Het spijt me," zei hij en zijn stem verraadde een grote emotie. "Maar ik zal u zeker geen Abba noemen. Want die naam is voorbehouden aan mijn echte vader."

Verrast keek Jozef op.

"Maar Jezus toch! Zo heb je mij nog nooit genoemd!" reageerde hij een tikkeltje verwijtend.

Jezus richtte zijn blik op hem en met vaste stem antwoordde hij:

"Neem me niet kwalijk vader, maar ik had het ook niet over u. Ik bedoelde mijn Vader die in de hemelen is."

Er viel een ijzige stilte. Toen stond Jozef op en liep op Jezus toe. Hij legde zijn hand op de schouder van zijn zoon en nederig zei hij: "Vergeef me, Jezus. Dat had ik moeten begrijpen."

Ook de abt was overeind gekomen en hij hurkte voor Jezus neer zodat hij hem recht in de ogen kon kijken.

"Misschien wil je mij dan meester noemen, zoals de andere broeders ook doen," stelde hij voor. "Want ik hoop dat ik je veel zal kunnen leren."

Maar terwijl hij deze woorden sprak, wist hij dat hij hier de leerling was en dat de ware meester hier voor hem stond, in de gedaante van deze tengere jongen. Jezus knikte echter opgelucht en lachend zei hij:

"Graag noem ik u mijn meester, want ik weet zeker dat u mij veel nieuwe dingen zult weten te vertellen."

De abt drukte vriendschappelijk zijn handen. Toen stond hij op en zei:

"Dan is het nu tijd om afscheid te nemen van je ouders. Wanneer ze nu vertrekken kunnen ze nog voor zonsondergang in Betanië zijn."

Jezus knikte en hij omhelsde eerst zijn moeder. Hij zag tranen in haar ogen en teder zei hij:

"Niet huilen moeder. U kunt me toch af en toe bezoeken. En ik zal u heel veel brieven schrijven, zodat u weet hoe het met mij gaat, goed?"

Maria knikte. Ze streelde even zijn wang en gaf hem een laatste zoen. Toen omarmde Jozef zijn zoon en hij fluisterde in zijn oor:

"Prachtig kind van me: hou je taai! Het leven is niet makkelijk hier, maar ik weet zeker dat je hier een rijk en gelukkig mens zult worden." Zijn woorden ontroerden Jezus diep en hij kon geen woord meer uitbrengen. In stilte liep hij mee naar de binnenplaats. Jozef hielp Maria in de wagen, klom toen op de bok en stuurde de ezel het smalle weggetje naar Betanië op. Jezus zwaaide hen na tot de grote poort achter hen dicht viel. Toen draaide hij zich om. Even voelde hij zich verloren in deze vreemde omgeving. Maar de abt ontfermde zich over hem.

"Kom," zei hij. "Ik zal je voorstellen aan de broeder die jou hier een beetje wegwijs zal maken. Hij wacht op ons in mijn kamer."

Jezus knikte en volgde hem. Maar opeens bekroop hem een onrustig gevoel en onmiddellijk wist hij ook waarom.

"Oh, nee!" riep hij uit. "Mijn rollen! Mijn boekrollen! Ze liggen nog in de wagen!"

Hij rende terug naar de poort en wilde deze openmaken. Maar de poortwachter hield hem tegen.

"Het spijt me jongen, maar ze zijn vast al te ver weg," zei hij nuchter. "Maar ik moet ze terugroepen!" riep Jezus heftig uit. "Die rollen zijn mijn dierbaarste bezit!"

Zoekend keek hij om zich heen en zag de trap die naar de toren leidde. Zo snel hij kon vloog hij de treden op en keek uit over de vlakte. Tot zijn grote teleurstelling zag hij dat de poortwachter gelijk had. De wagen van zijn ouders was slechts een stipje in de verte. Tranen kwamen in zijn ogen en een enorm gevoel van verlatenheid overviel hem. Vertwijfeld vroeg hij zich af wat hij hier in vredesnaam deed en waarom hij ook niet op de wagen zat, gewoon weer op weg terug naar huis. Maar toen voelde hij een hand op zijn schouder en iemand zei met warme stem tegen hem:

"Rustig maar Jezus, ik heb jouw boekrollen van de wagen gehaald. Ze liggen al voor je klaar in je eigen lessenaar."

Met een ruk draaide Jezus zich om. Een broeder met bruin haar en bruine ogen stond voor hem. Zijn gezicht was zo vriendelijk dat Jezus hem meteen mocht.

"Hallo! Ik ben Matheno," stelde de man zich voor. "Onze meester heeft me gevraagd of ik je onder mijn hoede wil nemen. Nu, dat doe ik heel graag!"

Jezus slaakte een zucht van opluchting. Hij veegde zijn tranen weg zei beleefd:

"Dank u wel, mijnheer! Ik kan wel een vriend gebruiken nu alles nog zo nieuw voor me is. Toe: wilt u mij alstublieft laten zien waar u mijn rollen hebt neergelegd?"

"Natuurlijk!" knikte Matheno geruststellend. "Kom maar mee."

Hij ging Jezus voor de trap af, stak de binnenplaats over en opende een van de vele deuren die daarop uitkwamen. De ruimte die ze betraden was ruim en licht door hoge vensters die het daglicht volop binnen lieten. Jezus zag dat het een schrijfzaal was. Aan weerszijde van het middenpad stonden banken en schrijftafels. En er waren monniken aan het werk, hun rug gebogen over hun tafel en volle concentratie op hun gezichten. Toen Matheno met Jezus binnenkwam staakten zij hun werk voor korte tijd en knikten vriendelijk naar hem. Jezus beantwoordde hun groet en bekeek links en rechts enige handschriften. Deze zagen er prachtig uit met hier en daar een illustratie. Hij besefte dat deze broeders ware meesters in hun vak waren, die hun werk met veel liefde uitvoerden. En de sfeer in die stille ruimte voelde weldadig als een warm bad.

"Kijk," wees Matheno. "Dat is jouw plekje. Ik hoop dat de bank de goede hoogte heeft."

Jezus zag dat de broeders speciaal voor hem een hogere bank hadden klaargezet zodat hij goed aan zijn schrijftafel zou kunnen zitten. En dat zijn plekje misschien wel het beste was in die ruimte, onder een van de hoge ramen waar de zon vrij spel had en hem voldoende licht bood om te werken. Dankbaar zei hij:

"Dit is prima hoor! Dank jullie wel voor jullie goede zorgen!"

Hij klapte de klep van de lessenaar omhoog en zag zijn boekrollen zorgvuldig opgeborgen liggen. Er kwam een warme glans in zijn ogen en even streelden zijn handen zijn kostbaar bezit. En hij begon zich al wat meer op zijn gemak te voelen.

"Wil je misschien iets voor ons lezen?" vroeg Matheno. "Normaal gesproken werken we hier altijd in stilte, maar ik denk dat we allemaal graag iets van je zouden horen. Iets uit jouw eigen rollen bijvoorbeeld, of uit de Thora of het boek der profeten, dat daar ligt."

"Dan liefst iets uit de profeten," antwoordde Jezus. "Die boeken vind ik iedere keer weer een genot om te lezen."

Hij liep naar voren en Matheno hielp hem bij het doorrollen naar de tekst die hij wilde lezen. Zijn jonge stem klonk helder door de hoge ruimte en de zon scheen op zijn gezicht toen hij las:

"Het volk dat in donkerheid wandelt, ziet een groot licht. Over hen die wonen in een land van diepe duisternis, straalt een licht. Want een Kind is ons geboren, een Zoon is ons gegeven, en de heerschappij rust op zijn schouders. En men noemt hem Wonderbare Raadsman, Sterke God, Eeuwige Vader, Vredevorst. Groot zal de heerschappij zijn en eindeloos de vrede op de troon van David en over zijn koninkrijk, doordat hij het sticht en grondvest met recht en gerechtigheid, van nu af aan tot in eeuwigheid."

De broeders begrepen waarom hij juist deze tekst had gekozen en eerbiedig keken ze toe hoe hij zorgvuldig de rol weer dichtbond. Toen richtte Jezus zich tot Matheno.

"Ik ben best moe van de reis en alle nieuwe indrukken van vandaag. Misschien kunt u mij mijn kamer wijzen, zodat ik wat kan uitrusten."

Matheno haastte zich om aan zijn wens te voldoen. Hij bracht hem naar zijn eigen tent en wees hem het bed dat daar voor hem was bijgeplaatst. Vrijwel onmiddellijk viel Jezus in slaap. Terwijl een van de broeders een oogje in het zeil hield, ging Matheno op zoek naar de abt. Hij vertelde over de tekst die Jezus had uitgezocht en hoe het hen had ontroerd dat hij juist die tekst had gelezen. Zich bewust van hun verantwoordelijkheid zochten ze God en dankten Hem voor dit kostbare geschenk dat zomaar in hun midden mocht verblijven. En de abt gaf Matheno de vrije hand om Jezus, zeker de eerste weken, volledig te begeleiden.

Toen Jezus de volgende ochtend wakker werd, wist hij even niet waar hij was. Maar al snel drong het tot hem door dat hij nu eindelijk in Qumran was, waar hij zo naar uit had gezien. Vol verwachting kwam hij overeind en liep naar buiten. De zon was al op en scheen helder over de vlakte rondom het klooster. Afgezien van de kleine huisjes en tenten van de andere monniken was er weinig te zien. Kale bergwanden omringden het plateau waarop het klooster was gebouwd, en steile rotswanden daalden af in een onmetelijke diepte. Jezus zag hoe langs enkele wanden trappen waren uitgehouwen, en dat in de rotsen grotten waren uitgehakt die ook dienst deden als woning. In een opwelling daalde hij een van de trappen af en gluurde nieuwsgierig bij een van de kamers naar binnen. Hij had geluk. De ruimte was leeg en leek ongebruikt en zo had hij de gelegenheid naar binnen te gaan om rond te kijken. Een aangename koelte kwam hem tegemoet. De grot lag op het oosten en de ronde wanden die in een boog over hem heen liepen gaven hem een vreemd gevoel van geborgenheid. Toen hij naar buiten keek zag hij ver onder zich de Dode Zee liggen. Zijn vader had hem verteld over dit bijzondere meer waarvan het water zo zout was dat je hoe dan ook bleef drijven. De ochtendzon verlichtte de grot en bescheen hem met haar vriendelijk licht. Jezus voelde zich overweldigd door het weidse uitzicht en het bijzondere feit dat hij zomaar hier mocht verblijven. Hij knielde neer en zijn gebed steeg op naar God, wiens grootheid hij herkende in de natuur om zich heen, in de bergen, de rotsen, de zon. En hij wist dat hij heel graag een kamer als deze zou willen hebben. Want wat was er mooier dan 's ochtends door de zon wakker gekust te worden en zo een nieuwe dag te kunnen begroeten? Hij besloot Matheno te vragen of dit mocht. Voorzichtig beklom hij de steile trap weer en ging op weg naar het hoofdgebouw. Daar kwam Matheno hem al tegemoet.

"Zo, jonge vriend!" begroette hij Jezus vriendelijk. "Uitgeslapen?" Jezus knikte en ineens voelde hij zich een beetje beschaamd.

"Had ik eerder op moeten staan?" vroeg hij bedeesd. "Als dat zo is, zeg het dan gerust want graag schik ik mij naar jullie regels."

"Wij staan altijd op bij zonsopgang," vertelde Matheno. "En we ontmoeten elkaar dan in de gebedsruimte voor het ochtendgebed. Kom, ik zal je wijzen waar het is, zodat je morgen mee kunt doen."

Hij toonde Jezus de gebedsruimte, een kale kamer met alleen wat banken langs de muren. Daarna liet hij de jongen de rest van het complex zien. Jezus viel van de ene verbazing in de andere want het klooster bood veel meer dan hij had verwacht. Zo waren er, naast de gebedsruimte en de schrijfzaal die hij de vorige dag al had gezien, nog een pottenbakkerij, een verfmakerij, een molen om graan te malen, een eetzaal met daarnaast de keuken. En niet te vergeten de tuin, waar geneeskrachtige kruiden werden gekweekt en waar langs één kant een stal was gebouwd die plaats bood aan maar liefst zes paarden. In alle ruimtes voerden de monniken toegewijd hun werk uit en overal begroetten ze hem vriendelijk. Jezus schudde vele handen en leerde zo iedereen een beetje kennen. De integere manier waarop hij van alles kennis nam ontroerde Matheno en toen de rondleiding voorbij was, bracht hij hem als laatste naar de abt.

"En Jezus, hoe lijkt het je hier," vroeg deze belangstellend. "Heeft Matheno je alles al laten zien?"

"Alles, behalve de bibliotheek," antwoordde Matheno. "Dat wilt u vast liever zelf doen."

Verrast keek Jezus op.

"De bibliotheek!" riep hij uit. "Matheno, waarom heb je me die niet als eerste gewezen! Ik ben dol op lezen en verheug me er vooral op dat jullie allerlei rollen hebben die ik nog niet ken. Alstublieft meester, wilt u mij nu meteen daar naartoe brengen?"

De abt lachte hartelijk.

"Nu, zo te horen laat je me niet veel keus! Vooruit dan maar!"

Hij ging Jezus voor de gang in en opende de deur direct tegenover zijn kamer. De bibliotheek was niet groot maar langs alle wanden stonden kasten en toen de abt er één opende zag Jezus dat deze vol stond met boeken en boekrollen. Zijn hart maakte een sprongetje van opwinding.

"Mijn God, dank U wel dat U mij de kans geeft van dit alles kennis te nemen!" zei hij bevlogen en opgetogen keek hij naar de leren banden die titels lieten zien waarvan hij nog nooit had gehoord en die onmiddellijk zijn nieuwsgierigheid prikkelden.

Even liet hij liefdevol zijn hand er langs glijden. Toen vroeg hij aan de abt:

"Hoe weet u zich een weg te vinden in al deze teksten? Waar kan ik het beste mee beginnen?"

De abt glimlachte om zijn gretigheid.

"Laten wij ons eerst op de Thora en de profeten richten, Jezus. Daarna kunnen we een begin maken met de Vedische hymnen of de Griekse filosofen, zoals Plato en Socrates."

Even duizelde het Jezus want behalve de Thora en de profeten kende hij de andere geschriften waarover de abt sprak niet. Hij liet zich hierdoor echter niet uit het veld slaan. Integendeel! Een lach brak door op zijn gezicht en verlangend sprak hij:

"Kom maar op! Daarvoor ben ik immers hier! Al vraag ik me wel af hoeveel tijd het me zal kosten."

Zijn enthousiasme werkte aanstekelijk. De abt schoot in de lach. "We hebben immers alle tijd, Jezus," zei hij opgewekt. "We beginnen gewoon en dan komen we vanzelf van het één op het ander. En heb je misschien nog andere wensen op dit moment?"

Even wist Jezus niet wat hij moest zeggen. Maar toen dacht hij terug aan de rotskamer en hoe graag hij daar zou willen slapen. Hij maakte zijn wens kenbaar en de abt was in zijn sas over het bijzondere verzoek. Voor hem was dit duidelijk een teken deze jongen absoluut van een andere orde was. Want welk ander zevenjarig kind zou ervoor kiezen in een kale rotskamer te willen slapen? Maar Jezus had de spirituele binding met de natuur daar gevoeld en er gehoor aan gegeven. Hij gaf Matheno opdracht de kamer in orde te maken en nog diezelfde nacht sliep Jezus in zijn nieuwe onderkomen.

In de weken die volgden leerde Jezus zich te schikken naar de regels van de orde. Zodra de zon zijn eerste stralen zijn kamer in zond, stond hij op en voegde zich bij de andere broeders in de gebedsruimte. Ze baden twee uur in stilte om daarna een ritueel koud bad te nemen. Dan was het tijd om te ontbijten. Pas na het ontbijt mocht er worden gesproken en ging ieder zijns weegs. Jezus was meestal in de bibliotheek te vinden waar zijn meester altijd iets te lezen voor hem klaarlegde. Zijn geheugen was als een spons. Zonder moeite onthield hij alles wat hij las en in de stille uren rond het middaguur liet hij de teksten landen in zijn hart en probeerde hij de volle betekenis ervan te doorgronden. Na de middag waren er allerlei andere karweitjes te doen. Zo hielp hij broeder Levi in de tuin. Deze vertelde hem bevlogen over de geneeskrachtige kruiden die er groeiden en tegen welke kwalen je ze kon gebruiken. Jezus vond het heerlijk om te luisteren naar Levi's wijsheid. Ook hielp hij bij het kopiëren van belangrijke teksten in de schrijfzaal. Gezeten aan zijn lessenaar werkte hij geduldig en geconcentreerd. Zijn handschrift was sierlijk om te zien en prettig om te lezen. Na enkele weken was hij al helemaal ingeburgerd. Hij volgde het dagritme van de orde, deed opgewekt alle werkjes die men hem opdroeg en hij voelde zich gelukkig, al had hij soms wat moeite met de extreme sabbatsrust. Zelfs van zijn boekrollen had hij met weinig moeite afstand gedaan. De orde stond eigen bezit niet toe en daarom lagen Jezus' rollen nu tussen de andere in de bibliotheek. Ook zijn kleding had hij moeten inleveren en hij droeg zijn eigen witte pij. Maar ook dit scheen hem niet veel te doen. De abt keek met genoegen toe hoe makkelijk hij zich aanpaste en hij genoot van de momenten dat ze samen in de bibliotheek aan het werk waren. Maar vandaag dwaalden zijn gedachten af. Het mooie weer buiten lonkte en hij zei:

"Wat denk je Jezus, zullen we eens in de tuin gaan kijken hoe de kruiden erbij staan?"

Onmiddellijk kwam Jezus overeind.

"Nou, graag!" antwoordde hij verheugd. "De lavendel ruikt zo heerlijk op het moment! En ik ben benieuwd hoe de kamille het doet. Broeder Levi vertelde me over de geneeskrachtige werking ervan. Wat is dat toch mooi, niet waar, hoe God ervoor zorgt dat we alles wat we nodig hebben in de natuur kunnen vinden."

De abt glimlachte ontroerd door zijn kinderlijk enthousiasme.

"Dat is zeker mooi, Jezus!" zei hij en even legde hij zijn hand op het hoofd van de jongen.

Ze liepen naar buiten, staken de binnenplaats over en openden het hek naar de tuin. Levi, die onkruid wiedde, glimlachte geamuseerd toen hij de twee zag. De abt, groot en rijzig en die kleine jongen, aandoenlijk en kwetsbaar in zijn witte gewaad. Ze liepen langs de perken en Jezus vertelde onbevangen alles wat hij van Levi had geleerd.

"Kijk, dat is goudsbloem. Zet er thee van en het helpt tegen hoofdpijn. En stomen boven een kom heet water met kamille helpt tegen verkoudheid. En kijk eens: de lavendel bloeit nog mooier dan gisteren!"

"Je hebt al heel wat geleerd zie ik," complimenteerde de abt hem. "Graag zou ik nog meer horen van alles wat je weet. Kom, laten we daar in de schaduw gaan zitten."

En toen ze zaten vroeg hij:

"Vertel eens Jezus, jij kent de Thora van buiten, toch? Nu, laat eens horen: welke zijn de tien geboden die Mozes op de berg kreeg?"

Jezus aarzelde geen moment en foutloos reciteerde hij de betreffende tekst uit zijn hoofd. De abt knikte goedkeurend.

"Dat is voor jou geen probleem, zie ik. Maar vertel me nu eens:

welke denk jij is de grootste van de tien geboden?"

Jezus fronste zijn wenkbrauwen. Hij dacht even na en antwoordde toen:

"Ik zie geen grootste in de tien geboden. Maar ik zie wel een gouden koord dat door alle tien geboden gaat en dat ze tot een eenheid smeedt. En dat koord is de liefde en het hoort bij al die tien geboden. Want als iemand lief heeft zal hij niet doden, en zeker niet liegen, en waarom zou hij stelen of iets van een ander begeren? Wie vol is van liefde kan immers niet anders doen dan God en zijn medemens eren."

De abt was verrukt over zijn antwoord want hij herkende in zijn woorden de wijsheid die hij van God had meegekregen.

"Je antwoord getuigt van een groot inzicht, Jezus. Zeg eens: wie heeft jou deze waarheid geleerd?"

Weer dacht Jezus kort na voor hij antwoordde:

"Ik weet het niet. Ik heb het idee dat niemand me dat geleerd heeft, maar dat de waarheid voor mij altijd al open was, ook al kon ik het misschien nog niet benoemen. En ik denk dat wanneer de mensen de vensters van hun ziel openen ook bij hen de waarheid kan binnenkomen. Want de waarheid vindt haar weg door iedere kier, door ieder raam of door iedere open deur."

"Maar hoe moeten mensen dat venster openen?" vroeg de abt. "Welke hand is volgens jou sterk genoeg om de ramen en de deuren van de ziel te openen zodat de waarheid binnen kan komen?"

En Jezus zei:

"Volgens mij is de liefde, dat gouden koord dat de tien geboden samenbindt, sterk genoeg om iedere deur te openen zodat de waarheid kan binnenkomen en mensen het geheim van God in hun hart zullen begrijpen."

De abt knikte en even was het stil. Maar na een kort moment richtte hij nogmaals het woord tot Jezus. Hij keek de jongen aan en vroeg zacht: "En Jezus, wat denk je, wat is jouw rol daarin?"

Hij zag hoe Jezus' blik zich naar binnen keerde en hoe een schaduw over zijn gezicht trok. En pas na een lange stilte antwoordde Jezus en zijn stem trilde:

"Ik weet niet wat de rol is die God voor mij in gedachten heeft. Ik voel dat Hij contact met mij zoekt en Hij legt wijze woorden in mijn mond. Maar het hoe en waarom zijn mij niet duidelijk."

Hij streek even met een vermoeid gebaar over zijn voorhoofd en vervolgde:

"Ik begrijp ook niet hoe ik als kleine jongen iets zou kunnen doen. Ik merk alleen dat ik er onzeker van word en soms ook een beetje bang."

Hij glimlachte schuchter naar zijn meester omdat hij dat had durven zeggen. De abt legde een arm om zijn smalle schouders.

"Misschien kunnen wij je hierbij helpen," sprak hij opgewekt, in de hoop dat het de jongen wat zou opvrolijken. "Thoralessen heb jij duidelijk niet meer nodig. En ook het schrijven in de schrijfzaal moeten anderen maar doen. Wat voor jou goed zou zijn, is leren hoe je kunt mediteren. Door meditatie kun je dichter bij God komen en dat zal je zeker helpen Zijn bedoeling met jou te doorgronden. En vast en zeker zal het ook je angst wegnemen. Want zei je net zelf niet dat liefde de tien geboden verbindt? Nu: die liefde is toch zeker afkomstig van God zelf! En als God liefde is hoef je toch zeker niet bang voor Hem te zijn?"

Maar nu antwoordde Jezus onmiddellijk.

"Misschien toch wel," zei hij beslist. "Teveel liefde kan beklemmend zijn en je onvrij maken. Ik hoop maar dat ik, Jezus, niet bekneld zal raken in Gods goede bedoelingen."

Weer verbaasde de abt zich over zijn inzicht.

"Je hebt gelijk," gaf hij schoorvoetend toe. "Maar toch is dat wat Hij van ons vraagt. Pas wanneer je je eigen verlangens aan de kant zet, komt er ruimte voor Hem. Dus wanneer je wilt weten wat Hij voor jou in petto heeft, zul je moeten leren om niet te luisteren naar je eigen ego maar alleen nog maar naar Hem. Dat is een hele opgaaf, dat weet ik. Maar daarom zijn wij er om je te helpen. Want het is zeker niet Gods bedoeling dat jij je bekneld voelt. En dat zal ook niet gebeuren. Ik verzeker je dat hoe dichter je bij Hem komt, hoe meer je Zijn liefde zult voelen. Nu, wat denk je, durf je die uitdaging aan? "

Jezus knikte opgelucht, blij dat hij er niet alleen voor stond.

"Maar ik wil wel graag in de tuin blijven werken!" gaf hij aan. "En Nathan heeft beloofd mij te leren paardrijden. Dat kan toch wel doorgaan?"

"Natuurlijk," lachte de abt. "Wanneer jij dat graag wilt, moet je dat zeker doen!"

De meditatieruimte van het klooster was een intieme kamer, uitgehakt in de rotsen. Jezus verbleef er graag omdat hij in de serene stilte die er heerste de rust vond om God in zijn hart te vinden. De aanwezigheid van zijn Vader doordrenkte hem en soms voelde hij Zijn energie van zijn vingertoppen tot in zijn tenen. Hij verbleef nu ruim twee jaar in het klooster en Nathan had hem met veel plezier leren paardrijden. Al vanaf de eerste les had Jezus een bijzondere verbondenheid met de paarden getoond. Door zijn natuurlijke gezag kostte het hem geen moeite hun vertrouwen te winnen en al snel had hij het rijden onder de knie. Hoewel alle paarden hem lief waren ging zijn voorkeur uit naar de prachtige schimmel Bianco en regelmatig maakte hij met Nathan een ritje op haar in de omgeving van het klooster. Bij het pottenbakken was hij minder succesvol. Ondanks het geduld van broeder Michael lukte het hem maar niet dit ambacht onder de knie te krijgen. Hij draaide de schijf dan weer te snel, dan weer te langzaam en de klei kringelde in allerlei vormen tussen zijn vingers door. Vaak klaterde zijn schaterlach door de werkplaats wanneer hij weer eens een prachtig gedrocht had gefabriceerd en hij verwarmde de harten van de monniken met zijn blijmoedige aanwezigheid.

Zijn meester had hem Grieks en Latijn geleerd en nu hij deze talen beheerste was hij begonnen met het lezen van de Griekse filosofen Plato en Socrates. De wijze waarop Socrates sprak over de goddelijke vonk in hemzelf, maakte dat Jezus zich oprecht met hem verbonden voelde en toen hij las dat hij was veroordeeld tot het drinken van de gifbeker, kwamen er tranen in zijn ogen. Ook de ideeënleer van Plato intrigeerde hem. Het appelleerde aan de herinnering van Gods overweldigende liefde die hij nog steeds koesterde maar waarover hij met niemand sprak. En hij kon zo goed invoelen wat Plato bedoelde: dat deze wereld slechts een zwakke afspiegeling was van de wérkelijke wereld. Bij het laatste bezoek van zijn ouders had zijn vader hem meer verteld over de drie wijzen die hem kort na zijn geboorte in Bethlehem hadden bezocht. Omdat een van hen gespecialiseerd was in de leer van Zarathustra, had hij zijn meester gevraagd of er misschien geschriften van Zarathustra in de bibliotheek aanwezig waren. Tot zijn grote verrassing had de abt inderdaad enkele boeken tevoorschijn getoverd. En nog diezelfde ochtend was Jezus begonnen met lezen. Meteen werd hij gegrepen door de schoonheid van de teksten en op een merkwaardige manier leek het of hij deze al eerder onder ogen had gehad. En hij vergat de tijd. De abt, die hem miste hem bij het middagmaal, liep na de maaltijd naar de bibliotheek. Daar vond hij zijn leerling volkomen verdiept in zijn lectuur.

"Ben je nog steeds met Zarathustra bezig?" vroeg hij belangstellend.

Jezus schrok op. Hij had de man niet horen binnenkomen. Toen knikte hij.

"Ja, inderdaad. Ik lees nu de Gathas. En die teksten zijn zo prachtig! Ze beschrijven precies wat ik ook voel voor mijn Vader. Hier, luister maar eens!"

En hij las:

"Ik, die als Uw standvastige leerling heb gevolgd,
Het rechte pad van waarheid en gerechtigheid,
En die door Uw wijsheid zal leren,
Hoe ik het beste kan doen wat gedaan moet worden,
Vraag U, mijn Heer: Zegen mij met Uw visie,
Vereer mij met Uw aanwezigheid.

Kom tot mij zoals U bent, oh Heer,
Kom onmiskenbaar, oh Grootste,
Met de bezieling van Uw waarheid en wijsheid.
Laat mijn boodschap bekend worden tot over de grenzen van mijn land.
En maak dat ik die boodschap kan brengen met de hulp van Uw geest.

En aan U, mijn Heer, als een offer, schenk ik mijn levenswerk.
En zelfs mijzelf, en het meest wezenlijke van mijn gedachten.
En aan de waarheid zal ik gehoorzamen en mij daaraan wijden,
In woord en daad, met alle geestkracht die in mij is."

Nadat hij dit had gelezen, bleef het even stil. Beiden lieten de woorden landen in hun hart. Toen zei Jezus vol verwondering en met enig ongeloof in zijn stem:

"Zeg nu zelf: dit gaat toch over mij!"

En plotseling begon hij hartstochtelijk te huilen. Zijn schouders schokten en binnen de kortste keren was zijn gezicht nat van de tranen. De abt wist niet hoe snel hij overeind moest komen. Hij haastte zich naar de jongen toe en sloeg liefdevol zijn armen om hem heen. Zijn aandacht deed Jezus goed. Al snel hervond hij zich en verontschuldigend zei hij:

"Vergeef me alstublieft dat ik me zo liet gaan. Maar op de een of andere manier raakt dit me zo! En ik huil niet van verdriet, al lijkt dat misschien zo, maar van geluk! Ik dacht altijd dat ik de enige was met wie God zo'n bijzondere band onderhoudt. En ik kon maar niet bevatten waarom Hij uitgerekend mij, vanuit die oneindige kosmos die Hij bestuurt, Zijn licht toezendt. Maar nu heb ik een broer gevonden. Want het kan niet anders of Zarathustra heeft dit ook zo gevoeld. Het lijkt wel of onze zielen één zijn. Maar hoe zou dat kunnen. Hij leefde immers al zo lang geleden."

De abt pakte zijn handen en kneep ze bemoedigend.

"Misschien is het toch wel zoals jij zegt, Jezus," sprak hij bemoedigend. "Wij geloven in ieder geval dat na de dood je ziel terugkeert naar God, maar niet per se voor eeuwig. Je kunt ook terugkeren op aarde wanneer je het gevoel hebt dat je nog iets hebt af te maken, of omdat je door jouw aanwezigheid iets kunt betekenen om het Koninkrijk van God te bewerkstelligen. Misschien ben ik wel teruggekomen om jou te leren kennen en je dit te leren. En misschien leeft Zarathustra's ziel wel door in jou."

Hij zag hoe Jezus' blik zich naar binnen richtte, iets wat hij al zo goed van de jongen kende en wat hij zo bewonderde. Altijd was hij bereid bij zichzelf te rade te gaan en zaken op zich in te laten werken. Nooit wees hij iets op voorhand af. Een voorzichtige glimlach speelde om Jezus' mond en er verscheen een warme glans in zijn ogen.

"Dat is een mooie gedachte," verzuchtte hij. "En in meer dan één opzicht. Want niet alleen voel ik me vereerd zo innig met Zarathustra verbonden te zijn, maar het betekent ook dat ik inderdaad al eerder bij mijn Vader heb gewoond en Zijn liefde heb mogen ervaren."

"Sterker nog!" zei de abt. "Ik denk dat jouw ziel al vaker daar is geweest en al vaker hier op aarde heeft geleefd. Alleen zo kan ik verklaren dat jij misschien wel de belangrijkste taak die er te vervullen valt, mag uitvoeren. God zou jou daar zeker niet mee belasten als Hij het idee had dat je het niet zou kunnen. Maar kennelijk acht Hij nu de tijd rijp, na misschien wel eeuwen van voorbereiding."

Nogmaals drukte hij Jezus' handen en hij vervolgde:

"Misschien kun je eens nagaan Jezus, of je wel eens het gevoel hebt dat je heimwee hebt, heimwee naar iets wat je eigenlijk niet kunt benoemen. Als je dat herkent, komt dat vast en zeker voort uit je eerdere aanwezigheid daar, in de geestelijke wereld."

Jezus slaakte een kreet van verrassing en hij riep uit:

"En of ik dat herken! Dat gevoel heb ik zo vaak! Als ik hier iets meemaak dat ik zó onrechtvaardig vind, bijvoorbeeld. Ik voel dan gewoon, nee, ik wéét dan gewoon dat ik op een plaats ben geweest waar geen onrechtvaardigheid heerst en waar respect en liefde vanzelfsprekend zijn. Dat moet dan daar zijn geweest, toen ik nog leefde bij God!"

De abt knikte.

"Dat komt ongetwijfeld daaruit voort," beaamde hij. "En dan herken je ook vast het gevoel dat er wel een heel diepe kloof gaapt tussen de wereld hier en die wereld daar."

Weer knikte Jezus onmiddellijk.

"Ja, die kloof ken ik," sprak hij ernstig. "En die is voor mij soms bijna onoverbrugbaar. Het is soms zelfs zo dat ik me hier een vreemde voel. Ik kijk dan om me heen en verwonder me, als een bezoeker in een vreemde stad die de weg niet kent en de gebruiken niet begrijpt."

Hij drukte nu op zijn beurt de handen van zijn meester en zei:

"Dank u wel dat u dit allemaal hebt verteld en dat u begrijpt hoe het voor mij voelt. Tot nu toe heb ik hier met niemand over kunnen praten. Hopelijk kan ik nu ook zonder nog te huilen deze prachtige teksten lezen!"

Hij poetste zijn wangen droog en lachte toen:

"Heb ik echt het middageten gemist? Geen wonder dat ik zo'n honger heb!"

Zijn meester schoot in de lach. Hij sprong op en zei:

"Kom op dan! Laten we eens kijken of we nog iets te eten voor jou kunnen vinden."

Hij draaide de olielamp uit en samen verlieten ze het donkere vertrek en traden binnen in het stralende licht van de zon buiten, op weg naar de keuken.

Op een dag zaten Jezus en zijn meester samen in diens kamer aan tafel te werken. Jezus las nieuwe delen uit de Veda's en de abt schreef geconcentreerd een tekst over. In tegenstelling tot anders kon Jezus zijn aandacht niet bij de tekst houden. Telkens dwaalden zijn gedachten af. Na een poosje gaf hij het dan ook op en schoof het boek aan de kant. Hij keek naar de abt en hoorde zijn pen ijverig krassen over het papier. Hij zag het vertrouwde gezicht en de wijsheid die van hem uitging. En de stilte verbrekend zei hij:

"Mag ik u iets vragen?"

De abt keek op.

"Natuurlijk mag dat," zei hij en hij legde zijn pen neer.

"Het gaat over iets wat u heeft gezegd toen mijn ouders me hier brachten," vervolgde Jezus. "Ik weet nog dat ik u om uw naam vroeg. En toen zei u: het is veiliger wanneer je mijn naam niet kent, want ik ben misschien wel de grootste vijand van vele machtige krachten in dit land. En dat is me bijgebleven, want ik heb u leren kennen als een zachtaardig en meelevend mens. Hoe kunt u dan als vijand worden gezien? Wiens vijand bent u en waarom? Dat kan ik niet plaatsen."

De abt stond op en liep even peinzend heen en weer. Toen stelde hij Jezus een wedervraag:

"Vertel eens, Jezus, welk beeld heb jij van de taak die jou wacht? Wat is volgens jou de boodschap die God door jou bekend wil maken?"

Zonder aarzelen antwoordde Jezus:

"Dat mensen hun hart moeten openen voor Gods licht. Dat ze hun blik naar binnen moeten keren en hun ego aan de kant moeten zetten zodat er ruimte komt voor Gods woord. En als mensen dat woord horen en begrijpen, zullen ze God zien van aangezicht tot aangezicht en het volmaakte geluk en de volmaakte liefde proeven. En dan is het koninkrijk aangebroken."

De abt knikte ontroerd.

"Wat verwoord je dat toch mooi Jezus!" zei hij warm. "Maar in die boodschap zit ook de bedreiging waar mijn vijanden zo bang voor zijn. Want zoals jij het net zei, kunnen mensen dat op eigen kracht bereiken, toch?"

Jezus knikte aarzelend. Hij begreep niet zo goed waar zijn meester naar toe wilde.

"Dus hebben ze daar geen priesters bij nodig," vulde de abt aan.

"Ze hoeven niet naar de tempel te gaan om offers te brengen. Ze hoeven geen geld in het offerblok te doen of tempelbelasting te betalen. Begrijp je Jezus, wat de bedreiging is? Die priesterclan in de tempel, die zichzelf zo belangrijk vindt en grof geld verdient ten koste van de armen: die priesters worden door jouw boodschap buitenspel gezet. Erger nog: je ontmaskert hen! Je begrijpt dat ze dat niet snel zullen laten gebeuren!"

Jezus liet zijn woorden tot zich doordringen.

"Weet u: ik zie nog veel meer gebeuren," zei hij toen ernstig. "Want dat met die priesters, ach, dat is niets als je kijkt naar de grote verbanden in de wereld. Want als mensen alleen nog liefde voelen, zal ook het Romeinse imperium op haar grondvesten trillen. Mensen zullen die liefdeloze overheersing niet meer pikken. En als mensen niet meer geven om materieel gewin, zal ook de economische orde haar basis verliezen."

"Je ziet het goed," knikte de abt. "De komst van het koninkrijk van God zal inderdaad een omwenteling teweeg brengen die haar weerga niet kent! Dus zal jouw boodschap veel weerstand oproepen."

Hij ging weer zitten en pakte Jezus' handen.

"Ik wil je niet bang maken," zei hij ernstig. "Maar je moet wel de realiteit durven zien. Ze zullen met alle kracht die ze bezitten proberen je tegen te werken. En dat kan ver gaan. Ze zullen je voor leugenaar uitmaken, je bedreigen en je beschuldigen van Godslastering. Misschien zelfs proberen je te vermoorden. Daarom hebben wij geprobeerd je weerbaar te maken, zodat je standvastig zult durven zijn. En je hebt geleerd om je niet al te zeer te hechten aan deze wereld zodat je er makkelijker afscheid van zult kunnen nemen. Ik kan je dan ook maar één goede raad geven: volg de stem van God die spreekt in je hart. Blijf jezelf en Hem trouw. Alleen zo zul je geloofwaardigheid uitstralen en iets kunnen bereiken. Laat God het moment bepalen om je werk te starten. Doe niets tegen je geweten in. Dan komt het goed."

Hij keek naar de jongen en zag dat zijn woorden hem diep hadden geraakt. Even had hij medelijden met dat tengere jochie dat zo stil tegenover hem zat. Elf jaar was hij nu. Zijn leeftijdsgenootjes speelden op straat en hij droeg het geluk en de toekomst van de mensheid op zijn schouders. Hij drukte zijn handen en zei in een poging de spanning te breken:

"We stoppen met de les voor vandaag, Jezus. Wat denk je: zou Levi je hulp nog kunnen gebruiken in de tuin?"

"Misschien wel," antwoordde Jezus zacht. "Maar ik wil eerst uw woorden tot me door laten dringen. Als u het goed vindt ga ik naar mijn kamer. En graag verexcuseer ik me vast voor het middageten. Ik heb geloof ik niet zoveel trek vandaag."

Hij stond op en verliet het vertrek. Tegen zijn gewoonte in maakte hij een terneergeslagen indruk. De abt schudde zijn hoofd. Was de verantwoordelijkheid niet té groot voor die smalle schouders? Was het wel eerlijk om al zoveel van hem te vragen nu hij nog zo jong was? En hij zocht God en vroeg om wijsheid om in de begeleiding van deze jongen de juiste beslissingen te nemen.

Die avond verscheen Jezus niet aan het avondeten. Matheno, die hem altijd rond etenstijd ophaalde, had hem niet in zijn kamer gevonden. En ook bij het avondgebed ontbrak hij. De abt stuurde er enkele broeders op uit om het klooster te doorzoeken. Maar onverrichter zake keerden ze terug. De jongen leek wel van de aardbodem te zijn verdwenen. De abt beet op zijn lip en verwenste zichzelf. Had hij wel zo openhartig met hem moeten praten? Had hij hem misschien een last op de schouders gelegd die hij nog niet aankon? Hij herinnerde zich hoe terneergeslagen Jezus was geweest en hij kon zich wel voor zijn hoofd slaan dat hij zo'n inschattingsfout had gemaakt. Matheno zag zijn onrust.

"Kom, kom. Hij loopt heus niet in zeven sloten tegelijk," zei hij bemoedigend.

Maar erg overtuigd klonk het niet. Inmiddels viel de schemering in en geen van de broeders voelde ervoor naar bed te gaan nu ze niet wisten waar Jezus uithing. De abt beval hen echter hun vertrekken op te zoeken. En hij droeg Nathan op de wacht te houden. Nathan knikte en nadat iedereen zijn bed had opgezocht, besloot hij om toch nog een ronde door het klooster te maken. Misschien hadden zijn medebroeders wel iets over het hoofd gezien. Hij stak een lantaarn aan, liep de tuin door en opende de zware deur naar de stal. De paarden bewogen onrustig. Ze waren niet gewend hem op dit tijdstip te zien. Maar hij stelde ze gerust en aaide zijn eigen merrie even over de neus. Zacht zei hij:

"Jij weet zeker ook niet waar Jezus is, hè? Wat jammer nou toch!"

Hij liep langs de hokken en vulde hier en daar wat voer bij. Toen zag hij plotseling dat helemaal achterin de stal één box leeg was. De schimmel waarop Jezus altijd zo graag reed, was weg. Onthutst staarde Nathan naar het lege hok. Langzaam drong het tot hem door dat Jezus Bianco had meegenomen. En dat dit betekende dat hij nu overal kon zijn. Met een ruk draaide hij zich om en rende terug door de tuin, over de binnenplaats, naar de kamer van de abt. Voorzichtig schudde hij de man aan zijn schouder tot hij wakker werd.

"Vergeef me dat ik u stoor," sprak hij opgewonden. "Maar ik was in de stal en Bianco is weg. Jezus heeft haar vast meegenomen!"

Even liet de abt zijn woorden tot zich doordringen. Toen zei hij opgelucht:

"Gelukkig! Ik denk dat hij door Bianco mee te nemen, goed gehandeld heeft. Met Bianco is hij minder kwetsbaar en nu de nacht zo koud is, zal het paard hem warm houden."

Hij drukte Nathans hand.

"Bedankt dat je me dit bericht hebt gebracht. En ik denk niet dat ik vannacht nog slaap. Ik neem de wacht wel van je over. Ga jij maar naar bed, dan zien we morgen wel weer verder."

Nathan knikte en zocht zijn kamer op. En de abt waakte in de hoop dat Jezus snel zou terugkeren.

Na het gesprek met de abt die ochtend was Jezus naar zijn kamer gegaan. Hij voelde zich somber en verward. Tot nu toe had hij het contact met God als liefdevol en inspirerend ervaren. Niet altijd makkelijk, maar hij had er toch een goed gevoel bij gehad. Niet voor niets had hij er een gewoonte van gemaakt Hem zijn Abba te noemen. Hij was ervan overtuigd geweest dat God het beste met hem voorhad, dat zij samen ergens voor stonden en dat God hoe dan ook zou zorgen voor een goede afloop van zijn missie. Maar door de woorden van zijn meester kwam alles ineens in een heel ander daglicht te staan. Het zou niet zo makkelijk worden als hij had gedacht. En zelfs de bescherming van God bood dus geen garantie op succes. De woorden van de abt dreunden na in zijn hoofd: 'Ze zullen je voor leugenaar uitmaken, je beschuldigen van Godslastering, zelfs proberen je te vermoorden!' Onrustig zocht hij in zijn kast naar een kaars, zette deze op tafel en stak hem aan. Toen knielde hij neer. Hij zocht God en legde al zijn angst en twijfel voor Hem neer in de veronderstelling dat hij gerustgesteld zou worden. Maar die geruststelling kwam niet. Want Gods antwoord liet niets aan duidelijkheid te wensen over:

"Heb ik je ooit beloofd dat het makkelijk zou zijn, Jezus? Volgens mij heb ik beloofd dat ik voor je zou zorgen en dat zal ik ook zeker doen. Maar er zullen moeilijkheden komen. Je meester heeft rake woorden gesproken."

Zijn woorden bonsden door in Jezus' hart en sloegen er gaten in. En al het vertrouwen dat hij had gehad, alles waarvoor hij had willen gaan, wankelde ineens op zijn grondvesten.

"Als U voor mij zorgt, gebeurt dat toch zeker niet?" riep hij woordeloos uit. "U noemt mij Uw zoon, ik noem U mijn Abba. En dan zou dat mij te wachten staan?"

En weer bonkten de woorden van zijn meester door zijn hoofd: 'Leugenaar, godslasteraar! Leugenaar, godslasteraar!'

Nog steeds onrustig kwam hij overeind en woede welde in hem op. Waarom had God hem dit niet eerder duidelijk gemaakt? Vier jaar was hij nu hier. Vier jaar had hij hard gewerkt, maar waarvoor? Om als leugenaar neergezet te worden? Om bedreigd te worden? Vier jaar van zijn jonge leven had hij geïnvesteerd in een missie waarvan de afloop nu ineens zeer twijfelachtig leek? In een opwelling schopte hij tegen zijn tafeltje en de kaars rolde op de grond. Langzaam doofde de vlam op de koude stenen vloer. En kwaad beende Jezus naar buiten. Hij zag de zon hoog aan de hemel staan. Het was rond het middaguur en zijn medebroeders zaten aan het middagmaal. Onopgemerkt kon hij daardoor het hoofdgebouw bereiken en de binnenplaats oversteken. Zijn stappen richtten zich naar de stal. Want hij wilde nog maar één ding: weg van deze plek waar hij zoveel tijd had verdaan, kostbare tijd die hij anders had kunnen benutten. Hij opende de zware deur en zijn lievelingspaard Bianco hief het hoofd op en hinnikte in herkenning naar hem. Ontroerd streelde hij haar hals, legde een onderkleed over haar rug en zadelde haar. Hij pakte een veldfles, vulde deze met water en hing hem om.

"Ga je mee, meisje?" fluisterde hij toen teder en er klonken tranen door in zijn stem. "Zul jij me brengen naar weet ik veel waar? Naar een plek waar ik kan leven zonder zorgen en waar ik weer mezelf kan zijn?"

Bianco neigde het hoofd alsof ze zijn woorden had begrepen.

Jezus opende de achterdeur die direct naar buiten het complex leidde zodat hij de binnenplaats niet nogmaals hoefde over te steken. Zo lukte het hem ongezien het klooster te verlaten. Hij steeg op en reed weg, zonder vastomlijnd plan of duidelijk richting te kiezen. Hij zette Bianco aan tot een flinke galop en in korte tijd was hij ver weg en liet hij het klooster en het leven dat hij daar had geleid achter zich. De wind suisde in zijn oren en de cadans van Bianco's hoeven was het enige geluid dat hij nog wilde horen. Maar God was niet van plan hem zo makkelijk te laten gaan:

"Geef je het zo snel op? Dat valt me tegen. Vertrouw je me soms niet?"

Jezus negeerde de stem en reed door. Hij reed lang en ver door een onherbergzaam landschap en de tijd verstreek. En na misschien wel uren te hebben gereden werd hij moe. Het was de hele middag warm geweest en hij had dorst. In de buurt van een paar rotsen steeg hij af, ging zitten en dronk uit de fles. Hij goot wat water in zijn handen en gaf Bianco ook te drinken. Even leek het alsof hij gewoon een uitstapje maakte en er verder niets aan de hand was. Maar God nam die illusie snel weg want weer hoorde Jezus Zijn stem:

"Kom op Jezus, zo snel laat jij je toch niet uit het veld slaan? Wat heb je eigenlijk geleerd in die afgelopen vier jaar? Ik dacht dat jij zo weerbaar en standvastig was. Maar daar lijkt het niet echt op!"

Jezus stond op en strekte zijn spieren die door de lange rit stram waren geworden. Nog steeds weigerde hij gehoor te geven aan Gods oproep om terug te keren. Maar God hield aan:

"Hoe stel jij je het nu eigenlijk voor, Jezus. Wil je echt het bijltje erbij neergooien? Heb ik me zo in jou vergist?"

Toen kon Jezus er niet meer tegen.

"Hou op!" schreeuwde hij. "Hou op! Ik hoef niet altijd te doen wat U zegt! Ik ben er zelf ook nog! En inderdaad ja, U hebt het goed begrepen. Ik gooi het bijltje erbij neer! Kennelijk ben ik helemaal niet zo geweldig en weerbaar en standvastig en weet ik wat allemaal nog meer. Wat erg hè, U heeft zich vergist! Jezus wil gewoon Jezus zijn!"

En hij zette het op een rennen, weg van die stem in zijn hoofd, weg van zijn eigen twijfel, weg van alles. Gods stem klonk geschokt toen Hij antwoordde:

"Ik weet zeker dat ik me niet vergis, Jezus! En wat ik ook zeker weet, is dat jij je wel vergist. Want je kunt je roeping niet ontlopen.

Geloof me: als je nu het bijltje erbij neergooit zul je spijt krijgen, daarvan ben ik overtuigd!"

Maar Jezus was niet van plan zich door de klank van Gods stem te laten beïnvloeden. Hij bonsde met zijn handen tegen zijn slapen en schreeuwde:

"Ga weg! Ik wil dit niet meer! Ik heb hier sowieso nooit om gevraagd. Ga weg, ga weg!"

God zag in dat het hem ernst was. En in Zijn onmetelijke wijsheid trok Hij zich terug. Jezus voelde plotseling een gat in zijn hart. God liet een leegte achter die hij niet kende. Maar in plaats van opgelucht te zijn voelde hij zich ontredderd. Hoe kon dit? Was hij, als kleine jongen, in staat om God zomaar weg te sturen? Dat was toch niet mogelijk! Dat zou toch alleen maar kunnen als... als... Hij durfde niet verder te denken. Maar een klein stemmetje zeurde in zijn achterhoofd en plagerig klonk het:

"Waar komt die God van jou eigenlijk vandaan, Jezus? Als je hem zomaar kunt wegsturen, heb je hem dan soms ook zelf opgeroepen? Of dacht je echt dat jij zo bijzonder was ...,"

Opnieuw bonkte Jezus zijn handen tegen zijn hoofd.

"Hou op!" riep hij wanhopig. "Hou op! Ik wil het niet horen! Ik wil het niet horen en ik wil het niet weten! Ik ben niet gek, toch?"

Dat laatste woordje kwam er wel heel weifelend achteraan. En Jezus wist niet meer hoe hij het had. Het stemmetje bleef treiterig aanwezig en plotseling twijfelde hij aan alles. Aan de stem die hij had gehoord en die natuurlijk niet de stem van God was geweest maar iets uit zijn eigen verbeelding, aan zijn herinneringen aan zijn leven hiervoor, in de geestelijke wereld, die duidelijk verzinsels waren van zijn eigen geest, aan zijn verbondenheid met Zarathustra die nergens op gebaseerd was. Eigenlijk wist hij nog maar één ding heel zeker: dat hij naar huis wilde, naar de vertrouwde omgeving van Nazareth, naar familie, naar zijn slaapkamer in het huis aan de Marmionweg. En hij rook plotseling de geur van vers geschaafd hout en het beeld van zijn vader, druk aan het werk in de werkplaats, kwam hem helder voor de geest. Hij keek naar zijn pij en ineens stond het hem tegen die te dragen. Hij scheurde de hals open en trok hem ruw over zijn hoofd. Weg met dat ding, dat hoorde bij een leven dat hij niet meer wilde leiden. En hij floot Bianco. Het trouwe dier kwam onmiddellijk naar hem toe. Hij steeg op en zette het paard aan tot een flinke draf, in de richting waarvan hij dacht dat Betanië lag. Maar de duisternis viel nu snel in en het werd kil. De wind sneed door het dunne hemd dat hij altijd onder zijn pij droeg. Hij rilde. Niet eerder had hij de nacht in de woestijn doorgebracht en hij had zich niet gerealiseerd dat waar het overdag zo warm was, het 's nachts zo koud kon zijn. Hij merkte dat Bianco langzamer ging lopen. Het was nu ook zo donker dat je bijna geen hand meer voor ogen kon zien. En hij begon een beetje spijt te krijgen van zijn onbezonnen actie om er zomaar vandoor te gaan. Hij trok aan de teugels, bracht Bianco tot stilstand en dacht na. Wat kon hij nu het beste doen? Opnieuw trok een rilling over zijn rug. Het werd nu echt heel koud en hij besloot terug te keren om in ieder geval zijn pij te zoeken. Hij draaide en langzamer nu leidde hij Bianco dezelfde weg terug. Al snel was hij op de plaats waar hij het overkleed had uitgetrokken en het lag er nog, als een vaalwitte stip zichtbaar op de grond. Verheugd dat hij het zowaar in de duisternis had weten terug te vinden, steeg hij af en trok het snel weer aan. Het bracht hem echter weinig warmte en hij klappertandde. Hij keek om zich heen en zag vaag in de verte de contouren van enkele rotsen. Daar zou hij kunnen schuilen voor de wind. Hij nam Bianco bij de teugel en bij de rotsen gekomen haalde hij het zadel van haar rug, nam het gestreepte onderkleed en sloeg dit om. Het kleed was warm van Bianco's lijf en hij voelde zich wat beter. Hij aaide het paard over de neus, fluisterde in haar oor en dwong haar met zachte hand te gaan liggen. Hij vleide zich tegen haar aan en trok de deken over zich heen. Zo lag hij warm en beschut. Maar zijn hart voelde als een klomp steen in zijn lijf, koud en leeg. En langzaam begon hij de consequentie van zijn daad onder ogen te zien. Hij zou zonder de illusie van een God die om hem gaf verder moeten met zijn leven. Even voelde hij zich verscheurd. Maar tegelijkertijd maakte het hem vastberaden om te laten zien dat hij heel goed zonder kon! Hij kroop wat dieper onder de deken, in de hoop dat hij in slaap zou vallen. Zijn gedachten waren echter nog te onrustig. Hij begreep dat hij toch eerst zijn meester op de hoogte moest brengen van zijn besluit, om daarna naar huis terug te keren. Nu hij dat op een rijtje had, werd hij rustiger. En na korte tijd viel hij in slaap met in zijn hoofd het voornemen om de volgende dag de weg terug naar het klooster te zoeken.

Die volgende dag werkte de abt in zijn kamer. Het lukte hem echter niet zijn aandacht bij zijn tekst te houden. Telkens dwaalden zijn gedachten af. Hij dacht aan Jezus en vroeg zich af waar hij gebleven kon zijn.

's Ochtends had hij nog gehoopt dat de jongen zou terugkeren. Maar nu was het al ver in de middag en ze hadden nog steeds geen spoor van hem gezien. Hij zuchtte en vroeg zich af of hij misschien iets moest doen. Tegelijkertijd wist hij dat hij erop moest vertrouwen dat God alles in goede banen zou leiden. Hij steunde zijn hoofd in zijn handen en probeerde zich te concentreren op zijn boek. Maar het lukte niet en ook drong plotseling een ongewoon tumult tot hem door. Opgewonden stemmen klonken in de gang en onverhoeds gooide iemand zijn deur open. Het was Matheno. Hij straalde en riep:

"De wachter op de toren! Hij heeft hen gezien. Bianco! Met Jezus! Hij komt eraan!"

De abt vloog overeind.

"Gelukkig!" verzuchtte hij opgelucht. "Vooruit: ga snel naar de poort!"

Matheno knikte en rende weg. Even later bracht hij Jezus binnen. De abt schrok toen hij de jongen zag. Zijn pij was vuil en gescheurd. Zijn gezicht was bleek en er zaten diepe wallen onder zijn ogen. En zijn stem klonk bitter toen hij zei:

"Ik heb een besluit genomen. Ik wil graag terug naar huis. Ik denk dat ik hier lang genoeg ben geweest."

De abt liep op hem toe en wilde een hand op zijn schouder leggen. Maar Jezus stapte achteruit en afwerend zei hij:

"U hoeft niet te proberen mij om te praten. Mijn besluit staat vast."

Zijn houding was onverzettelijk. Maar zo snel gaf zijn meester het niet op.

"Kom eerst eens even zitten, Jezus," sprak hij vriendelijk. "Je hebt vast niet veel gegeten. Ik sta erop dat je eerst iets eet. En laten we erover praten, alsjeblieft."

"Dat is niet nodig," reageerde Jezus echter koel en zijn woorden vergrootten de afstand tussen hen nog meer. "Ik heb hier al over gesproken met mijn Va... Met God. Hij weet hoe ik erover denk. Meer valt er niet te zeggen."

De abt schudde ontzet zijn hoofd.

"Dat kun je niet menen, Jezus!" zei hij onthutst. "Ik dacht dat wij in de afgelopen jaren een band hadden opgebouwd. Je kunt het niet maken dat op deze manier zo maar aan de kant te schuiven."

Hij merkte dat zijn woorden doel troffen. Jezus' houding drukte een lichte aarzeling uit.

"Kom," drong hij aan. "Je moet iets eten."

Hij liep naar de kast, haalde wat brood en fruit tevoorschijn en zette dit op tafel. Hij ging zitten en maakte een uitnodigend gebaar. Jezus worstelde zichtbaar met zichzelf. Zijn gezicht vertoonde een hevige emotie. De abt zweeg en wachtte. En Jezus streed een eenzame strijd. Hij beleefde opnieuw de worsteling die hij de afgelopen nacht met God en zichzelf had gevoerd. Het zomaar wegsturen van zijn Abba en het opgeven van zijn opdracht had hem toch meer gedaan dan hij wilde toegeven. Nu hij die moeilijke keus eenmaal had gemaakt was hij echter niet voornemens zich er zo maar vanaf te laten brengen. Maar hij wilde zijn meester ook geen verdriet doen.

"Alleen iets eten dan," zei hij kortaf en hij ging aan tafel zitten.

Hij at zwijgend en ook de abt zei nog steeds niets. Tot de stilte pijnlijk werd en Jezus zich ongemakkelijk begon te voelen. Gelukkig stak de abt hem de helpende hand toe.

"Wat was ik blij dat je Bianco had meegenomen! De nachten zijn erg koud hier. Je had het in je eentje misschien niet overleefd."

Zijn vriendelijke woorden raakten Jezus diep. Hij kon niet meer eten door de brok die ineens in zijn keel zat. En zijn meester vervolgde:

"Ik moet je mijn excuses aanbieden, Jezus. Ik heb je te vroeg geconfronteerd met dat wat je misschien te wachten staat. Ik dacht dat je het wel aankon. Maar ik heb me vergist. Vergeef me, alsjeblieft."

Jezus schoof zijn bord aan de kant en haalde wrevelig zijn schouders op. "Dat maakt nu allemaal niet meer uit," antwoordde hij vlak. "Ik ga hier toch niet meer mee door. Ik weet het nu zeker: ik heb me het allemaal maar ingebeeld. Hoe kon ik de arrogantie hebben te denken dat God mij voor zo'n hoge taak had uitverkoren. Ik denk dat ik een beetje de weg kwijt was. Maar nu weet ik weer waar ik sta. Ik wil graag naar huis om daar mijn opleiding tot timmerman op te pakken."

"Dat is goed," knikte de abt en toonde daarmee zijn grote wijsheid. "Morgen regelen we dat. Maar eerst moet jij een nacht goed slapen."

Hij stond op en riep Matheno.

"Matheno, wil jij ervoor zorgen dat er voor Jezus een goed warm bad wordt gemaakt? En zet een bed bij in jouw tent, alsjeblieft. Jezus slaapt vannacht bij jou."

"Natuurlijk meester!" knikte Matheno. "Ik zorg ervoor."

En hij nam de jongen mee. Ondanks alles genoot Jezus intens van het warme bad. In het klooster kenden ze alleen de rituele koude baden en werd een warm bad als onnodig luxe beschouwd. Maar nu verdreef het warme water de kou van de afgelopen nacht uit zijn botten en helemaal rozig kwam hij eruit. In zijn tent toverde Matheno bovendien een fles wijn tevoorschijn.

"Niet verklappen hè!" sprak hij samenzweerderig en hij schonk Jezus een klein bekertje en zichzelf een grote kroes in.

Geamuseerd schudde Jezus zijn hoofd. Die Matheno! Ze nipten aan de prikkelende drank en toen zijn kroes leeg was schonk Matheno er voor zichzelf nog één in.

"Weet je, Jezus," zei hij, door de drank wat losser geworden. "Iedereen heeft in zijn leven wel eens zo'n periode van twijfel. Iedereen vraagt zich wel eens af of God wel echt bestaat. Is dat niet iets waar we allemaal mee worstelen? Zodra we geloven dat Hij bestaat, twijfelen we daar eigenlijk ook meteen aan. Dat is een normale, menselijke reactie. Maar bij jou had ik het niet verwacht. Jij leek altijd zo zeker."

Jezus haalde zijn schouders op. Hij had eigenlijk geen zin om het erover te hebben.

"Ja, dat weet ik wel," antwoordde hij met tegenzin en eigenlijk alleen maar om zijn vriend niet teleur te stellen. "Maar wie zegt me dat het geen inbeelding was? Volgens mij heb je pas na je dood zekerheid. Dan pas weet je of Hij daar inderdaad liefdevol op ons wacht. Maar voor hetzelfde geld houden we onszelf allemaal voor de gek en is er gewoon niets."

Vertwijfeld schudde Matheno zijn hoofd. Toen leunde hij wat dichter naar Jezus toe en hij fluisterde vertrouwelijk:

"Toch weet ik zeker dat er iets is, Jezus! En als bewijs zal ik je iets vertellen wat ik, behalve aan de abt, nooit aan niemand heb verteld. Het is me heel dierbaar, maar met jou durf ik het te delen, ik denk dat jij het … op waarde weet te schatten."

Zijn stem klonk steeds meer bewogen en verwonderd keek Jezus hem aan. Zo emotioneel had hij zijn vriend nog nooit gezien. Matheno slikte even. Toen zei hij:

"Als kind ben ik een keer in een diepe sloot gevallen. Het scheelde weinig of ik was verdronken. Gelukkig wist een buurjongen me nog net op tijd uit het water te halen. Tot zover een heel gewoon verhaal, zou je zeggen. Maar toen ik in dat water terechtkwam en dieper en dieper zonk toen heb ik toch zo iets bijzonders meegemaakt! Ik kan het nog steeds niet anders verklaren dan dat ik, hoe weet ik niet, als het ware buiten mijn lichaam was. Ik kwam in een donkere tunnel terecht maar ik was helemaal niet bang want aan het eind van die tunnel zag ik een onbeschrijfelijk mooi licht! Met een enorme snelheid werd ik door die tunnel gezogen tot ik in dat schitterende licht was. En daar omringende een pure liefde mij. Alles was vervuld van begrip, respect en waardering. Het overrompelde me, al die liefdevolle aandacht. Niet eerder heb ik me zo gelukkig gevoeld. Maar even plotseling kwam er ook weer een eind aan. Alsof ik meegetrokken werd door een onzichtbare hand was ik ineens weer terug in de tunnel en floepte weer in mijn lichaam. Het eerste wat ik zag toen ik mijn ogen opendeed, was mijn buurjongen, die mij had gered."

Zijn stem verstomde en Jezus zag tranen in zijn ogen. Ook bij hem kwamen tranen op, want hij herkende zó wat Matheno had verteld en intens ervoer hij het gemis aan Gods liefde. Gedreven pakte hij Matheno's hand en drukte er een kus op.

"Ik begrijp zo goed wat je bedoelt," stamelde hij. "Je moest eens weten hoeveel heimwee ik soms heb! Maar nu ben ik weer gewoon Jezus, timmermansleerling en niets anders."

Matheno hoorde de vastberadenheid in zijn stem. In een opwelling sloeg hij zijn armen om de jongen heen.

"Toch is dat niet de goede keus, Jezus. Jij bent immers onze belofte! Hoe lang hebben wij niet op jouw komst gewacht. God zelf zal je behoeden en je daar begroeten, dat weet ik zeker."

Zijn woorden raakten Jezus diep. En hij besefte dat het pantser dat hij had opgetrokken flinterdun was. Voorzichtig maakte hij zich los uit Matheno's omarming.

"Ik ga slapen," zei hij, Matheno's blik ontwijkend. "Dank je wel dat je me in vertrouwen hebt genomen. Je verhaal is veilig bij mij, maar dat wist je al."

Hij kleedde zich uit en rolde zich in zijn deken.

"Slaap lekker, Matheno," zei hij gapend. "En drink niet te veel wijn, dat is niet goed voor je."

Matheno zuchtte even. Toen zei hij berustend: "Welterusten, Jezus. En nee: dat zal ik niet doen."

Jezus draaide zich op zijn zij en viel al snel in slaap. Ondanks zijn belofte dronk Matheno de fles wijn helemaal leeg. Pas daarna zocht ook hij zijn bed op.

De volgende ochtend riep de abt Jezus bij zich. De lange nachtrust had de jongen goed gedaan. Op zijn besluit was hij echter niet teruggekomen. En een beetje onwillig zat hij daar, niet echt bereid om in gesprek te gaan.

"En," begon de abt "was de wijn lekker?"

Verrast keek Jezus op. Hij voelde dat hij licht bloosde.

"Wijn?" zei hij echter vragend. "Welke wijn?"

De abt schoot in de lach.

"Je bent een betrouwbare vriend, zie ik," knikte hij tevreden. "Wees gerust. Matheno heeft me alles verteld. Ook waarover jullie zoal gesproken hebben. Ik begrijp dat zijn verhaal nogal indruk op je maakte."

"Het was herkenbaar, in bepaald opzicht," hield Jezus zich op de vlakte.

"Ooit zelf zoiets meegemaakt?" vroeg de abt nonchalant terwijl hij een beker water inschonk.

"Niet op die manier," antwoordde Jezus ontwijkend, zich ondertussen afvragend waar dit gesprek heen zou gaan.

"Door meditatie gebeurt het namelijk ook wel eens, zo'n uittreding," legde de abt uit terwijl hij tegenover hem ging zitten. "Dus het had gekund. Het is mij ook een keer overkomen. Maar toen had ik wel hulp van iemand die de meditatie leidde."

Hij boog zich wat naar Jezus toe.

"Ik kan je erbij helpen, als je wilt," bood hij aan. "Ik gun je de ervaring en het zou je kunnen helpen om uit deze impasse te komen."

Jezus zag dat hij meende wat hij zei en een kriebelende spanning trok door zijn lijf. Het idee dat hij een blik in Gods wereld zou kunnen werpen wond hem op.

"Heeft u dat wel eens vaker gedaan?" vroeg hij aarzelend.

De abt knikte.

"Ja, een paar keer."

"En lukte dat altijd?"

Weer knikte de abt.

"Ja, als je je over durft te geven, lukt het."

Gespannen stond Jezus op en onrustig liep hij enkele rondjes door de kamer. Het verlangen zijn Vader terug te vinden brandde heftig in zijn ziel. En het pantser brak. Hij draaide zich naar de abt en zei bewogen:

"Ik denk dat ik u moet bedanken voor de kans die u mij biedt. Ook al weet ik niet wat het mij zal brengen, ik denk dat ik het erop waag."

"Laten we dan maar meteen de koe bij de horens vatten," glimlachte de abt en hij stond op.

Jezus volgde zijn meester en samen liepen ze de poort uit. Een heel eind liepen ze, zwijgend, tot ze bij een kleine bron kwamen. Daar gingen ze zitten.

"Ben je er klaar voor, Jezus?" vroeg de abt vriendelijk. "Doe dan nu je ogen dicht en luister aandachtig naar mijn stem. Visualiseer alles wat ik zeg. Denk nergens anders aan maar probeer volledig mee te gaan met mijn woorden, goed?"

Jezus knikte. Toen sloot hij zijn ogen en liet zich meevoeren naar een prachtig meer waarvan het water rimpelloos was en door geen enkele gedachte in beweging werd gezet. Hij voelde dat hij in een prettig ontspannen trance raakte en de stem van de abt leek deel van hemzelf te worden. Nu klom hij een trap op, hoger en hoger. Bovenaan de trap was een deur. Nieuwsgierig naar wat er zich daarachter zou bevinden, opende hij hem. En plotseling overspoelde een als door een orkaan opgezweepte golf van energie hem. Van het ene op het andere moment was hij ieder contact met de aarde kwijt en hij werd meegesleurd in een andere dimensie. Hij was zich niet meer bewust van zijn lichaam en de golven sloegen door hem heen en over hem heen. Het was een paarse zee van liefde en geluk waarin hij werd meegevoerd, met voor zich uit een stralend licht, fonkelend als een juweel, uiteenspattend als een vuurbal van gouden stralende sterren, en energie: geweldig, weldadig, overweldigend. Het omgaf hem aan alle kanten, zowel in hem als om hem, tintelend, golvend, trekkend, lonkend. Als een schip, speelbal van de golven was hij, onder en boven bestonden niet meer, enig tijdsbesef al evenmin. Hij raasde voort, met al die tijd dat stralende licht voor hem uit en hij voelde dat alles goed was: weldaad, rust, ruimte, liefde. Niets hoefde meer en in volledige ontspanning liet hij zich meevoeren. Toen, opeens, hoorde hij Gods stem in zijn hoofd:

"Hallo Jezus, ik ben blij dat je er weer bent!"

Jezus' hart sloeg een slag over van geluk. Hij besefte hoe belangrijk die stem voor hem was, hoeveel het contact met God voor hem betekende. En God sprak:

"De energie die je voelt is van Christus, die onderweg is naar jou om je te helpen bij je taak. Door vele sferen is hij al neergedaald en dat jij hem nu kunt voelen, komt doordat hij al dicht bij de aarde is. Maar jullie moment is nog niet daar. Je bent nog jong en hebt nog veel te leren. Je besluit om het klooster te verlaten is daarom goed. Buiten die muren zul je meer kunnen leren dan erbinnen. Volg je gevoel en grijp de kansen die je tegenkomt op je pad. En weet dat ik over je waak en je de kracht zal geven die je nodig hebt om je taak uit te voeren. Nu, wat denk je, kun je daarmee verder? Durf je weer?"

Jezus voelde dat hij volledig één was met de overweldigende energie die hem omringde en hoe Gods geborgenheid hem geheel vervulde. Hij knikte ontroerd en wentelde zich diep in al die liefdevolle aandacht. Nog nooit had hij zich zo volmaakt gelukkig gevoeld. Toen hoorde hij heel in de verte de stem van de abt die hem terugriep. Met tegenzin maakte hij zich los uit Gods innige omarming en hij wiebelde met zijn tenen om weer contact met zijn lichaam te krijgen. Zo keerde hij terug en de abt zag dat hij straalde. En Jezus was vol van wat hij had beleefd. Zó vol dat hij het gevoel had dat hij uit elkaar zou barsten als hij geen uiting zou geven aan de waterval van indrukken die in hem opwelde. Gedreven sprong hij overeind en in een poging zijn gevoelens te verwoorden en die enorme stroom energie te ontladen riep hij uit:

"Ik moet ... ik moet ... rennen!"

Onmiddellijk spurtte hij ervan door en sprintte over de vlakte. De abt zag hoe hij al rennend zijn armen in de lucht gooide alsof hij de hemel wilde omhelzen en hoe hij grote cirkels draaide, zijn armen wijd uitgespreid als vleugels en wiekend in de bochten als een vogel op de wind. En hij rende, rende en rende. Pas na een hele poos stond hij weer voor hem, hijgend, en hij straalde nog steeds. Toen omhelsde hij zijn meester en zei:

"Nu weet ik alles en heb ik alles geleerd wat nodig is om verder te gaan. Als het kan wil ik nu toch wel heel graag terugkeren naar huis. Ik weet dat mijn moeder mij mist en dat mijn vader druk is met zijn werk. Hij zal mijn hulp goed kunnen gebruiken."

De abt knikte lachend.

"We zullen morgen de voorbereidingen voor je vertrek treffen," zei hij.

Jeruzalem

Na zijn lange verblijf in het klooster vond Jezus het heerlijk om weer thuis te zijn. Hij genoot ervan in zijn eigen kamer te slapen die Jacobus, zij het met flinke tegenzin, voor hem had vrij gemaakt. Met veel plezier hielp hij Mirjam bij haar eerste pogingen om te leren lezen en schrijven en hij toonde zich een geduldige leraar. Jozef ging voortvarend aan de slag om van zijn zoon een vakkundig timmerman te maken. Iedere dag werkten ze samen in de werkplaats en Jozef leerde hem alle kneepjes van het vak. Jezus vond het prima weer eens flink fysiek aan het werk te worden gezet. Zijn tengere jongenslichaam ontwikkelde zich in rap tempo tot dat van een gespierde jongeling en Maria besefte dat hij met zijn vertrek uit het klooster ook zijn kindertijd achter zich had gelaten. Al snel had Jozef een goede knecht aan hem en nam hij hem mee als hij bij klanten aan het werk ging. Hij hem zo enorm tot hulp dat Jozef hem voor zijn harde werk wilde belonen. Daarom riep hij hem op een dag bij zich en zei:

"Ik ben je nog iets schuldig, Jezus. We zouden toch samen een keer de tempel bezoeken? Nu, het is bijna Pasen. Hoe zou je het vinden om met mij naar Jeruzalem te gaan om daar het paasfeest te vieren?"

Opgetogen viel Jezus zijn vader om de hals.

"Oh vader, u moest eens weten hoe gelukkig u mij hiermee maakt!" riep hij uit. "Dank u wel! Eindelijk zal ik dan het huis van mijn Vader zien, dat Salomo met zoveel liefde heeft laten bouwen!"

En hij telde de dagen tot het eindelijk zover was dat ze op weg gingen.

In Jeruzalem was het een drukte van belang. Vanuit het hele land waren mensen toegestroomd om in hun heilige stad de uittocht van hun volk uit Egypte te herdenken. Jozef zocht eerst de herberg waar ze zouden overnachten en leverde daar hun bagage af. Pas daarna gingen ze naar het tempelcomplex. Jezus' hart bonsde van opwinding. Toen ze bij het befaamde gebouw aankwamen, bleef hij overweldigd staan en keek omhoog langs de rijzige pilaren. Voor zijn gevoel reikten die tot in de hemel en toen hij zijn hand erop legde, leek het alsof hij rechtstreeks in verbinding stond met God. Jozef zag zijn ontroering. Vol begrip kneep hij even zijn arm. Toen zei hij zacht:

"Kom jongen, er is hier nog veel meer te zien. Laten we naar binnen gaan en een offer brengen."

Ze betraden de voorhof en even was Jezus van zijn stuk gebracht door de drukte daar. Hij was blij dat zijn vader bij hem was want deze vond zelfverzekerd zijn weg. Ondertussen vertelde hij Jezus welke functie de gebouwen rondom het plein hadden. Ze wisselden wat geld voor tempelmunten en kochten bij een van de kooplieden een duif om mee te nemen naar het altaar. Jezus hield het diertje voorzichtig vast. Hij voelde het warme lijfje en hoe het hartje klopte. Vertederd streek hij even zacht over de veren. Ze betraden nu eerbiedig het eigenlijke tempelgebouw, dat door de Schone poort te bereiken was. In stilte namen ze plaats rond het altaar en knielden neer om de zegen van God over hun offer af te smeken. Er waren meer mensen in de gebedsruimte die hun offerdier al hadden afgegeven aan de priester die bevoegd was om ritueel te slachten. Hoewel Jezus de gang van zaken rond het offerritueel kende, was het de eerste keer dat hij nu ook daadwerkelijk meemaakte hoe dit in zijn werk ging. Hij zag dat de priester een lang, scherp mes tevoorschijn haalde en met één zuivere haal de keel van het offerdier doorsneed. Het bloed van het arme beestje kleurde de vloer voor het altaar rood en een weeë geur trok door de ruimte. Jezus voelde dat hij misselijk werd. Er trok een waas langs zijn ogen waardoor hij niet zag dat de priester op het altaar een vuur ontstak. Pas toen de scherpe geur van verbrand vlees in zijn neus kwam begreep hij wat er was gebeurd en zijn mond viel open van verbijstering. Het prachtige gevoel dat hij tot dan toe had gehad was in één klap weg. Ontdaan keek hij naar de duif in zijn handen en zijn hele wezen kwam in opstand tegen deze wrede gang van zaken. Hij stootte Jozef aan en fluisterde:

"Vader, waarom worden die arme dieren zomaar gedood? Ik kan mij niet voorstellen dat God dit goedkeurt."

Jozef haalde zijn schouders op.

"Het is een ritueel dat al zo eeuwen wordt uitgevoerd," antwoordde hij zacht. "Kennelijk biedt het mensen houvast. Daar is toch niets mis mee?"

Maar met dat antwoord nam Jezus geen genoegen. Zijn hart bonsde van verontwaardiging en in een opwelling gooide hij zijn duif in de lucht. Het diertje fladderde de poort door, naar buiten. Opgelucht dat hij hem had weten te redden, keek Jezus de vogel na. Toen liep hij naar het altaar en sprak scherp tegen de dienstdoende priester:

"Vertelt u eens, waarom doodt u deze arme dieren? Waarom verbrandt u hun vlees voor God? Zijn zij niet net als wij schepsels uit Zijn hand?"

De priester keek hem vorsend aan. Het was duidelijk dat hij niet veel waarde hechtte aan de opmerking van de jongen.

"In de Thora staat dit anders duidelijk te lezen, jongeman," antwoordde hij enigszins neerbuigend. "Dit is ons offer voor de zonde. God zelf heeft ons bevolen zo te doen. Hij heeft gezegd dat door deze offers onze zonden uitgewist zullen worden."

Jezus liet zich echter niet uit het veld slaan en hij zei zelfverzekerd:

"U wilt dus beweren dat God onze zonden uitwist door een offer als dit? Volgens mij bedoelt Hij dat mensen zichzelf moeten offeren. Dat zij hun leven in dienst moeten stellen van Hem. Pas dan leeft een mens immers zonder zonde. En heeft koning David ons al niet geleerd dat het schandalig is om dieroffers te brengen, zoals trouwens ook in het boek van Jesaja valt te lezen."

De priester raakte duidelijk geïrriteerd door zijn woorden.

"Mijn kind, je weet niet waarover je het hebt. Weet jij soms meer van de wetten van God dan wij, priesters van Israël? Ga nou maar terug naar je vader want dit is geen plaats voor jongens die zo nodig hun geestigheid willen demonstreren."

Minachtend draaide hij hem de rug toe. Maar zo snel gaf Jezus het niet op. Hij beende de gebedsruimte uit en Jozef die ademloos naar alles had geluisterd, kon niets anders doen dan hem volgen. Hij zag zijn zoon doelbewust aflopen op het gebouw waar de Hoge Raad zetelde en daar naar binnengaan. Jezus klopte op de eerste de beste deur die hij tegen kwam en opende deze. Hij zag een priester die aan tafel zat te lezen.

"Neem me niet kwalijk dat ik hier zomaar binnenval," zei hij beleefd maar met een ijzige klank in zijn stem. "Maar ik ben op zoek naar het hoofd van de Hoge Raad. Kunt u mij misschien vertellen waar ik hem kan vinden?"

De priester keek verstoord op en vorste hem even met zijn blik. Toen antwoordde hij:

"Je bent hier al aan het juiste adres. Ik ben Hillel, hoofd van het Sanhedrin. Je wilde mij spreken?"

Jezus knikte heftig.

"Inderdaad!" zei hij verontwaardigd. "Ik ben namelijk ontdaan over de dienst die nu bezig is. Ik dacht dat de tempel het huis van God was, waar liefde en goedheid wonen. Maar u hoort toch ook wel het blaten van die arme lammetjes en het angstig koeren van de duiven die daar zomaar worden gedood. En ruik de vreselijke stank van dat verbrande vlees eens! Hoe kan het dat in het huis van mijn Vader zulke wrede daden worden uitgevoerd! Ik weet zeker dat God deze praktijken niet goedkeurt. Want ik heb een God van liefde leren kennen. Maar kennelijk woont die God dus niet in deze tempel!"

Hillel had zulke wijze woorden niet verwacht van zo'n jonge jongen. Onthutst keek hij hem aan.

"Ik zie dat je erg begaan bent met het lot van deze dieren," sprak hij toen vriendelijk. "Het doet me goed dat je er zo over denkt want dat toont de zuiverheid van je hart."

Even stokte zijn stem, want Jezus' woorden hadden hem dieper geraakt dan hij wilde toegeven. Hij stond op, liep op de jongen toe en legde zijn hand op Jezus' schouder. Ontroerd zei hij:

"Mijn lieve kind, ik weet zeker dat er een God van liefde is en als jij denkt dat Hij niet hier woont, laten wij er dan samen op uit gaan om die God van liefde te zoeken."

Maar Jezus antwoordde:

"Ik begrijp u niet. Waarom zouden wij erop uit moeten gaan om Hem te zoeken? Is het niet zo dat God overal is? En dat wij alleen maar ons hart hoeven te openen en af moeten zien van wreedheid en slechte gedachten zodat wijzelf een tempel worden waarin de God van liefde kan wonen?"

En Hillel, de grote meester van het Sanhedrin, stond met zijn mond vol tanden. Opnieuw keek hij verbluft naar de jongen tegenover zich en hij besefte dat hier de meester en kenner van de hogere wet stond die hij zelf altijd gedacht had te zijn. Nieuwsgierig vroeg hij:

"Vertel eens: wie ben jij eigenlijk en hoe ben je hier verzeild geraakt?"

"Ik ben hier met mijn vader, Jozef," vertelde Jezus. "Wij zijn uit Nazareth gekomen om hier het paasfeest te vieren. Mijn naam is Jezus en ik heb mijn hele leven uitgezien naar een bezoek aan het huis van mijn Vader. Nu ben ik elf jaar en mocht ik eindelijk mee. En dan zie ik dit! U kunt zich mijn teleurstelling dan ook voorstellen!"

Hillel's hart sloeg een slag over toen hij deze woorden hoorde. Gespannen vroeg hij:

"Maar dan is jouw moeder toch zeker Maria, die in haar jeugd hier in de tempel heeft gewoond?"

Jezus knikte.

"Dat klopt. Maar kennelijk is er sindsdien een en ander veranderd. Want zij spreekt altijd vol respect over de priesters die hier dienst doen. Helaas ben ik een andere mening toegedaan. Het lijkt erop dat mijn meester in Qumran mij terecht heeft gewaarschuwd voor de praktijken die hier gaande zijn."

Hillel hoorde zijn woorden met gemengde gevoelens aan. Aan de ene kant begreep hij dat alles wat hij in het werk had gesteld met het oog op de komst van de Messias, niet voor niets was geweest. Want hij herkende in de wijsheid van Jezus' woorden Gods hand en het kon niet anders of deze jongen werd door God zelf geleid. Maar Jezus' kritiek op de tempelgewoontes verwarde hem.

"Zeg eens, Jezus," zei hij daarom. "Hoe zou je het vinden om hier de tempelschool een poosje te volgen? Zo te horen kun je nog veel leren over onze tradities en waarom we doen wat doen."

Jezus keek verbaasd op. Hij die de Thora van buiten kende zou hier nog iets moeten leren?

"Nou, dat lijkt me niet zo'n goed idee," antwoordde hij stellig. "Zo vleiend heb ik er trouwens niet over gesproken."

Hillel lachte hem echter bemoedigend toe.

"Misschien moet je het daarom juist wel doen! Aan een kritisch geluid hebben wij immers meer dan aan iemand die niets nieuws weet te brengen. Kom, laten we je vader vragen hoe hij erover denkt."

Jezus aarzelde merkbaar maar toch volgde hij Hillel de kamer uit.

Daar struikelden ze bijna over Jozef die bij de deur was gaan zitten in afwachting van Jezus' terugkeer. Hillel begroette hem als een oude vriend en nodigde hem vriendelijk uit in zijn kamer. Nadat ze wat hadden bijgepraat vroeg hij:

"Wat denk je Jozef, is het een goed idee wanneer Jezus hier een poosje de tempelschool volgt? Gezien zijn bestemming als koning uit de lijn van David hoort hij toch eigenlijk in Jeruzalem thuis."

Jozef keek Jezus vragend aan.

"Hebben jullie hier al samen over gesproken?" vroeg hij vorsend.

Jezus opende zijn mond om zijn vaders vraag te beantwoorden maar Hillel was hem voor.

"Ik heb het Jezus voorgesteld," glimlachte hij. "En volgens mij vond hij het ook een goed idee, niet waar Jezus?"

Geschokt keek Jezus de priester aan.

"Helemaal niet!" berispte hij hem scherp, geen acht slaand op wie hij tegenover zich had. "Ik heb juist duidelijk mijn aarzeling uitgesproken. En vader: waar heeft die man het over. Ik zal toch zeker geen koning worden zoals eens onze voorvader David? Zo heeft God het mij tenminste nooit uitgelegd. Ik mag Zijn boodschap van liefde verkondigen. Dat is toch heel iets anders?"

Jozef keek Hillel aan.

"Het lijkt mij duidelijk," zei hij vlak. "Jezus gaat gewoon weer met mij mee naar huis."

En met teleurstelling in zijn stem vervolgde hij:

"Ik dacht dat u anders was, Hillel. Zo herinner ik me u tenminste. Sinds wanneer hebt u zich laten inpakken door die conservatieve Sjammai aanhangers?"

Hillel wist zich even met zijn figuur geen raad. Toen zei hij verontschuldigend:

"Misschien heb je gelijk Jozef en laat ik me wat teveel meeslepen. Maar toch zou ik jullie willen vragen mijn voorstel nog eens te overwegen. Het kan toch niet zo zijn dat Jezus zijn eigen traditie ontkent?"

Maar Jezus was niet van plan zich door de man te laten manipuleren. Duidelijk geïrriteerd sprak hij:

"We hebben toch al gezegd dat we er niets voor voelen. En hoe durft u te zeggen dat ik onze tradities ontken! U weet immers niets van mij! Ik weet niet wat u doet vader, maar ik ga. Ik zie niet in waarom ik hier nog langer zou moeten blijven."

Hij stond op, knikte kort naar Hillel en liep toen zonder nog iets te zeggen de kamer uit. Een pijnlijke stilte viel. Jozef plukte verlegen aan zijn jas en ook Hillel wist zich geen raad met de situatie.

"Begrijp me goed, Hillel," zei Jozef toen. "Ik vertrouw u wel. Maar ik ben bang voor al die anderen hier die anders denken dan wij. Ik denk werkelijk dat het verstandiger is dat Jezus zijn eigen weg vindt. Laten we die jongen alsjeblieft de kans geven nu eens echt iets nieuws te brengen. Het oude heeft ons immers niet gebracht waar wij op hoopten. Is het niet juist Gods hand dat wij nu wel mogen hopen op een nieuw begin?"

Hillel zweeg. Hij was zich er pijnlijk van bewust dat Jozef natuurlijk gelijk had. Hij keek op en zocht Jozefs blik. Lang keken ze elkaar aan en ze wisten dat ze elkaar begrepen. Toen namen ze afscheid. Jozef ging op zoek naar Jezus en hij vond hem bij de koopman waar ze eerder die dag de duif hadden gehaald. Van zijn laatste tempelmunten had hij nog drie duiven gekocht en Jozef zag hoe hij deze met veel genoegen de vrijheid schonk.

Een jaar verstreek en Jezus werkte met veel plezier als timmermansknecht. Hij was nu twaalf jaar en op een dag, toen hij met zijn vader planken schaafde, zei hij opeens:

"Ik wil binnenkort weer naar Jeruzalem gaan, vader. Ik vind dat ik net als de andere jongens bar mitswa moet gaan doen. Dus wil ik mijn tekst halen om deze voor te bereiden."

Jozef bewonderde hem omdat hij geen uitzonderingspositie wenste in te nemen.

"Waarom zou jij je moeten voorbereiden," antwoordde hij echter. "Dat is voor jou toch volstrekt overbodig."

"Dat weet ik wel," lachte Jezus schalks. "Maar ik ben wel benieuwd welke tekst ze voor mij uitzoeken. En ik wil Hillel laten zien dat ik wel degelijk om onze tradities geef. Ik denk dat het goed is die man eens een lesje te leren!"

Verbouwereerd keek Jozef hem aan. Hij zag Jezus' ogen glimmen van ingehouden pret en hij schoot in de lach.

"Je bent me er een!" zei hij verbluft. "Nu vooruit, als dat is wat je wilt, laten we dan binnenkort maar gaan."

Met zijn vieren, Jozef, Maria, Jezus en Jacobus, gingen ze op pad. Onderweg sloten zich meer mensen aan die vanuit Galilea op weg waren naar de heilige stad. Terwijl Jacobus en Maria in de voorhof wachtten, meldde Jozef zich met Jezus bij het Sanhedrin. Hillel's hart maakte een sprongetje van opwinding toen hij hen tussen de andere bar mitswa kandidaten ontdekte. Hij had er niet op gerekend de jongen ooit nog terug te zien en koortsachtig overlegde hij met de andere priesters welke tekst ze voor hem zouden kiezen.

Op sabbat werden tijdens een speciale dienst de teksten uitgedeeld. Het was druk in de gebedszaal. Net als Jezus' familie, waren er meer ouders met kinderen die met het oog op bar mitswa de tempel bezochten. Ze zochten een plaatsje en de dienst begon. Jezus wachtte op een teken van Hillel om naar voren te komen. Ongedurig draaide hij in zijn bank heen en weer. Hij voelde zich toch enigszins gespannen. Hillel leidde de dienst met strakke hand en eindelijk was het moment daar dat de teksten zouden worden verdeeld. Hillel wenkte hem en gebaarde dat hij achter de leestafel mocht komen staan. Jezus zag dat ze het boek van de profeten voor hem hadden klaargelegd. Zijn hart bonsde in gespannen verwachting. Die geschriften waren immers zijn favoriet! Hillel bladerde door het boek. Voor Jezus' gevoel sloeg hij de bladzijden tergend langzaam om. Maar eindelijk had hij dan de tekst gevonden. Hij maakte een uitnodigend gebaar en zei met luide stem:

"Jezus van Nazareth, de volgende tekst hebben wij voor jou gekozen. Je mag hem voorbereiden, zoals je weet. Je bar mitswa is immers pas volgend jaar. Maar als je het aandurft mag je hem ook nu al voor ons lezen."

Jezus stapte naar voren. Snel liet hij zijn blik over de letters gaan en hij ademde op. Die tekst kende hij! Sterker nog: hij had er met zijn meester in Qumran meer dan eens over gesproken. De spanning gleed van hem af.

"Heel graag wil ik hem nu lezen, nu u mij die kans geeft!" zei hij zelfbewust.

En hij begon te lezen.

"Wee, wee, over Ariël, de stad waar David woonde. Want ontelbare vijanden zullen als wolken stof op hem neerdalen. De heer der heerscharen zal hem bezoeken met donder en bliksem en met storm, aardbevingen en verterend vuur. Zie, dit volk heeft mij verlaten. Zij keren zich tot mij met woorden en met hun lippen eren ze mij, maar hun harten zijn ver van mij verwijderd. En ik zal over mijn volk Israël een adem van tegenspoed blazen; de wijsheid van hun wijze mannen zal verloren gaan. Maar dit zal niet altijd zo blijven; de tijd zal komen dat de vruchtbare velden tot bosschages omgevormd worden. En op die dag zullen de doven de woorden Gods horen; de blinden zullen het boek van Gods geheugen lezen. De lijdenden zullen verlost worden en zij zullen vreugde in overvloed hebben; en een ieder die gebrek heeft zal verzadigd worden en het zal geschieden dat alle dwazen wijs zullen worden. Het volk zal zich bekeren en de Eén-Heilige eren en in het diepste van hun ziel zullen zij Hem eerbiedigen."

Zijn stem verstomde en de priesters stonden versteld. Zonder één fout te maken had hij de moeilijke tekst gelezen. Jezus sloeg het boek dicht en keek hen aan.

"Mag ik misschien iets vragen?" zei hij vrijmoedig en zijn stem klonk helder door de grote ruimte. "Ik heb deze tekst nu wel gelezen, maar waar gaat het eigenlijk over? Kan een van u mij misschien de woorden van de profeet uitleggen?"

Verbluft keken de priesters elkaar aan. Zijn vraag overviel hen. Toen stond Hillel op.

"Ik heb het laatste jaar veel aan je gedacht, Jezus. En je hebt daarnet zo prachtig gelezen. Waarom probeer je niet zelf de tekst te verklaren."

Een kriebelende spanning trilde in Jezus' lijf. Hoe was het mogelijk! Hillel, de grote voorman van het Sanhedrin, vroeg hém de tekst uit te leggen? Hij legde zijn hand op het boek en streelde even de leren band. Toen knikte hij:

"Dat is goed. De profeet heeft het hier over ons eigen Jeruzalem. Toen hij lang geleden deze tekst schreef, had hij al voorzien hoe het in onze tijd zou zijn. Hij zag al dat onze wetgevers en priesters de armen onderdrukken terwijl zij zelf in overdaad leven. De offers die hier worden gebracht zijn een gruwel voor God. De enige opoffering die Hij verlangt is immers die van onszelf. En als ons volk niet naar de stem van God wil luisteren, zullen vreemde overheersers Jeruzalem veroveren en onze tempel verwoesten. Ons volk zal verstrooid raken over de hele wereld als schapen zonder herder. Maar dit zal niet voor altijd zijn. Want God zal zijn schapen doen terugkeren en zij zullen in vrede leven. En wie eerst niet wilde luisteren, zal Gods ware boodschap horen, wie niet wilde zien zal het ware inzicht verkrijgen, wie ziek was zal genezen en wie los komt van verlangen naar materie zal zien dat hij zonder gelukkiger is. En de boodschapper die dit altijd al verkondigde en als dwaas werd gezien, zal herkend worden als de ware koning en zij zullen God eren en zijn boodschapper aanbidden."

Nadat hij dit had gezegd knikte hij kort met zijn hoofd naar de priesters, liep terug zijn familie en ging bij hen zitten. Alle blikken waren nu op hem gevestigd en je kon een speld horen vallen. De priesters begrepen dat ze een reactie moesten geven. Maar ze leken het niet eens te kunnen worden. Ze fluisterden heftig onderling en de gemoederen liepen hoog op. Tot het opnieuw Hillel was die opstond en het woord nam:

"Onze jonge vriend hier heeft getoond dat hij zijn bar mitswa nu al meer dan waard is. Jezus, kom nog even naar voren, alsjeblieft. Want graag spreek ik de priesterzegen over je uit."

Jezus kwam weer overeind. Hij liep tussen de banken door en knielde voor Hillel op de grond. Ondanks de scherp afkeurende blikken van zijn medepriesters legde Hillel zijn hand op het hoofd van de jongen en sprak de traditionele zegen over hem uit. Zijn stem klonk ontroerd want hij begreep maar al te goed dat de lang-verwachte Messias zelf hier voor hem zat.

"Jezus van Nazareth, de Eeuwige zal je zegenen en je behoeden. De Eeuwige zal je Zijn stralend gelaat toewenden en je genadig zijn. De Eeuwige zal Zijn blik op je gericht houden en je vrede schenken."

Toen strekte hij zijn naar Jezus uit en hielp hem overeind. Ze keken elkaar aan, de machtige leider en de jonge jongen. Jezus zag tranen glinsteren in Hillel's ogen. Hij slikte want ook hijzelf had het moeilijk. En Hillel zei zacht:

"Blijf nog even hier na de dienst, zodat we nog wat kunnen doorpraten."

Jezus knikte instemmend.

"Dat is goed. Ik zal mijn vader en moeder zeggen dat ik ze straks wel weer zie."

En hij bleef in de tempel en sprak lang met Hillel. Toen Hillel eindelijk vol vragen in zijn hart terugkeerde naar zijn kamer en Jezus op zoek wilde gaan naar zijn ouders, kwam er een man naar hem toe.

"Pardon, Jezus," zei hij, bescheiden de aandacht van de jongen vragend. "Mag ik mijzelf even voorstellen? Mijn naam is Lamaas Brahas. Ik was bij de dienst aanwezig en ik wil je complimenteren met je optreden. Ik ben werkelijk diep onder de indruk!"

Hij gaf Jezus een hand en vervolgde:

"Wat zou ik graag eens met je praten. Want ook in mijn land, India, hebben de priesters veel macht en worden dieroffers uitgevoerd. En ook ik heb daar steeds meer moeite mee. Daarom ben ik naar jullie land gekomen. Als priester van de Brahmanen was ik erg benieuwd hoe jullie, als verwanten van aartsvader Abraham, invulling geven aan jullie godsdienst."

Verbaasd keek Jezus de man aan.

"Bent u helemaal uit India hiernaar toe gekomen?" vroeg hij. "En dat om onze godsdienst te leren kennen? Dat lijkt me een hele onderneming!"

Lamaas glimlachte.

"Ja, dat is het ook," antwoordde hij. "Maar ik heb het er graag voor over om jullie aartsvader Abraham te bestuderen. Want hij komt ook in onze geschriften voor. Niet voor niets heet hij A-brahm, een naam die hij kreeg omdat hij zo was toegewijd aan de god Brahma. Toen grote droogte ons land teisterde is hij echter met zijn kuddes westwaarts getrokken en zo in Kanaän terechtgekomen. En ook al vereren wij vele goden, waaronder Brahma, ben ik ervan overtuigd dat er maar één God bestaat en dat wij waar ook ter wereld dezelfde manifestatie ervaren."

Jezus luisterde met grote verwondering. Niet eerder had hij gehoord van een mogelijk verband tussen zijn Joodse wortels en de godheid Brahma van India. En bevlogen zei hij:

"Wat zou ik graag de geschriften lezen waarover u het heeft! Abraham heeft mij namelijk ook altijd geboeid. Ik vind het zo bijzonder: hij hoorde een stem en ging op weg. Zo'n vertrouwen! Ik hoop dat ik ook dat vertrouwen zal voelen als ik mijn weg zal gaan. En wordt er in jullie heilige teksten over onze Abraham? Oh, dat moet ik lezen!"

Lamaas temperde zijn enthousiasme echter door te zeggen:

"De meeste van onze geschriften zijn in het Sanskriet geschreven, Jezus. Ik denk niet dat jij die taal beheerst en om het te leren kost veel tijd."

Jezus' teleurstelling was groot. Hij had in Qumran Grieks en Latijn geleerd, maar het Sanskriet was hij inderdaad niet machtig.

"Kunt u mij die taal dan niet leren?" vroeg hij smekend. "Ik wil best met u meegaan naar uw land, zodat u mij les kunt geven. En zo steek ik ook nog wat op van jullie godsdienst en cultuur."

"Nou, zo te zien ben al net zo ondernemend als ik!" lachte Lamaas. "En eerlijk gezegd vind ik het best een aantrekkelijk idee! Want ik weet nu al dat ik ook veel van jou kan leren. Kom, laten we kijken of jouw wilde plan uitvoerbaar is. En misschien wil je me dan ook wat meer over jezelf vertellen."

Hij nam Jezus mee naar een rustige plek in de tempel. Daar spraken zij uren aan één stuk door. Jezus vertelde over de stem van God die hij, net als Abraham, had gehoord en over zijn tijd in het klooster. En Lamaas liet openhartig weten dat hij zich eigenlijk een buitenbeentje voelde in zijn orde en toe was aan een nieuwe stap in zijn leven. Een diepe genegenheid bloeide tussen hen op. Jezus' verlangen om met de priester mee te gaan en het Sanskriet te leren werd groter en groter. En hij vergat de tijd. Pas toen het begon te schemeren drong het tot hem door dat hij al lang naar zijn ouders had moeten gaan. Verschrikt sprong hij op.

"Neem me niet kwalijk Lamaas, maar ik moet nu echt gaan. Mijn ouders zullen niet weten waar ik blijf."

Ook Lamaas kwam overeind.

"Ik loop wel even mee," zei hij. "Ik wil niet dat je alleen in het donker naar buiten gaat."

Samen staken ze de tempelhof over. Daar was het nu rustig want de meeste mensen waren al naar huis gegaan. Ook Jezus' ouders waren nergens meer te bekennen.

"Oh jee!" verzuchtte Jezus schuldbewust. "Dit zullen ze mij niet in dank afnemen! Maar uw verhalen boeiden mij ook zo! En wat vliegt de tijd dan toch."

"Je mag vannacht wel op mijn kamer slapen," bood Lamaas aan. "En dan zien we morgen wel weer verder."

Jezus aarzelde even. Maar toen bedacht hij dat er niet veel anders op zat. Hij volgde de priester naar zijn kamer en Lamaas stond hem zijn bed af terwijl hij zelf op een slaapmatje op de grond ging liggen. Binnen de kortste keren sliep Jezus want de dag was vol indrukken geweest en hij was moe.

De volgende dag keerde hij met Lamaas terug naar de tempel en velen die de dag ervoor bij de dienst aanwezig waren geweest, complimenteerden hem en wilden met hem praten. Lamaas stond versteld van zijn kennis en inzicht. Op alle vragen gaf hij zelfverzekerd antwoord en meer en meer vroeg Lamaas zich af wie hij hier tegenover zich had. Ook Hillel kwam opnieuw naar hem toe. Vriendelijk begroette hij de jongen en hij zei:

"Kom, laten we een eindje omlopen."

Nieuwsgierig liep Jezus met hem mee. Hij voelde dat de priester in een vreemde stemming was en hij vroeg zich af wat hij te zeggen had. Ze staken de tempelhof over, gingen onder de zuilengalerij door en sloegen linksaf naar het park rond de burcht Antonia. Daar was het rustig. Toen ze een poosje door het park hadden gewandeld, hield Hillel zijn pas in en wendde zich naar Jezus toe. Ernstig zei hij:

"Ik wil je iets laten zien, Jezus."

Hij stak zijn hand in de diepe zak van zijn priesterkleed en haalde een stuk perkament tevoorschijn. Even stond hij er verlegen mee in zijn hand. Maar toen zei hij met vaste stem:

"Dit is mijn ontslagbrief, Jezus. Ik heb besloten dat een ander beter hogepriester kan worden. Jij hebt mijn ogen geopend. Het is niet goed wat ik de laatste jaren heb gedaan. Ik heb mijn eigen inzichten verloochend en me veel te veel geconformeerd aan hoe anderen over zaken denken. Dat was niet goed. Na de dood van Sjammai meende ik ook zijn aanhangers een stem te moeten geven. Hierdoor ben ik afgedwaald van mezelf. Door jou ben ik dat gaan inzien. Vandaar dat ik je dit per se zelf wilde vertellen."

Beduusd keek Jezus hem aan.

"Ik vind het een dapper besluit," zei hij toen. "Al zou u er beter aan doen te blijven om vanaf nu wel uw eigen stem te laten horen."

Hillel glimlachte wat onzeker.

"Jouw moed is vele malen groter dan de mijne, vrees ik," gaf hij schoorvoetend toe. "Jij durfde vrijuit je mening te verkondigen, in het hol van de leeuw nog wel! Eerlijk gezegd schrik ik daarvoor terug."

Verlegen haalde Jezus zijn schouders op.

"Zo heb ik het niet ervaren hoor," zei hij bescheiden. "Sowieso is het niet te vergelijken. U verkeert immers in een heel andere positie dan ik."

"Gelukkig ben ik daar nu van bevrijd!" lachte Hillel. "Ik ga terug naar mijn geboorteplaats. Ongetwijfeld kan ik daar in de synagoge werken."

Ze liepen terug en bij de tempel aangekomen gaf Hillel Jezus een hand.

"Het ga je goed, Jezus," zei hij zacht. "Volg je hart en verloochen jezelf niet zoals ik heb gedaan. En blijf dapper! Dat zul je nodig hebben."

Toen draaide hij zich met een ruk om en verliet de tempelplaats, om er nooit meer terug te keren.

Ondertussen hadden Jozef en Maria de stad al lang verlaten. In de veronderstelling dat Jezus na de dienst met Jacobus in de huifkar was geklommen, waren ze welgemoed op pad gegaan. Pas toen ze 's avonds hun tent wilden opzetten merkten ze dat hij er niet was. Jozef zocht onder zijn kennissen maar onverrichter zake keerde hij terug. Omdat het al begon te schemeren besloten ze om eerst te gaan slapen. De volgende dag keerden ze terug naar de tempel en ze vroegen aan een van de wachters:

"Heeft u misschien onze zoon gezien, een jongen met donkerblond, krullend haar en blauwe ogen, twaalf jaar oud."

De wachter knikte onmiddellijk.

"Jazeker. Hij is hier in de tempel. Er kwamen net nog mensen langs die hem hadden gesproken."

Jozef en Maria bedankten hem en haastten zich naar binnen. Daar vonden ze Jezus in het gezelschap van Lamaas. Maria vloog op hem af en omhelsde hem. Een tikkeltje verwijtend zei ze:

"Jezus toch, waarom doe je ons dit aan! We zoeken je al twee dagen. Voor hetzelfde geld had je een ongeluk gehad!"

Schuldbewust keek Jezus haar aan.

"Het spijt me, moeder," antwoordde hij beschaamd. "Vergeef me alstublieft. Maar eerlijk gezegd begrijp ik niet waarom u zich zo ongerust heeft gemaakt. U kon toch wel nagaan dat ik hier zou zijn om mij met het werk van mijn Vader bezig te houden."

Lamaas, die zich tot nu toe niet in het gesprek had gemengd, reikte Maria zijn hand.

"Mag ik u mijn verontschuldigingen aanbieden, mevrouw," zei hij beleefd. "Ik ben bang dat ik ook enigszins schuldig ben aan deze situatie. Ik kwam met uw zoon in gesprek en wij raakten maar niet uitgepraat, is het niet Jezus?"

Jezus knikte heftig.

"Dat klopt, moeder. Hij heeft me heel veel over zijn land verteld! Wist u dat onze eigen aartsvader Abraham in India heeft gewoond en daar Brahma, een Indiase godheid, vereerde? Ik had daar nog nooit over gehoord. En Lamaas is ervan overtuigd dat deze godheid dezelfde is als mijn Vader. Want in hun heilige geschriften wordt over Abraham en zijn band met Brahma verteld. Nu, als dat echt zo is: als Brahma inderdaad dezelfde is als onze Jahweh uit de Thora dan moet ik die geschriften lezen, dat begrijpt u toch wel! Dus alstublieft moeder: mag ik met Lamaas meegaan om zijn taal te leren zodat ik die teksten kan lezen?"

Maria hoorde zijn woorden met stijgende bezorgdheid aan. Zijn bevlogenheid was zo groot dat ze vreesde dat zij zijn plan om naar India te gaan met geen mogelijkheid uit zijn hoofd zou kunnen praten. Opnieuw mengde Lamaas zich in het gesprek.

"Ik begrijp dat uw zoon u hiermee overvalt," zei hij meelevend. "Maar u hebt een heel bijzonder kind heb ik gemerkt en graag neem ik hem onder mijn hoede als u het goed vindt om hem onze taal en godsdienst te leren kennen."

Weer knikte Jezus heftig en hij kon zijn enthousiasme over Lamaas' voorstel niet verbergen.

"Toe moeder, mag dat?" vroeg hij smekend. "Ik heb in Qumran veel geleerd. Maar nu zie ik dat er nog veel meer te leren valt en Lamaas biedt me die kans. Alstublieft: zeg dat u het goed vindt!"

Maria en Jozef keken elkaar aan. Het idee dat ze hun zoon weer lang zouden moeten missen vonden ze niet echt aantrekkelijk. Tegelijkertijd begrepen ze dat het geen toeval was dat de Indiase priester op zijn pad was gekomen.

"Graag maak ik eerst eens nader kennis met u," zei Jozef. "U begrijpt dat ik mijn zoon niet zomaar met de eerste de beste laat meegaan, al maakt u een goede indruk op mij. Kom, laten we een herberg zodat ik met u kan praten."

Ze verlieten de tempel en zochten in de stad een rustig plekje. Daar spraken Jozef en Maria diepgaand met Lamaas want ze wilden zeker weten dat zij hun zoon met een gerust hart aan hem konden toevertrouwen. Al snel raakten ze onder de indruk van de integriteit van de man en het duurde niet lang of had hij hun vertrouwen gewonnen. Op voorwaarde dat Jezus regelmatig zou schrijven, stemden ze er dan ook mee in dat hij met Lamaas zou meegaan. Ze beseften dat hij in Nazareth weliswaar een goede timmerman zou kunnen worden, maar dat zijn roeping elders lag. En na uitgebreid afscheid van zijn ouders te hebben genomen vertrok Jezus met Lamaas richting India en sloeg daarmee een nieuwe weg in zijn leven in.

India

Toen Jezus vrij impulsief de wens had geuit met Lamaas mee te willen gaan, had hij geen idee gehad wat hem te wachten stond. Hoewel hij wist dat het een verre reis was, had hij zich niet gerealiseerd dat ze maanden onderweg zouden zijn om in India te komen. En ook al vond hij het bijzonder om langs allerlei plaatsen te komen die genoemd werden in de Thora, zoals Babel en Ur, viel de reis hem lang. Bij Lamaas was het juist andersom. Hij genoot van de tocht omdat hij nu iedere dag in Jezus' gezelschap was. De onbevangenheid waarmee de jongen zijn wijsheid toonde, raakte hem telkens weer. En steeds meer was hij zich ervan bewust dat hij hier met een heel bijzonder iemand van doen had. In het besef dat Jezus hem ver vooruit ging, vroeg hij hem op een dag:

"Vind je het goed Jezus, als ik je zo nu en dan eens vraag hoe jij over bepaalde zaken denkt? Vaak blijven we immers in onze eigen gedachten hangen en is het moeilijk los te komen van bepaalde denkbeelden. En dan lijkt de reis voor jou misschien wat korter, al discussiërend over van alles en nog wat."

Enthousiast keek Jezus op.

"Oh, u bedoelt zoals Socrates altijd deed?" zei hij gretig. "Nou, dat lijkt me leuk! Zo dwingt u mij om zelf ook weer eens over dingen na te denken!"

Verbluft keek Lamaas hem aan. Hij had Socrates gelezen?! Zijn bewondering voor de jongen nam zo mogelijk nog meer toe.

"Nu, ik denk niet dat ik zulke scherpe vragen als Socrates zal weten te stellen!" zei hij bescheiden. "Maar ik doe mijn best!"

Om Jezus te prikkelen tot het uiterste van zijn inzicht te gaan nam hij zich voor pittige vragen te verzinnen. Ze reisden nu door Babylonië en hun Socratisch spel beginnend vroeg hij:

"Vertel eens Jezus, hoe denk jij over oordelen?"

Jezus glimlachte verheugd. Hij begreep dat Lamaas hem flink op de proef wilde stellen en hij voelde een kriebelende opwinding. Wanneer alle vragen als deze zouden zijn, zou hij zich deze reis niet meer vervelen! En hij antwoordde:

"Je moet niet over een ander oordelen, want je weet niet wat je zelf in zijn situatie zou doen. En het ergste oordeel is het vooroordeel. Omdat je dan iemand al veroordeelt, zonder hem zelfs maar aangehoord of gezien te hebben."

Lamaas' hart maakte een sprongetje van blijdschap. Als dit een voorproefje was van alles wat nog zou komen, zou deze reis van hem nog wel langer mogen duren! Ze reden langs het meer van Chaldeeën en Lamaas vroeg:

"Wat, volgens jou Jezus, is zonde?"

Onmiddellijk antwoordde Jezus:

"Zonde is dat je niet genoeg rekening houdt met je medemens. Want als je rekening houdt met je medemens, zul je proberen hem zo weinig mogelijk kwaad of pijn aan te doen."

Ze bereikten de grens van Perzië en Lamaas vroeg:

"Wat in jouw ogen Jezus, is slechtheid?"

Jezus antwoordde overtuigend en zonder na te denken:

"Slechtheid is een zwakte van de mens. Als je probeert die zwakte te overwinnen, dan zul je op den duur je slechtheid overwinnen. Want niemand kiest er bewust voor om een slecht mens te zijn."

Ze kwamen langs de beroemde stad Persepolis en Lamaas vroeg:

"Hoe denk jij over schuldgevoel, Jezus?"

Zonder aarzelen antwoordde Jezus:

"Schuldgevoel is een excuus om niets te doen aan wat je iemand hebt misdaan. Terwijl je simpelweg als je iets misdaan hebt, of het nu klein is of groot, naar de ander toe moet gaan om te zeggen dat het je spijt. Want als je echt de bedoeling hebt om iemand kwaad te doen, dan voel je je daarover niet schuldig. Dus duidt schuldgevoel erop dat je in wezen een goed mens bent."

De reis ging verder naar het oosten. Ze trokken door de zuidelijke heuvels van Perzië en Lamaas vroeg:

"Waarom denk jij Jezus, moet de mens lijden?"

Zelfs deze vraag beantwoordde Jezus zonder er lang over na te hoeven denken.

"Lijden maakt een mens milder en sterker en geeft de mens meer inzicht. Een mens die niet lijdt, weet niet wat het betekent om niet te lijden. Een mens die geen verdriet kent, weet niet wat het is om vreugde te kennen. Een mens die niet ongelukkig is geweest, weet niet wat het is om gelukkig te zijn. Een mens die nooit wanhoop heeft gekend, weet niet wat het is om hoop te hebben. Een mens die nooit pijn heeft gehad, weet niet wat het is om geen pijn te hebben. Een mens die nooit ziek is geweest, weet niet wat het is om gezond te zijn. Je leert het één door de tegenstelling met het ander."

Lamaas stond versteld van de wijsheid van het antwoord, zoals bij alle antwoorden die hij gaf. En dan te bedenken dat deze jongen nog maar twaalf jaar oud was! Hij merkte dat Jezus zelf er ook veel genoegen in schepte zijn vragen te beantwoorden. Dus zetten zij hun spel voort. Toen ze de grens van India bereikten vroeg hij hem:

"Hoe denk jij Jezus, over angst?"

Jezus antwoordde:

"Angst is de gevaarlijkste emotie ter wereld. Ieder mens is wel eens bang. Maar het gaat erom dat angst niet de baas over je wordt, want dan heeft het je in zijn macht. En je kunt je angst overwinnen! Als je in staat bent om je angst door je heen te laten gaan en het van alle kanten te bekijken, dan leer je je angst kennen en doorzien. En wat je kent en doorziet, kan nooit meester over je zijn, en dan heb je gewonnen."

Ze reisden door de Thar woestijn. De hitte was verzengend en het zand drong in hun ogen, mond en kleding. En Lamaas vroeg:

"Hoe moet je omgaan met verdriet?"

En Jezus antwoordde:

"Verdriet kun je beleven net als vreugde. Het is iets dat gebeurt, en je voelt het, je beleeft het, en je doorleeft het. En dan is het verwerkt en is het deel van je, maar het maakt je niet kapot."

Ze lieten de woestijn achter zich en Lamaas vroeg:

"Wat denk jij Jezus, is het belangrijkste in het leven?"

"Jezelf kennen is het belangrijkste in het leven," antwoordde Jezus stellig. "Zonder kennis van jezelf kun je nooit een ander kennen. Zonder liefde voor jezelf kun je nooit van de ander houden. Zonder vertrouwen in jezelf kun je nooit de ander vertrouwen. Zonder steun in jezelf, kun je nooit de ander steun geven. Als je dit alles niet bezit, ben je geestelijk dood. Dus moet je diep in jezelf duiken en leren te leven met jezelf, met je goede en slechte eigenschappen. Pas als je met jezelf kunt leven, kun je met de ander leven."

Ze staken de Ganges over en Lamaas vroeg hem:

"Vertel eens Jezus, wat is rijkdom voor jou?"

Jezus glimlachte warm en hij antwoordde vol overtuiging:

"Rijkdom is een zegen. Want het betekent dat je vrijuit kunt delen! Je kunt hongerigen voeden, dorstigen te drinken geven, naakten kleden, vermoeiden een slaapplaats bieden. Maar om te kunnen geven moet er iemand zijn die ontvangen wil. Ook ontvangen is een dienst die je een ander bewijst. En ontvangen is veel moeilijker dan geven. Want als je iets krijgt, dan heb je het gevoel dat je een schuld hebt aan degene die geeft. Dan denk je dat je iets terug moet doen. Maar het enige dat je moet doen, is met gratie ontvangen. Zodat degene die geeft daaraan innerlijke vreugde beleeft."

Zijn antwoord ontroerde Lamaas. Het einde van de reis kwam nu in zicht. De stad Benares, waar de tempel van zijn orde stond, was niet ver meer. En Lamaas vroeg, hun spel besluitend:

"Wat is geloof voor jou, Jezus?"

Voor het eerst dacht Jezus even na. Toen zei hij en zijn stem klonk warm:

"Geloof is voelen dat een deel van God in jezelf aanwezig is en dat je daar steun en kracht kunt vinden. En als je dat vindt, hoeft er niets anders meer. Dan voel je je deel van het grote geheel, van de universele kracht die in je is en waar je deel van bent. En dat kan ieder mens zich eigen maken."

Zo kwamen zij in Benares aan en Lamaas was vol van Jezus, van alles wat hij had gezegd en laten zien. Want niet alleen had hun Socratisch spel diepe indruk op hem gemaakt. Regelmatig had hij onderweg gezien hoe Jezus bad, hoe hij contact zocht met de God, die hij zijn Vader noemde. En Lamaas had gezien hoe op die momenten een groot licht hem omstraalde en hoe innig de band tussen hen was. Hij zorgde ervoor dat Jezus in de tempel een eigen kamer kreeg en de eerste week rustten zij uit van de lange reis.

De priesters van Brahma ontvingen Jezus welgezind. Als volgelingen van Brahma vormden zij een minderheid in de rijke geloofswereld van India, en zij voelden zich vereerd dat deze Joodse jongen interesse in hen toonde. Hoewel Jezus ook hier moeite had met de offers die werden gebracht, had hij het ervoor over om het Sanskriet te leren en hij volgde de lessen van Lamaas trouw. Hij moest behoorlijk wat moeite doen om de taal onder de knie te krijgen. Waar hij in Qumran binnen een jaar zowel Grieks als Latijn had geleerd, kostte het Sanskriet hem heel wat meer inspanning. Behalve op de sabbat, die Jezus ook hier in ere hield, werkten ze iedere dag samen en Lamaas bewonderde zijn doorzettingsvermogen. Als afleiding op de soms wat saaie taallessen bood hij de jongen ook andere geschriften aan zoals de Ayur Veda. In Qumran waren enkele fragmenten in het Grieks van de Ayur Veda aanwezig geweest. De medische kennis die erin beschreven stond, had Jezus toen al geboeid en hij was dan ook razend enthousiast dat Lamaas nu de complete versie in het Grieks voor hem had. Met name de opvatting dat ziekte ontstaat door een disbalans tussen lichaam en geest sprak hem aan en hij was vastbesloten zich de uitgebreide kruidenleer, waarmee je die balans weer kon herstellen, eigen te maken. Daarom was hij tussen de lessen door regelmatig in de kruidentuin van de tempel te vinden. En af en toe vertelde Lamaas hem korte wijsheidsverhalen die op simpele wijze de betekenis van geloof duidelijk maakten. Ook vandaag had hij er eentje in petto.

"Zeg Jezus," vroeg hij. "Had ik je dat verhaaltje al verteld over die vader en zijn zoon?"

Vol verwachting keek Jezus op van zijn boek.

"Volgens mij niet," zei hij nieuwsgierig.

"Dan wordt die het vandaag," lachte Lamaas en hij vertelde:

"Op een dag zei een vader tegen zijn zoon: 'Doe wat zout in dit water en wacht tot morgen.' De zoon deed zoals zijn vader had gezegd. De volgende ochtend zei zijn vader: 'Haal nu het zout voor me.' De zoon keek in het water en zocht het zout, maar hij kon het niet vinden omdat het was opgelost. De vader zei nu: 'Proef het water, zoon. Waarnaar smaakt het?' 'Naar zout', antwoordde de zoon. 'Precies', zei de vader. 'Zo is het nu ook met het Goddelijke. Je merkt het misschien niet, maar het zit in alles, zoals het zout in dit water. En dat is de waarheid en ziel van het geloof.'"

"Wat een leuk verhaal!" verzuchtte Jezus. "Wat bijzonder toch, hoe je met zo'n eenvoudige vertelling de kern van alles kunt raken. Misschien moet ik mijn boodschap later ook op die manier brengen. Ik zal het mijn Vader eens voorleggen."

Zoals zo vaak trof het Lamaas dat Jezus zo vanzelfsprekend over God als over zijn Vader sprak. Een beetje schuchter vroeg hij:

"Vergeef me Jezus, dat ik je zo'n persoonlijke vraag stel, maar overleg je altijd alles eerst met je Vader? En ... ben jij echt de zoon van God?"

Jezus schoot in de lach.

"Nee, natuurlijk niet!" zei hij geamuseerd. "Natuurlijk ben ik niet de zoon van God, tenminste: niet anders dan u dat ook bent. Maar God noemt mij altijd zijn zoon en daarom ben ik Hem mijn Vader gaan noemen. En natuurlijk ook omdat ik de manier waarop ik Hem ervaar alleen maar kan vergelijken met de liefde van een vader voor zijn kind, snapt u?"

"Misschien ...," knikte Lamaas aarzelend. "Ik ken het gevoel op die manier zelf niet, maar ik kan me er wel iets bij voorstellen. En hoe overleg je dan met Hem, hoe weet je hoe Hij over dingen denkt?"

"Soms hoor ik Zijn stem," legde Jezus uit. "Maar dat is maar heel af en toe hoor. Vaker is het ...," hij zocht even naar woorden, "als een gedachte die helder in mijn hoofd komt maar waarvan ik weet dat hij niet van mij is. Het klinkt misschien raar maar zo is het wel. Bijvoorbeeld tijdens de dienst in Jeruzalem, en bij alle vragen die u me onderweg stelde, dan weet ik gewoon wat ik moet zeggen. Ik weet niet..., ik hoef er niet over na te denken. Dus ik neem aan dat wanneer ik straks écht Zijn boodschap ga brengen, het ook zo zal gaan."

"Wat lijkt me dat fijn, zo'n duidelijk toekomstperspectief," verzuchtte Lamaas. "Ikzelf voel me de laatste tijd zo ... zoekend. Vaak vraag ik me af of ik hier nog wel moet blijven."

"Nou, voorlopig zult u wel moeten!" grapte Jezus. "U moet me immers dat Sanskriet leren!"

Lamaas glimlachte even. Maar toen vervolgde hij ernstig:

"Nee, even zonder gekheid Jezus, ik meen het. Ik vind het best moeilijk om te bepalen welke weg de beste voor me is. Omdat ik twijfelde ben ik op reis gegaan en kwam ik jou zomaar tegen. En door wat ik zie en hoor van jou, weet ik het eerlijk gezegd nog minder. De ervaring die jij hebt met jouw God is zo anders dan hoe ik het beleef. Ik weet echt niet meer wat ik nu moet."

"Nou, u bent me vast niet 'zomaar' tegen gekomen," zei Jezus stellig. "Niets gebeurt zonder reden. Kennelijk is het de bedoeling dat ik u help bij uw zoektocht. Nu, dat doe ik heel graag, gezien de moeite die u doet om mij les te geven. Ik denk dat als we alles maar gewoon op ons af laten komen, we allebei vanzelf vinden wat voor ons bestemd is. En zullen we nu verder gaan met de les? Hoe eerder ik dit ken hoe beter, lijkt het."

Lamaas aarzelde. Eigenlijk wilde hij nog wat langer met Jezus van gedachten wisselen. Maar tegelijkertijd besefte hij dat de jongen waarschijnlijk gelijk had: hij moest leren leven in dit moment en niet altijd willen proberen de toekomst te doorgronden. En op dit moment waren ze bezig met een les Sanskriet.

"Vooruit maar," knikte hij berustend. "Waar waren we ook al weer gebleven? Oh ja, les zes, bladzijde vierenzeventig."

Hij zocht de goede bladzijde op en gebroederlijk bogen ze zich weer over het boek.

Na een lange tijd van droogte brak op een dag de moesson aan. Van het ene op het andere moment begon het te regenen. En niet zo maar te regenen: de regen kwam werkelijk met bakken uit de lucht. Jezus, die bezig was een kopie van de Ayur Veda te schrijven, legde zijn pen neer en haastte zich naar het venster. Zijn mond viel open van verbazing. Natuurlijk regende het in Israël wel eens. Maar zoals dit was voor hem absoluut nieuw. De regen roffelde op het dak en maakte een enorm kabaal. Binnen de kortste keren vormden zich grote plassen op het plein. Zelfs het dichte bladerdak van de bomen was niet in staat het water tegen te houden. Opeens zag hij een jongen het natuurgeweld trotseren. Zich niet bekommerend om zijn kleding die kleddernat werd, danste hij door de regen. Enthousiast sprong hij in de plassen en hij hield zijn handen op als een kommetje en dronk er regenwater uit. Jezus schoot in de lach. Een hevig verlangen om net zo te doen als die jongen overviel hem. Hij bedacht zich geen moment en rende naar buiten. Binnen enkele seconden was ook hij doorweekt. Het water liep met stralen van zijn haren, over zijn gezicht, uit de mouwen van zijn hemd. Hij nam een spurt over het plein, stampte met zijn voeten in de plassen en hield zijn mond wijd open om het water te proeven. En hij genoot met volle teugen.

De jongen hield zich wat verlegen afzijdig. Maar Jezus rende op hem af, greep zijn handen en trok hem mee. Verrast liet de jongen zich meevoeren. Ze renden nu hand in hand, draaiden rondjes om elkaar heen en dansten en sprongen in de plassen, elkaar vol vreugde aankijkend. Toen gingen ze op zoek naar iets waar ze de regen in konden opvangen. Al snel vonden ze twee kommen en ze probeerden elkaar nat te gooien, ondertussen de raarste capriolen uithalend om elkaar te ontwijken. Ze schaterlachten beiden, hun ogen stralend van plezier tot ze uiteindelijk buiten adem neervielen onder de veranda. Opgetogen keek Jezus de jongen aan en hij vroeg hijgend:

"Wie ben jij eigenlijk? Volgens mij heb ik jou hier nog nooit gezien." "Ik ben Rajiv," antwoordde de jongen, ook nog nahijgend. "Normaal gesproken kom ik hier ook nooit. Maar al spelend kwam ik hier per ongeluk terecht. Zeg: de priesters hebben me toch niet gezien?"

Argeloos haalde Jezus zijn schouders op.

"Geen idee," zei hij. "Maar dat maakt toch niet uit? Kom, ga mee naar de keuken, dan kun je wat eten. En ik zal je wat van mijn kleren geven. Die van jou zijn doorweekt."

Rajiv schoot in de lach.

"Die van jou zeker niet!" schaterde hij. "En je hoeft me niets te geven hoor. Ik ben immers zo weer nat."

Jezus lachte verlegen.

"Dom van me," gaf hij toe. "Jammer genoeg kan ik er niet voor zorgen dat het ophoudt met regenen. Maar in ieder geval kun je je even drogen."

Hij nam Rajiv mee naar de keuken, zorgde voor wat handdoeken en gaf hem te eten. De jongen viel op de eenvoudige maaltijd aan.

"Heb je zo'n honger?" vroeg Jezus, verbaasd kijkend naar de snelheid waarmee het voedsel in Rajiv's mond verdween.

"Ik heb al een paar dagen niets gehad," knikte Rajiv al kauwend. "Dus dit gaat er wel in!"

"Hoe kan dat?" vroeg Jezus meelevend. "Heb je geen ouders die voor je zorgen?"

Er trok een zweem van verdriet over Rajiv's gezicht.

"Jawel," zei hij zacht. "Maar mijn vader heeft geen werk dus is er vaak geen geld om eten te kopen. En een huis hebben we ook niet, zoals de meeste van ons trouwens. Meestal zwerf ik dan ook wat rond en probeer met klusjes wat te verdienen. Niet dat dat erg is. Je raakt eraan gewend op straat te leven. Maar tijdens de moesson is het wel eens lastig."

Jezus had zijn woorden met stijgende verontwaardiging aangehoord.

"Maar waarom leven er dan zoveel mensen op straat?" vroeg hij verwonderd. "Is er niemand die zijn best doet om jullie te helpen?" Rajiv wilde zijn vraag beantwoorden, maar hun gesprek werd onderbroken doordat een van de priesters de keuken binnenkwam. Zodra hij Rajiv in de gaten kreeg slaakte hij een kreet van verbijstering en vol afgrijzen riep hij uit:

"Wat doet die jongen hier in vredesnaam!"

Zich van geen kwaad bewust keek Jezus hem aan.

"Ik heb hem meegenomen," legde hij uit. "We hebben buiten in de regen gespeeld en zitten nu even op te drogen."

Vol afschuw staarde de priester hem aan.

"Hoe kom je op het idee!" viel hij heftig uit. "Je ziet toch wel dat hij een kastenloze is, een onaanraakbare en onrein. Je hebt hem toch niet aangeraakt, mag ik hopen?"

Stomverbaasd luisterde Jezus naar wat hij zei. Waar had die man het over? Niet begrijpend draaide hij zich naar Rajiv. Tot zijn grote verbazing zag hij dat de uitbundige, zelfbewuste jongen die net nog naast hem had gezeten, ineens was veranderd in een onderdanig en in elkaar gezakt poppetje. Bezorgd legde hij zijn hand op Rajiv's schouder.

"Wat is er? Voel je je niet goed?"

Rajiv wilde iets zeggen maar de schrille stem van de priester onderbrak hem.

"Raak hem niet aan!" riep hij uit en ruw trok hij Jezus weg bij de tafel. Wild schudde hij hem door elkaar en vol venijn beet hij hem toe:

"Hoe kon je dit doen! Ga onmiddellijk naar je kamer en blijf daar tot een van ons bij je komt!"

Hij duwde Jezus de keuken uit en draaide zich toen om naar Rajiv. Tot zijn grote opluchting had de jongen zich al uit de voeten gemaakt. Door de openstaande deur zag hij hem weg rennen, de plassen waarin hij zojuist nog had gedanst zorgvuldig ontwijkend tot hij tussen de struiken verdween.

Ondertussen stond Jezus, die zich nog steeds van geen kwaad bewust was, besluiteloos op de gang. Hij voelde er niets voor zich als een klein kind naar zijn kamer te laten sturen. Want wat had hij in vredesnaam fout gedaan? Het regenwater sijpelde nog langs zijn rug naar beneden maar van het plezier dat hij zojuist met Rajiv had gehad was weinig over. Zo vond Lamaas hem.

"Hé, wat sta jij hier verloren," zei hij vriendelijk. "Is er iets? En wat ben je nat!"

Opgelucht keek Jezus zijn vriend aan.

"In mijn ogen is er niets," zei hij verongelijkt. "Dus ik hoop dat u me kunt vertellen wat ik heb misdaan."

Hij vertelde wat er was gebeurd. Bezorgd keek Lamaas hem aan.

"Ik denk dat ik je iets moet uitleggen," zei hij ernstig. "Kom, we gaan naar mijn kamer."

Hij knikte geruststellend naar de priester die uit de keuken kwam om te zien of Jezus wel naar zijn kamer was gegaan, en ging Jezus voor. In zijn kamer gaf hij hem eerst een doek zodat hij zich verder kon afdrogen. Toen trok hij hem naast zich op de bank.

"Ik begrijp heel goed dat jij je van geen kwaad bewust bent," zei hij meelevend. "Want in jouw land zou dit inderdaad geen kwaad kunnen. Dus hoe kon je weten dat het hier zo gevoelig ligt."

En hij vertelde Jezus dat lang geleden een vreemd volk India was binnengevallen, en dat zij de oorspronkelijke bevolking, de Dravidiërs, aan zich had onderworpen. Tot op de dag van vandaag werden de Dravidiërs als tweederangs burgers beschouwd. Zij behoorden niet tot een kaste en werden onaanraakbaren genoemd. Hun levensomstandigheden waren vaak schrijnend maar niemand kon iets doen om dit te verbeteren. Met deze mensen omgaan was immers uit den boze omdat ze onrein waren. Geheel onbedoeld had hij, door Rajiv mee te nemen, de keuken nu ook onrein gemaakt en de priesters moesten hem volgens strenge rituelen schoonmaken om onheil te voorkomen. En ook hijzelf moest zich eerst ritueel reinigen voor hij überhaupt nog een stap in de tempel zou mogen zetten. Verbaasd hoorde Jezus het hele verhaal aan. Toen Lamaas was uitgesproken vroeg hij:

"Waarom heeft u dit niet eerder verteld, Lamaas. Ik ben nu al zo lang hier, maar hier heeft u nog nooit over gesproken."

Beschaamd haalde Lamaas zijn schouders op.

"Ik ben niet zo trots op dit aspect van onze cultuur," antwoordde hij beschroomd. "Jou kennende was ik bang dat je je studie niet zou willen vervolgen als je dit zou weten. En dat zou ik zo jammer vinden, want onze godsdienst heeft ook zoveel mooie kanten, die mij vooralsnog de doorslag geven om hier te blijven. Maar als je je nu reinigt is alles weer goed."

Hij nam Jezus mee naar de badruimte. Alleen om zijn vriend niet teleur te stellen onderwierp Jezus zich gelaten aan het uitgebreide ritueel. Maar zijn gevoel voor rechtvaardigheid schreeuwde het uit. Want hoe kon je in vredesnaam onrein worden enkel en alleen door een ander mens aan te raken! Toen ze klaar waren zei Lamaas dringend:

"Ik denk dat je nu naar de keuken moet gaan om je hulp aan te bieden. Je hebt vrees ik wat goed te maken."

Stuurs keek Jezus hem aan.

"Ik vind het prima om te helpen met schoonmaken," zei hij toen vlak. "Maar verwacht niet dat ik mijn excuses aanbied. Want in mijn ogen is alles wat u me hebt verteld onrechtvaardig en ik ben niet van plan me daaraan te conformeren!"

Lamaas zag zijn onverzettelijkheid en bezorgd vroeg hij zich af of Jezus de priesters met zijn eigenzinnige houding niet al te zeer tegen zich in het harnas zou jagen. Het advies van Lamaas opvolgend ging Jezus terug naar de keuken. Tot zijn grote verbazing waren de priesters al begonnen alles systematisch schoon te maken. Kasten werden uitgesopt, de vloer minutieus geboend. De stoel waarop Rajiv had gezeten werd in stukken geslagen en verbrand. Langzaam drong het tot Jezus door dat Lamaas niet had overdreven. Dit lag inderdaad erg gevoelig! Hij besloot zich voorlopig te schikken en hielp zo goed hij kon. Maar de onbevangenheid waarmee de priesters hem tot dan toe hadden benaderd was weg en vanaf die dag hielden ze hem nauwlettend in de gaten.

Het kostte Jezus bijna anderhalf jaar om het Sanskriet volledig te doorgronden. Maar zijn beloning was groot. Want eindelijk kwam de mystieke Indiase literatuur, zoals de epische Mahabharata en Ramayana, tot zijn beschikking. Er ging een wereld voor hem open. Hoewel de veelkleurigheid van de vele goden hem verbaasde, voelde hij zich geraakt door de leer van zielsverhuizing en verlossing, die de mens uitzicht bood op groei, dichter en dichter naar God toe om uiteindelijk opgenomen te mogen worden in het Goddelijke zelf. Het besef dat dit voor de meeste mensen een lange, moeizame weg was, en dat hijzelf al zo dicht bij God mocht verblijven trof hem diep en nog inniger voelde hij zich verbonden met zijn Vader.

Nu hij het Sanskriet beheerste, richtte Jezus zich op de godheid Brahma om te zien of hij iets van de verbondenheid met Abraham en Jahweh, waarover Lamaas had gesproken, kon ontdekken. Al snel raakte hij diep teleurgesteld. Behalve dat Brahma als schepper van het universum werd genoemd, herkende hij verder niets in hem dat hem aan zijn Vader zou kunnen herinneren. In veel geschriften werd Brahma afgespiegeld als een leugenachtige figuur die verliefd was op Shatarupa, nota bene zijn eigen dochter. Op prenten zag hij Brahma afgebeeld met vijf hoofden. Deze waren ontstaan toen hij zijn blik op zijn dochter had laten vallen. Oppergod Shiva had hem als straf voor zijn incestueuze gedrag zijn vijfde hoofd afgehakt. Op de plaats waar dit was gebeurd, was de tempel van de Brahmaanse priesters, waar hij zich nu bevond, gebouwd. Ook in het scheppingsverhaal van Brahma, een van zijn favoriete verhalen uit de Thora, herkende hij niets. Hij verbaasde zich erover hoe de schepping van de mensheid werd beschreven en hoe dat had geleid tot het in zijn ogen zo onrechtvaardige kastenstelsel. Met Lamaas was hij regelmatig in de stad geweest en hij had de directe gevolgen van dit stelsel gezien. Het had hem geschokt. Vooral de mensen uit de laagste kaste, die van de dienaren, leken wel rechteloos. Het feit dat ze hem, omdat hij uit de tempel kwam, niet eens durfden aankijken bracht hem in grote verlegenheid. En ook had hij de omstandigheden gezien waarin Rajiv moest zien te overleven. Want de onaanraakbaren waren nog minder goed af en woonden als uitgestotenen in krottenwijken, als ze al een woning hadden.

Op een dag zat Jezus tussen de priesters in de gebedsruimte. Denkend aan het scheppingsverhaal van Brahma en alles wat hij had gezien in de stad kon hij het niet laten om te vragen:

"Wees zo goed alstublieft, en vertel mij meer over de kasten. Waarom zijn mensen voor Brahma niet gelijk? Dat begrijp ik niet."

Een van de priesters stond op en nam het woord.

"Zeker wil ik je dat uitleggen," zei hij. "Toen Brahma de mens schiep, deed Hij dat zoals Hij het goed achtte, en wij hebben niet het recht ons daarover te beklagen. Uit Zijn mond kwam de eerste mens. Deze was als Brahma zelf en werd een brahmaan genoemd. Brahma benoemde hem als priester, die voor Hem in alle aardse aangelegenheden moest handelen. De tweede mens kwam uit Zijn hand. Deze mens is geschapen om koning te zijn, of regeerder of krijgsman, en zijn hoogste plicht is het beschermen van de priester. Uit Zijn dijbeen kwam de derde mens. Zijn taak is de grond te bebouwen en schapen en vee te hoeden. Uit Zijn voeten tenslotte kwam de vierde mens en hij is de dienaar van het menselijke ras. Hij heeft geen rechten die anderen hoeven te respecteren. Hij mag niet luisteren als de heilige geschriften worden gelezen, hij mag de priester en de koning niet aankijken. Doet hij dit toch, dan moet hij sterven en alleen de dood kan hem uit deze staat van dienstbaarheid bevrijden. Op deze wijze is nu ook onze maatschappij ingericht. Ieder heeft zijn taak en kent deze. Ik zie niet in waarom dit niet goed zou zijn. We kunnen toch niet allemaal dezelfde taken uitvoeren? En door in dit aardse leven je taak goed te volbrengen kun je in een volgend leven wellicht in een andere kaste terechtkomen en zo jezelf verheffen."

Verbijsterd had Jezus geluisterd. Toen de priester was uitgesproken stond ook hij op en hij sprak scherp:

"Ik vind dat door dit alles een grote groep mensen ernstig onrecht wordt aangedaan. Want waarom zou een mens zich niet tijdens dit leven al mogen verheffen? Iedereen heeft immers het recht om God te leren kennen! Ik kan Brahma dan ook niet zien als een rechtvaardige god want hij heeft de één verheven en de ander verlaagd. En dan heeft u het nog niet eens gehad over de onaanraak-baren! Ik begrijp waarom: in uw ogen bestaan zij niet eens. Maar hoe zou dat rechtvaardig kunnen zijn!"

En hij knielde neer en met een innige klank in zijn stem bad hij:

"Mijn lieve Vader, die was, is en altijd zal zijn: U bent de rechtvaardigheid zelf. U hebt in Uw grenzeloze liefde alle mensen tot gelijken gemaakt. De priesters, de koningen, de landbouwers en de dienaren zijn allen gelijk in Uw ogen. En iedereen, ook de onaanraakbaren, mogen U in het gelaat zien en zeggen: onze Vader die in de hemel is, Uw naam wordt geheiligd. Uw Koninkrijk kome en U, de ware God van liefde, zult regeren voor altijd."

Geërgerd hoorden de priesters zijn woorden aan en hun frustratie kwam tot een uitbarsting. Als één man stonden ze op en grepen hem ruw vast. Jezus schrok. Zo'n felle reactie had hij niet verwacht. Hij voelde hun woede en hun handen deden hem pijn.

"Hé, waarom doen jullie dit! Laat me los!" zei hij heftig en hij probeerde zich uit hun greep te bevrijden.

Maar dit lukte niet. Gelukkig kwam Lamaas tussenbeide. Scherp sprak hij:

"Alsjeblieft broeders, doe dit niet, want jullie weten niet wie je hier tegenover je hebt! Maar ik ken de God, die deze jongen aanbidt. Ik heb hem in gebed gezien, en gezien dat een licht, mooier en schitterender dan dat van de zon, hem omgaf. Dus weet wat jullie doen, want zijn God kon wel eens machtiger zijn dan Brahma!"

Verstoord keken de priesters op. Dat Lamaas het zo schaamteloos voor deze jongen opnam stond hen absoluut niet aan. Toch hadden zijn woorden effect want vooralsnog lieten ze Jezus los en deze zond zijn vriend een dankbare blik toe. Hij wreef zijn armen en begreep dat hij waarschijnlijk een paar flinke blauwe plekken aan hun actie zou overhouden. En Lamaas vervolgde, in een poging zijn broeders te overtuigen:

"Vrienden, is verdraagzaamheid niet een van de peilers waarop onze religie stoelt! We kunnen Jezus toch niet dwingen zijn mond te houden. En mocht hij ongelijk hebben, dan zullen zijn woorden niets uitrichten. Het recht zegeviert immers altijd."

Maar zo snel gaven de priesters het niet op. Lamaas was weliswaar een autoriteit binnen hun orde, maar dit betekende niet dat hij het in zijn eentje voor het zeggen had. En een van hen zei verontwaardigd:

"Waarom zouden wij naar jou luisteren, Lamaas! En waarom heb je deze jongen eigenlijk ooit meegenomen? Als je die God van hem zo goed vindt, wat doe je dan nog hier. Zijn onze wetten niet duidelijk? Wie Brahma beledigt, en dat nog wel hier, in Zijn eigen heiligdom, moet sterven!"

Zijn opruiende woorden vonden bijval en voordat Jezus het in de gaten had, grepen ze hem opnieuw vast. Al met al was de toestand er niet beter op geworden en zijn hart klopte nu in zijn keel van schrik. Ook Lamaas schrok. Hij zag onmiddellijk de ernst van de situatie in. Heftig liep hij op zijn broeders toe en dringend zei hij:

"Broeders alsjeblieft, doe dit niet. Wij kunnen deze jongen toch niet ombrengen omdat wij het niet eens zijn met wat hij zegt! Waarom zijn we niet in staat zelf ook eens kritisch te kijken naar wat we uitdragen. Want wat als hij gelijk heeft? Hoe zal God over ons oordelen als wij hem zo maar vermoorden?"

De priesters aarzelden. Jezus' stellige houding had hen vaker verrast en het idee dat ze zich wel eens de wraak van zijn God op de hals zouden kunnen halen beangstigde hen. Kort keken ze elkaar aan. Toen lieten ze hem los. Zowel Jezus als Lamaas haalde opgelucht adem. Maar een van de priesters zei kortaf:

"Luister Jezus, deze keer zullen wij je leven sparen. Maar we willen niet dat je hier nog langer blijft. Je krijgt tien minuten om je spullen te pakken en dan vertrek je!"

Ze dreven hem voor zich uit naar zijn kamer en keken toe hoe hij met trillende handen zijn weinige bezittingen in een tas pakte. Lamaas was diep geschokt. Geen acht slaand op zijn broeders omhelsde hij Jezus innig en hij fluisterde in zijn oor:

"Zoek Rajiv. Hij zal je zeker helpen. En laat je niet monddood maken! Blijf trouw aan waar je voor staat!"

Ontroerd om zijn moed sloeg Jezus even zijn armen om hem heen. Toen knikte hij dat hij zover was. Ze brachten hem tot buiten het tempelcomplex en lieten hem daar aan zijn lot over. Nog even keek Jezus naar de plek waar hij toch enkele jaren van zijn jonge leven had doorgebracht. Toen draaide hij zich om en met pijn in zijn hart ging hij zijn weg.

Tegen de avond bereikte hij de stad. Hij besloot de raad van Lamaas op te volgen en op zoek te gaan naar Rajiv. Hij beproefde zijn geluk in de krottenwijk waar de meeste onaanraakbaren probeerden toch nog iets van een bestaan op te bouwen. Tussen de schamele optrekjes die de mensen van oude rommel hadden opgetrokken zocht hij naar de jongen. Zonder resultaat tot een man, zittend op een gammel krukje, hem vroeg:

"Kan ik je misschien helpen? Zo te zien hoor jij hier niet thuis."

"Wie weet," antwoordde Jezus. "Ik zoek ene Rajiv, een jongeman van ongeveer mijn leeftijd. Weet u of hij hier een woning heeft?"

"Een woning nog wel!" lachte de man schamper. "Nou, als je het een woning wilt noemen ... Wanneer je daar om die berg vuilnis loopt en dan rechts, daar woont een vrouw met een zoon Rajiv."

Jezus bedankte hem hartelijk en volgde zijn aanwijzingen op. Al snel zag hij een klein bouwwerk van latten waarover enkele doeken waren gespannen. In de schaduw eronder zat een vrouw. Ze was bezig wat wortels te schrappen.

"Pardon mevrouw," sprak Jezus haar aan. "Ben ik hier goed voor Rajiv? Ik heb hem een keer ontmoet in de tempel."

De vrouw keek op. Onmiddellijk zag Jezus de gelijkenis met Rajiv in haar gezicht. Spontaan riep hij uit:

"Nou, dat kan niet missen! Rajiv lijkt sprekend op u. U moet zijn moeder zijn!"

De vrouw lachte.

"Ja, dat klopt. Iedereen zegt altijd dat we zo op elkaar lijken. Maar Rajiv is er helaas niet. Al meer dan een jaar geleden is hij naar Nepal vertrokken om zich aan te sluiten bij de Boeddhisten. Hij had er schoon genoeg van om als uitschot te worden behandeld. En de Boeddhisten hebben afstand genomen van het kastenstelsel. Daarom wonen veel van ons nu daar."

"Oh ...," reageerde Jezus verbaasd. "Ik dacht dat Boeddha een god uit het Hindoe geloof was? Zo heb ik het tenminste geleerd. Hij is toch een, eh, een avatar? Een incarnatie van jullie god Vishnu?"

"Ik kan me voorstellen dat je het zo hebt geleerd," antwoordde de vrouw. "Maar het is niet de waarheid. Boeddha is geen god, maar was een mens die tot verlichting is gekomen. Hij woonde en predikte hier vlakbij in Sarnath. Zijn volgelingen proberen net als hij verlichte mensen te worden."

Jezus liet haar woorden even bezinken.

"Wat mooi," zei hij toen. "Zelfverwerkelijking is immers dé weg naar God. Wat goed dat Rajiv die stap heeft genomen. Daar is best moed voor nodig!"

Zijn moeder knikte trots.

"Ja, daar is moed voor nodig," beaamde ze. "Maar volgens mij heb jij daar ook een rol in gespeeld. Jij bent toch die Hebreeuwse jongen die hem een keer eten heeft gegeven, ook al wist je dat de priesters dat niet goed zouden vinden? Ook daar was moed voor nodig! Jij hebt dus het goede voorbeeld gegeven."

"Nou, zo ging het niet helemaal," biechtte Jezus echter eerlijk op. "Toen ik dat deed, wist ik nog niets van het kastenstelsel en ik begreep niet waarom de priesters zo boos waren. Nu weet ik beter en ik heb hen duidelijk gezegd hoe ik erover denk. Daarom mag ik niet meer in de tempel komen. Eerlijk gezegd ben ik blij dat ik hier levend voor u sta. Wanneer een goede vriend het niet voor mij had opgenomen, hadden de priesters mij misschien wel omgebracht."

Even trilde zijn stem, want het hele gebeuren had hem meer geraakt dan hij wilde toegeven. Vol medeleven keek de vrouw hem aan.

"Dus je hebt geen onderdak meer," begreep ze.

Jezus knikte.

"Vandaar dat ik op zoek was naar Rajiv. Ik hoopte dat hij me wat wegwijs had kunnen maken. Maar dat gaat dus niet lukken."

Besluiteloos keek hij om zich heen. Voor het eerst in zijn leven wist hij niet wat hij moest doen. Rajiv's moeder zag zijn verwarring.

"Kom, ga even zitten," zei ze vriendelijk. "Dan haal ik iets te drinken voor je."

Ze stond op en bood hem haar enige stoel aan. Jezus glimlachte dankbaar en terwijl zij weg was, overdacht hij wat hij zou doen. Hij kon naar het noorden gaan om Rajiv bij de Boeddhisten te zoeken. Hij was wel nieuwsgierig naar de leer van deze Boeddha en hij zou zich daar vast beter thuis voelen dan in de tempel van de Brahmanen. Of hij kon terugkeren naar Galilea. Hij was al meer dan vijf jaar van huis en zijn moeder zou hem vast graag willen zien. Maar was dat de beste keus? Hij stond op, rekte zich uit en monsterde het afdakje van de vrouw met zijn timmermansoog. Zijn handen jeukten want hij zag dat met eenvoudige middelen hier nog wel wat beters van te maken viel. In een opwelling dook hij in zijn tas en diepte het gereedschapssetje op dat zijn vader in Jeruzalem in zijn tas had gestopt. Jaren had hij zich afgevraagd wat hij er in vredesnaam mee moest, maar nu kon het zijn dienst bewijzen. En zijn besluit was genomen. Voorlopig zou hij in India blijven. In ieder geval wilde hij Rajiv's moeder een beter onderkomen bezorgen. Daarna zag hij wel weer verder. Toen de vrouw terugkwam met een pannetje melk vroeg hij haar of hij die nacht mocht blijven slapen. En de volgende dag toog hij aan het werk. Hij zocht tussen de rommel die overal lag en vond een oude kar waarvan hij planken zaagde. Hiermee verstevigde hij de wanden van het huisje. Daarna liep hij naar de rivier en sneed zoveel riet als hij kon dragen. Handig vlocht hij een stevige mat en maakte die vast over de doeken zodat een waterdicht dak ontstond. Rajiv's moeder was de koning te rijk. Er kwamen wat mensen kijken naar zijn noeste arbeid.

"Waarom doe je dit?" vroeg een man nieuwsgierig.

"Waarom niet?" reageerde Jezus eenvoudig.

"Omdat er toch nooit iemand naar ons omkijkt," zei de man gelaten.

"En dat vind ik niet terecht," antwoordde Jezus. "Iedereen heeft immers recht op een goed leven. En God heeft mij opdracht gegeven mensen gelukkiger te maken. Dus probeer ik dat te doen."

Bevreemd keek de man hem aan.

"Doe je dit uit naam van jouw God?" vroeg hij. "En wie is die God dan wel?"

"Mijn God noemt zichzelf Jahweh," legde Jezus uit. "Maar ik noem Hem mijn Vader, omdat Hij als een vader van mij houdt. En Hij wil ook jullie vader zijn, want iedereen is een kind van God. Of je nu onaanraakbare bent, of priester of landbouwer, mijn Vader houdt van iedereen. Want Hij is de God van liefde."

De man zette grote ogen op. Zoiets had hij nog nooit gehoord! En een ander zei:

"Wij hebben vele goden, maar deze God, Jahweh, kennen we niet. Hoe kunnen we Hem leren kennen?"

"Dat is heel makkelijk," antwoordde Jezus. "Want Hij woont in je eigen hart. Daar spreekt Hij met Zijn liefdevolle, zachte stem. Dus wees stil, en je zult Hem horen. En heb je Hem gevonden, eer Hem dan. Eer Hem door de mensen om je heen te eren en te helpen, want wat je doet voor een ander, dat doe je voor God."

"Dus omdat jij nu deze vrouw helpt, eer je jouw God?" vroeg de man.

"Precies!" knikte Jezus. "En ik vind het nog leuk ook! Dus als u nog een klusje voor mij hebt, dan hoor ik het graag."

Verbluft keek de man hem aan. Toen schoot hij in de lach.

"Nou," zei hij. "Dat krukje van mij is wel erg gammel. Als je daar een paar nieuwe poten onder zou willen maken, graag!"

"Geen probleem," lachte Jezus. "Ik kom straks wel even langs."

En die middag repareerde hij het krukje van de man. In de weken die volgden werd hij een bekende verschijning in de krottenwijk. Velen vroegen hem om hulp en overal waar hij kwam waren de mensen onder de indruk van zijn integriteit. Het feit dat hij zonder enige schroom met hen praatte maakte hem populair, niet alleen onder de onaanraakbaren, maar al snel ook in de rest van de stad en zelfs daarbuiten. Ook zonder dat ze een klusje voor hem hadden, zochten mensen hem op om naar hem te luisteren. Jezus voelde Gods goedkeuring voor wat hij deed in zijn hart. Ondanks het feit dat hij geen vaste woonplaats had en een zwervend bestaan leidde, voelde hij zich intens gelukkig. Altijd wist hij een bed en een maaltijd te vinden en iedere avond dankte hij zijn Vader dat hij zoveel mensen hoop op een beter leven mocht geven, om daarna tevreden te gaan slapen.

Maar deze nacht werd zijn rust ruw verstoord. Iemand bonsde hard op het luik voor zijn venster en hij schrok wakker. Slaapdronken kwam hij overeind en nog soezerig opende hij het luik. Tot zijn grote verbazing zag hij Lamaas voor zich staan.

"Lamaas? Wat doet u hier?" vroeg hij verwonderd. "Het is middenin de nacht! Ieder normaal mens slaapt om deze tijd. Of is er iets aan de hand, moet ik u misschien ergens mee helpen? Wacht, ik doe de deur wel even open."

Maar Lamaas onderbrak hem en heftig fluisterde hij:

"Maak je geen zorgen, met mij is alles goed. Maar ik kom je waarschuwen. De priesters zijn razend. Er komen steeds minder mensen naar de tempel en ze geven jou daarvan de schuld. En nu hoorde ik dat ze een sluipmoordenaar willen inhuren om je te doden. Dus vlucht voor het te laat is!"

Nog steeds niet helemaal wakker staarde Jezus zijn vriend aan. Toen drong langzaam zijn boodschap tot hem door. Verontwaardigd sprak hij:

"Vluchten? Dat meent u niet! Ik ga me toch zeker niet als een misdadiger uit de voeten maken! Ik heb niets verkeerds gedaan en ik kan de mensen hier tot hulp zijn. Dus vergeet het maar, ik blijf!"

Lamaas slaakte een vertwijfelde zucht.

"Alsjeblieft Jezus, dit is niet het moment om eigenwijs te gaan doen," zei hij dringend. "Natuurlijk heb je niets misdaan. Maar je wilt hier toch niet het leven laten? Toe, wees verstandig. Ik maak geen grapje! Of wil je echt dat het hen lukt je uit te schakelen en je lichaam te laten verdwijnen zodat niemand ooit nog van je zal horen!"

Jezus aarzelde. Hij begreep dat het zijn vriend ernst was en dat hij hem niet zou hebben gezocht als het niet echt nodig was. Hij zuchtte diep. Toen grabbelde hij zijn spullen bij elkaar en kleedde zich aan, zij het met grote tegenzin. Hij pakte zijn tas en klom uit het venster. Lamaas omhelsde hem opgelucht.

"Mijn lieve, lieve kind," zei hij ontroerd. "Wat ben ik veel van je gaan houden en wat zal ik je missen. Het ga je goed. Zul je voorzichtig zijn? En probeer zo snel mogelijk het land te verlaten, beloof je dat?"

Jezus knikte stil. Tranen prikten achter zijn ogen want Lamaas was al die tijd een goede vriend voor hem geweest. Zacht vroeg hij:

"En u Lamaas, wat gaat u nu doen?"

"Ik heb besloten om naar Nepal te gaan, om me aan te sluiten bij de Boeddhisten," antwoordde Lamaas. "Ik voelde me in de tempel toch al niet meer thuis, zoals je weet. En ik voel dat dit de weg is die ik moet gaan."

"Ja, dat is een goed besluit," knikte Jezus. "Ik wens u veel geluk. En wie weet komt u Rajiv daar wel tegen. Zult u hem de groeten doen?"

"Dat zal ik zeker doen, Jezus!" beloofde Lamaas. "En nu wegwezen jij, dan heb je een flinke voorsprong!"

Nog eenmaal omhelsden ze elkaar. Toen verdween Jezus in de donkere nacht. En Lamaas dankte God dat zijn jonge vriend ongedeerd was ontkomen en hij vroeg Hem deze zuivere ziel toch vooral te bewaren voor alles wat hij nog in zijn leven zou tegenkomen.

Perzië

Na weken reizen bereikte Jezus Perzië en hier voelde hij zich veilig. Tijdens zijn tocht door de barre grensstreek had hij tijd genomen om terug te kijken en hij besefte hoe hij was veranderd. Toen hij met Lamaas was meegegaan was hij nog een kind geweest, onbezonnen en naïef. Hoeveel wijzer was hij nu, op zijn achttiende. Hij had al ondervonden wat de abt had voorspeld: dat zijn boodschap weerstand zou oproepen. Maar hij had ook gemerkt daarvoor niet terug te schrikken.

Nu hij in het land van Zarathustra was, wilde hij meer over zijn zielsverwant te weten komen. Aangezien de echter kenners van oude teksten in Persepolis studeerden, besloot hij naar deze beroemde stad te gaan. Onderweg sloten steeds meer mensen zich bij hem aan. Onder de indruk van zijn persoonlijkheid wilden ze in zijn gezelschap verder reizen. Hoewel Jezus vereerd was dat er zoveel vertrouwen in hem werd gesteld, wist hij er tegelijkertijd niet zo goed raad mee. Waar de mensen in India hem vooral als gelijke hadden gezien, werd hij hier wel heel erg op een voetstuk geplaatst. In de buurt van Persepolis gekomen verzamelde hij zijn medereizigers om zich heen en zei:

"Lieve mensen, dank je wel dat jullie zoveel vertrouwen in mij stellen dat jullie zomaar met mij meereizen. Maar eerlijk gezegd brengen jullie mij hiermee best in verlegenheid. Want waarom kijken jullie zo tegen mij op? Ik ben maar een eenvoudige jongen, ooit opgeleid tot timmerman. Dus alsjeblieft, vereer mij niet want de enige die alle eer verdient is God, mijn Vader. En ik, ach, ik ben gewoon Jezus van Nazareth. En misschien zeg ik soms iets waar jullie iets aan hebben en waarmee ik jullie kan helpen. Maar dat is alleen omdat God mij daarbij helpt. Want ik heb ermee ingestemd om Zijn instrument te zijn. En dat kunnen jullie ook doen. Maak van jezelf een tempel waarin God kan wonen, dan zul je Zijn onvoorwaardelijke liefde proeven."

Zijn woorden vonden weerklank want iemand riep:

"Vertel Jezus, wat moeten we doen om van onszelf zo'n tempel te maken?"

Jezus, blij met deze positieve reactie ,antwoordde met zijn welluidende stem:

"Zoek de stilte. Want in de stilte kun je God ontmoeten. En als je God in je eigen ziel ontmoet dan zul je vervuld worden met wijsheid, liefde en macht."

Zijn antwoord was echter nog niet voldoende want een ander riep:

"Maar waar vinden we die stilte dan? Waar moeten we die stille plek zoeken?"

Geduldig antwoordde Jezus:

"Die plek is niet te omschrijven. Het is geen stad waar je naartoe kunt gaan en die je herkent aan de muren erom heen. Nee, jullie zelf dragen deze heilige plaats met je mee, in jezelf kun je God ontmoeten. Het maakt niet uit waar je bent, op de top van een berg of in het diepste dal, op de markt of gewoon thuis. Je kunt altijd de deur opengooien, de stilte vinden en het huis van God dat in je ziel is, binnengaan."

De mensen dronken zijn woorden in. Bij hen had zich ook een wijze, die verbonden was aan de tempel van Persepolis, aangesloten. Hij was die ochtend uit wandelen gegaan en had het groepje dat zich buiten de stad had verzameld, opgemerkt. Nieuwsgierig vroeg hij aan een man, die met gespitste oren probeerde Jezus te verstaan:

"Wat doen jullie?"

De man wierp hem echter een ongeduldige blik toe en siste:

"Ssst!"

De wijze verontschuldigde zich en probeerde wat dichterbij te komen. Sommigen herkenden hem als Kaspar, de leider van de religieuze gemeenschap in hun land, en zij fluisterden hem toe:

"Wij luisteren naar die jongeman daar. We reizen al een poosje met hem op en hij is zo bijzonder! Hij moet wel een profeet zijn want zijn woorden zijn zo prachtig, zoiets hebben we nog nooit gehoord!"

Kaspar ging op zijn tenen staan en hij zag een glimp van de jongen waarover zij het hadden. Onmiddellijk was hij onder de indruk van de wijsheid en kracht op zijn gezicht.

"Wie is hij?" vroeg hij zacht.

"Een Hebreeuwse jongen, genaamd Jezus van Nazareth. Hij is vanuit India op doorreis naar zijn vaderland."

Kaspar kon een kreet van verrassing niet onderdrukken. Met extra belangstelling spitste hij zijn oren en hij hoorde hoe Jezus vervolgde:

"En laat je niet afleiden door je werk, of door wat anderen van je zoektocht vinden. Volhard en zoek een rustige plek om te bidden en te mediteren. Zet je verstand stil, dan kan je eigen wil opgaan in de Goddelijke en proef je in Gods aanwezigheid het volmaakte geluk en de volmaakte liefde!"

Zijn stem verstomde en er ging een golf van ontroering door het groepje. Ook Kaspar was geraakt. Deze jonge Jezus had zich zo te zien tot een ware spirituele meester ontpopt. De mensen begrepen dat Jezus nu was uitgesproken en ieder ging zijns weegs. Kaspar zag zijn kans schoon en hij liep op de jongeman toe. Voorzichtig legde hij zijn hand op Jezus' schouder.

"Pardon Jezus," zei hij bescheiden. "Ik begrijp dat je misschien verder wilt gaan, maar graag wil ik je iets vragen als het mag."

Jezus knikte vriendelijk.

"Natuurlijk mag dat," lachte hij ontwapenend.

Vol verwachting keek Kaspar hem aan.

"Heel graag wil ik onze kennismaking vernieuwen, als jij dat ook goed vindt. Het is zo lang geleden dat ik je heb gezien en ik vind het zo prachtig dat ik je nu weer tegenkom!"

Verwonderd trok Jezus zijn wenkbrauwen op. Hij begreep niet wat de man bedoelde want deze kwam hem niet bekend voor.

"U moet mij even op weg helpen, vrees ik," zei hij eerlijk. "Ik kan me namelijk niet herinneren dat ik u al eens eerder heb ontmoet."

"Dat kan ook bijna niet," haastte Kaspar zich te zeggen. "Jij was immers nog maar een baby en ik slechts een voorbijganger op jouw levenspad. Maar ik ben Kaspar, een van de drie wijzen. Wij volgden de ster en zo kwamen wij in Bethlehem aan. Helaas zijn mijn twee reisgenoten van toen al overleden. Maar mij is het gegund jou hier te ontmoeten en je wijze woorden te horen, God zij gedankt!"

Gedreven pakte hij Jezus' hand en drukte er een kus op. Blij verrast keek Jezus hem aan.

"Wat geweldig!" riep hij uit. "Heel graag maak ik nader kennis met u. Ik zie aan uw kleding dat u aan de tempel van Persepolis bent verbonden. Daar wilde ik juist naar toe want ik hoorde dat jullie veel boeken over Zarathustra hebben en zelfs nog bijzondere teksten, door hemzelf geschreven. Heel graag zou ik die een keer lezen."

"Ik zal er persoonlijk voor zorgen dat je toegang krijgt tot onze bibliotheek," beloofde Kaspar. "En mag ik je uitnodigen om mijn gast te zijn? Graag vertel ik je alles wat je maar wilt weten. En ik kan je gids zijn wanneer je de stad en haar omgeving wilt verkennen."

"Nou, dat aanbod sla ik niet af!" lachte Jezus en hij volgde de priester naar zijn huis.

Daar gaf Kaspar zijn bediende opdracht een feestelijke maaltijd te bereiden. Het was lang geleden dat Jezus zo heerlijk had gegeten. Kaspar had kaarsen op tafel gezet en zijn mooiste servies voor de dag gehaald. En de ene na de andere gang werd opgediend. Terwijl ze proostten zei Jezus:

"Hoe is het mogelijk dat wij hier na al die jaren samen zitten! Dat had u vast niet gedacht toen u mij lang geleden in die stal vond!"

"Nee, zeker niet!" antwoordde Kaspar. "Maar het kan geen toeval zijn dat onze wegen zich nu weer hebben gekruist."

"Dat denk ik ook," beaamde Jezus. "In ieder geval kan ik nu eindelijk vragen wat ik me al zolang heb afgevraagd. Want hoe is het mogelijk, Kaspar, dat jullie destijds die ster konden zien? Ik besef nu pas hoe ver ik van huis ben en ik kan me bijna niet voorstellen dat het licht van een ster zo ver reikt."

"Als we niet voorbereid waren geweest, hadden we hem misschien over het hoofd gezien," knikte Kaspar. "Maar we waren natuurlijk in gespannen afwachting door de voorspelling die Zarathustra heeft gedaan."

"Een voorspelling?" vroeg Jezus nieuwsgierig. "Daar weet ik niets van."

"Al een hele poos geleden is er een tekst van Zarathustra gevonden, waarin deze voorspelling wordt gedaan," vertelde Kaspar. "Ik zal hem aan je geven zodat je het kunt lezen. Hij verhaalt daarin over zijn terugkeer naar de aarde en dat een ster het moment van zijn terugkeer zal aangeven. Vanaf dat moment hebben onze astrologen de hemel scherp in de gaten gehouden. En zo kwam ik dus bij jou terecht."

"Wat bijzonder toch, hoe God ons leven zo bestuurt dat het in dienst mag staan van Zijn Koninkrijk," sprak Jezus vol ontzag. "Kennelijk is het de bedoeling dat ik hier een poosje blijf en meer over Zarathustra leer. Dus heel graag zou ik nu die tekst zien, Kaspar, als u het goed vindt."

"Natuurlijk!" lachte Kaspar. "Kom, we drinken ons glas uit en dan zal ik je voorgaan naar de bibliotheek."

Zo gezegd, zo gedaan. Nadat ze de kruik wijn hadden geleegd, nam Kaspar Jezus mee naar de bibliotheek waar vele zeldzame geschriften werden bewaard en zocht voor hem de tekst waarover zij hadden gesproken. Jezus popelde van ongeduld en toen Kaspar het kostbare blad eindelijk voor hem op tafel legde, haastte zijn blik zich over de letters.

"En na mij zal komen Hij die genoemd wordt de Christus en ik gebied u hem geschenken aan te bieden. En wanneer hij wordt geboren zal een ster verschijnen die niet alleen 's nachts maar ook overdag straalt en die van verre zichtbaar is. Gij echter, mijn kinderen, zult als eersten onder de volkeren zijn komst bemerken. Wanneer gij dus die ster ziet, begeeft u dan op weg, waarheen hij u leidt, aanbidt het kind en biedt hem uw geschenken aan, want het kind is 'Woord', de logos en Christus zelf, die in de Hemel gegrondvest is. En van mijn stam zal Hij zijn. Ik ben hem en hij is mij. Hij is in mij en ik in hem. En als zijn komst openbaar wordt dan zullen grote tekens aan de hemel verschijnen en zijn luister zal de luister van de hemel overtreffen. En Gij, kinderen, dient te waken en te letten op hetgeen ik u nu zeg: wacht op de belofte. Bewaar dit geheim, bewaar het als een schat in uw ziel. En wanneer de ster opgaat, waarvan ik u sprak, dan zult gij gezanten zenden die met geschenken beladen zijn om hem te aanbidden. Want deze koning is de koning der koningen. En ik en hij, wij zijn één."

Net als in Qumran, toen Jezus voor het eerst zijn verbondenheid met Zarathustra had gevoeld, was hij ook nu weer diep onder de indruk. Wel drie, vier, vijf keer las hij de tekst en uiteindelijk vroeg hij Kaspar:

"Wilt u een van uw schrijvers vragen deze tekst voor mij te kopiëren, alstublieft? Graag wil ik hem meenemen naar huis zodat mijn meester en ouders hem kunnen lezen."

Kaspar zorgde ervoor dat onmiddellijk aan zijn wens werd voldaan.

De volgende dag gaf Kaspar zijn bediende opdracht om een van de kamers op de begane grond voor Jezus in te richten. Terwijl de man aan het werk ging, trokken de twee erop uit voor een wandeling door de stad. Persepolis was werkelijk schitterend aangelegd met brede lanen, parken en paleizen. Heel wat anders dan het rommelige en armoedige Benares.

"Wat is dat voor 'n gebouw, Kaspar?" wees Jezus toen ze langs een imposant bouwwerk kwamen.

"Dat is het paleis van koning Darius, een van de grootste koningen van ons land. Hij heeft weliswaar veel oorlogen gevoerd omdat hij graag natuurlijke grenzen wilde voor ons land. Maar hij was een rechtvaardig bestuurder."

"Ja, ik heb geloof ik wel eens van hem gehoord," zei Jezus peinzend. "Hij heeft Israël toch ook veroverd?"

"Dat klopt," knikte Kaspar. "En ook jouw volk was hij goed gezind. Zo heeft hij jullie geld gegeven om de tempel in Jeruzalem te kunnen bouwen."

"Echt waar?" riep Jezus verrast uit. "Waarom heeft hij dat gedaan? Hij had vast zijn eigen religie. Wat kon hem die god van ons nou schelen."

"Daar vergis je je, jonge vriend!" vermaande Kaspar hem. "Darius geloofde ook in één god en hij zag de andere goden in de wereld als manifestaties van dit ene opperwezen. Hij schijnt zelfs aanhanger van Zarathustra te zijn geweest, maar daarvan hebben we in onze geschriften nooit echt bewijs gevonden."

"Neem me niet kwalijk, ik oordeelde te snel," verontschuldigde Jezus zich. "Maar ik wist niet dat zo lang geleden het idee van slechts één god al leefde. Eerlijk gezegd verrast het mij dat de leer van Zarathustra door jullie nog zo levend wordt gehouden."

"We hebben gelukkig over het algemeen eerbiedwaardige vorsten gehad, die op sociaal gebied goed werk verrichtten," zei Kaspar met enige trots in zijn stem. "Neem nu Xerxes. Hij is als eerste slaven en ambachtslieden voor hun werk gaan betalen. En wanneer een slaaf door een ongeluk niet meer kon werken, werd er goed voor zijn familie gezorgd. Daarom is onze stad ook zo prachtig gebouwd. Ambachtslieden van heinde en ver kwamen hiernaar toe om te werken omdat ze wisten dat er écht naar hen werd omgekeken."

"Kun je me het paleis van Xerxes ook laten zien?" vroeg Jezus nieuwsgierig. "Dat ziet er vast ook schitterend uit."

"Helaas," antwoordde Kaspar spijtig. "Alexander de Grote heeft het geplunderd en daarna in brand gestoken. Volgens de overlevering had hij wel honderd lastdieren nodig om alle kostbaarheden af te voeren. Maar we kunnen het paleis van Darius wel van binnen bezichtigen. Wees voorzichtig op de trappen, de treden zijn vrij laag."

Hij ging Jezus voor het enorme paleis in en deze keek zijn ogen uit. De muren van de grote zalen, waarvan het dak werd gedragen door wel honderd zuilen, waren versierd met indrukwekkend beeldhouwwerk en de geschetste taferelen gaven een goed beeld van het leven in de tijd van Darius. Trots leidde Kaspar hem rond en toen ze alles hadden bekeken, daalden ze de trappen weer af. De treden waren inderdaad ongewoon laag en ondanks dat Kaspar ze in zijn leven al vaak had beklommen stapte hij mis. Zijn enkel klapte dubbel en hard viel hij neer. Hij tuimelde zeker vijf meter naar beneden om onderaan de trap met een klap op straat neer te komen. Geschrokken haastte Jezus zich naar beneden.

"Alstublieft, laat me bij hem!" zei hij gedreven tegen de toegesnelde omstanders en hij straalde zoveel gezag uit dat deze onmiddellijk aan de kant gingen.

Hij knielde bij Kaspar neer.

"Gaat het?" vroeg hij verontrust, ondertussen kijkend of de man erg gewond was geraakt.

Kaspar kreunde.

"Mijn hoofd," fluisterde hij bijna onhoorbaar.

"Rustig maar," zei Jezus geruststellend. "Rustig maar, ik help je."

Hij legde zijn handen op Kaspar's hoofd en sloot zijn ogen. Ook al had hij zijn gave lang niet gebruikt, al snel trok de verlichtende tinteling door zijn handen. Vrijwel onmiddellijk voelde Kaspar dat de pijn minder werd. Voorzichtig kwam hij overeind en bleef nog een beetje duizelig zitten. De omstanders keken elkaar beduusd aan. Wie was deze man en wat had hij gedaan, dat die oude man zo snel weer op de been was? Een van hen zei zacht:

"Is hij niet die profeet uit Galilea? Zie je nou wel dat hij een afgezant van God is! Hoe kan hij anders de macht hebben om dit te doen!"

Jezus hoorde zijn woorden. Hij keek de man aan en zei bescheiden:

"Beste man, ik zou het op prijs stellen wanneer u hier niet over praat. Veel mensen denken dat ik anders ben dan zij en ik wil liever niet dat er op die manier naar mij wordt gekeken. Dus gaat u maar weer verder, alstublieft. Wij redden het wel weer."

Verwonderd keek de man hem aan. Toen schudde hij niet begrijpend zijn hoofd en droop af. De anderen volgden al snel zijn voorbeeld. Jezus richtte zijn aandacht weer op Kaspar.

"Gaat het weer?" vroeg hij en hij reikte de man zijn hand. "Kom, laat eens zien of je kunt staan."

Nog wat wankelend en zwaar steunend op Jezus' arm kwam Kaspar overeind. Wat onzeker nam hij enkele stappen. Toen keek hij Jezus dankbaar aan.

"Ja, het lukt," glimlachte hij opgelucht. "Dank je wel! En ook al mag ik het niet zeggen, ik doe het toch: wat ben jij een bijzonder mens! Wat jij al niet zou kunnen bereiken!"

Verlegen onder zijn woorden haalde Jezus zijn schouders op.

"Ach, dat weet ik niet," zei hij zacht. "Dat hangt van zoveel factoren af."

En daarmee was voor hem de kous af. Langzaam liepen ze terug naar Kaspar's huis, waar de bediende intussen zijn kamer in orde had gemaakt.

Jezus verbleef graag in Perzië. Het idee hier letterlijk in de voetsporen van Zarathustra te treden inspireerde hem enorm. Steeds vaker trok hij erop uit om met mensen te praten of zieken te bezoeken. Kaspar had, afgezien van een flinke bult op zijn hoofd, gelukkig niets overgehouden aan zijn ongelukje en soms vergezelde hij Jezus als deze op pad ging. Steeds weer stond hij versteld van de wijze waarop de jongeman zijn invloed op mensen kon uitoefenen. Als hij met een zieke sprak, zag hij de verandering bij zo iemand. Of het nu de woorden waren die hij gebruikte, of de klank van zijn stem of misschien wel iets wat niets met woorden te maken had... Hij wist het niet. Maar hij zag dat mensen hun ellende vergaten en zich daardoor al veel beter voelden. Ook gebruikte Jezus regelmatig zijn gave van handoplegging of de kruiden die hij plukte. Sommige had hij gedroogd, andere plette hij om er olie van te maken. Kaspar vond het heerlijk om in zijn nabijheid te zijn en aangezien zijn vriend geen haast scheen te hebben om naar Galilea terug te keren, liet hij hem de mooiste plekken van het land zien.

Op een dag, toen ze te paard in de omgeving van Persepolis reden, zag Jezus een grote menigte die zich had verzameld rondom een poel. Hij draaide zich naar Kaspar en vroeg:

"Waarom zitten al die mensen daar? Het lijkt wel of ze ergens op wachten."

"Dat doen ze ook," antwoordde Kaspar. "Want dit is een geneeskrachtige bron. Eens per jaar daalt hier hun godheid neer en geeft kracht aan het water. Wanneer zieken zich daarna in het water wassen, genezen ze. Maar niemand weet precies wanneer hij komt, dus wachten ze."

Jezus keek naar de zieken die gelaten wachtten op de komst van hun god en zijn hart ging naar hen uit. Hij steeg van zijn paard, gaf de teugels aan Kaspar en liep tussen hen door. Hij zag dat velen vermoeid waren en in vele ogen was de vertwijfeling of hun god wel ooit zou komen, te zien. Vervuld van medelijden keek hij om zich heen en hij zag een rots. Hij liep ernaar toe, klom erop en riep:

"Beste mensen, waarom wachten jullie hier op een teken dat niet zal komen? Waarom denken jullie dat dit water de bijzondere zegen van God nodig heeft? Weten jullie echt niet waar de genezende kracht werkelijk vandaan komt?"

Verbaasd keken de mensen op. Wie was deze man en waar had hij het over? Jezus was blij dat hij hun aandacht had weten te trekken en gedreven vervolgde hij:

"Luister! U gelooft toch zeker niet dat God partijdig is in het verlenen van Zijn gaven? Waarom zou Hij deze bron vandaag wel zegenen maar morgen niet, zodat wie die dan komt geen genezing vindt. Geloof me: de kracht van deze fontein is geen speciale gave van God! Jullie eigen geloof is de kracht die in het water zit. Als je met heel je hart gelooft dat je, door in dit water te baden, genezen zult worden, dan zul je genezen. En dan zal de bron iedere dag haar werking tonen."

De mensen raakten in de ban van zijn woorden en er ontstond enig geroezemoes. En een enkeling waagde zich in het water en was genezen. Beduusd keken de anderen toe. Toen haastten ook zij zich naar de bron, bang dat de goddelijke kracht weg zou zijn voordat ook zij waren geholpen. Binnen korte tijd was bijna iedereen in het water en Jezus schudde teleurgesteld om hun kleingelovigheid zijn hoofd.

Toen zag hij een eindje verderop een klein meisje zitten. Het kind was te zwak om alleen naar het water te lopen en niemand kwam op het idee om haar te helpen. In een opwelling sprong Jezus van de rots en liep naar haar toe. Hij knielde bij haar neer en sprak vriendelijk:

"Hé, kleintje, waarom zit jij nog te wachten? Ga je niet naar het water? Kijk eens naar al die mensen die zich daar wassen en beter worden!"

Maar het meisje antwoordde:

"Ik heb geen haast. Waarom zou ik? U zei net toch zelf dat de zegen van God niet alleen vandaag op het water rust? Nu, dan is Zijn kracht er straks immers ook nog! Dus laat mij maar wachten. Die mensen daar zijn alleen maar bang dat hun geloof tekort zal schieten. Maar als zij weg zijn, heeft de bron voor mij nog dezelfde kracht en dan kan ik in alle rust van het water genieten."

Jezus viel even stil, zo ontroerd was hij door haar woorden. Toen pakte hij haar handen en zei bewogen:

"Jij hebt mij begrepen! Hadden al die mensen maar een fractie van het geloof dat jij nu toont!"

Hij boog zich naar haar over en tilde haar op. Ze woog licht als een veertje in zijn armen. Lachend keek hij haar aan en met zijn hoofd vlak bij het hare fluisterde hij vertrouwelijk in haar oor:

"Zeg, zal ik je eens een geheim vertellen? Niet alleen het water, maar ook de lucht hier is genezend. Dus als je gelooft, adem dan diep in en je zult gezond zijn! Weet je wat: we doen het samen, goed?"

Het meisje knikte enthousiast en Jezus zag een verwachtingsvolle twinkeling in haar ogen. Als twee samenzweerders keken ze elkaar aan en Jezus telde zachtjes tot drie. Toen ademden ze beiden vol vertrouwen een grote hap lucht in. En onmiddellijk was ze genezen. De mensen om hen heen keken verbijsterd toe. En Jezus sprak:

"Begrijpen jullie nu hoe het werkt? Niet ik, maar zij zelf heeft dit gedaan. Want echte kracht komt uit liefde en echte genezing uit geloof."

Hij kuste het meisje en zette haar behoedzaam weer neer.

"Ga nu maar snel naar huis," zei hij zorgzaam. "En voorzichtig hè."

Toen wenkte hij Kaspar die het hele gebeuren vanaf een afstandje had gevolgd. Ze stegen op en zetten de paarden aan. Al snel hadden ze de bron en de mensen daar achter zich gelaten. Zwijgend reden ze naast elkaar, ieder in zijn eigen gedachten verdiept. Kaspar was zo vol van wat hij had gezien dat hij geen woorden kon vinden om uit te drukken hoe hij zich voelde. En ook Jezus was onder de indruk van alles wat hij dankzij God kon doen. Hij voelde dat de kracht die hij ontving steeds sterker werd en het ontroerde hem Gods instrument te mogen zijn. Tegelijkertijd vroeg hij zich af waarom juist hij hiervoor was uitverkoren. Hij was blij dat Kaspar bij hem was. De goede man bejegende hem altijd als ieder ander en begreep dat hij ondanks alles ook nog gewoon Jezus van Nazareth was. Nadat ze een tijdje zo hadden gereden kwamen ze langs een herberg.

"Het is zulk mooi weer vandaag, Kaspar," verbrak Jezus de stilte. "Laten we hier gezellig wat eten en een goede kruik wijn drinken."

Kaspar knikte instemmend. Ze stegen af, maakten de paarden vast en gingen buiten aan tafel zitten. Het was een heerlijk plekje om te vertoeven, midden in het bos. Het zonlicht werd gefilterd door de bladeren en de wind ruiste zacht langs de takken. Jezus genoot. Hij keek naar Kaspar die tegenover hem zat en hij voelde een warme genegenheid voor de oude man. Het feit dat hij letterlijk aan zijn wieg had gestaan schiep natuurlijk een enorme band tussen hen. En dat hij het op zijn leeftijd nog opbracht om met hem het hele land door te kruisen waardeerde Jezus zeer. De herbergier bracht hen een kruik rode wijn en wat brood, en ze bestelden twee kommen soep. Jezus wenste dat de tijd stil zou blijven staan en dat hij eeuwig daar kon blijven zitten. Ze proostten en dronken. Al snel kwam de herbergier de soep brengen. Ze wilden deze niet koud laten worden dus aten ze en lieten het zich goed smaken.

"Weet je, Kaspar," zei Jezus tussen twee happen door. "Het is zo'n verschil om hier te zijn of thuis, in Galilea. Jullie hebben je de leer van Zarathustra zo eigen gemaakt en dat proef je in alles. Ik voel me hier zo op mijn gemak. Als ik het zo bekijk dan valt er bij ons nog heel wat te doen!"

"De situatie in jouw land is natuurlijk ook niet makkelijk," merkte Kaspar op. "Jullie zijn bezet en er spelen veel politieke belangen."

Jezus knikte en even verzonk hij in gedachten. Kaspar zag hoe de ontspannen blik in zijn ogen verdween en hoe er onrust voor in de plaats kwam. Meelevend vroeg hij:

"Ben je er bang voor, je bestemming te volgen?"

Jezus haalde zijn schouders op.

"Ik weet het niet," antwoordde hij zacht. "Het is denk ik geen angst, maar meer het gevoel dat het onontkoombaar lijkt te zijn. Ik voel dat Gods kracht in mij sterker wordt en ik vraag me af welke kant het op zal gaan. Velen in Israël hopen op de komst van de Messias en ik kom uit het huis van David. Maar dat is natuurlijk niet mijn missie. Maar hoe zal ik dat duidelijk kunnen maken? En in hoeverre zal ik nog mezelf kunnen zijn wanneer de Christuskracht zich met mij verbindt? Hoeveel zal ik van mezelf moeten inleveren om Gods wil te kunnen volgen?"

Kaspar knikte invoelend en Jezus vervolgde openhartig:

"Weet je Kaspar, wat ik misschien nog wel het moeilijkst vind? Dat God mij niet eerst heeft gevraagd of ik dit allemaal wel wil, althans, dat kan ik mij niet meer herinneren. Iedereen maakt toekomstplannen en heeft verwachtingen hoe zijn leven eruit zal gaan zien. Maar dat heb ik nooit gehad. Ik heb me eigenlijk van kinds af aan al geschikt en soms vraag ik me af of ik dat wel wil blijven doen. Maar een weg terug lijkt er ook niet te zijn."

"En als je wel zelf had mogen kiezen Jezus, wat had je dan anders gedaan?" vroeg Kaspar en sloeg daarmee de spijker op zijn kop.

Zijn vraag overviel Jezus. Hij dacht even na en toen moest hij toegeven:

"Ik weet het niet. Eigenlijk ben ik ook wel heel gelukkig. God vervult mijn ziel. Hem te kennen is de grootste rijkdom die een mens ten deel kan vallen. Zijn energie steunt mij bij alles wat ik doe. Mijn wens is dat iedereen dit mag voelen en zo in eenheid met God mag leven."

"Hou dat gevoel dan vast, bij alles wat je doet," raadde Kaspar hem aan. "En wie weet, als God het wil, zal je wens in vervulling gaan! En als jij daar een rol in mag spelen, dan is dat toch geweldig!"

Hij pakte zijn kroes en zei opgewekt:

"Laten we daar op proosten, Jezus! Op de vervulling van jouw wens!"

Jezus lachte zijn onrust weg en ook hij pakte zijn kroes. Ze proostten nogmaals en aten hun soep. En het was goed om daar te zitten en te genieten van het leven.

Waar Jezus zich had voorgenomen slechts enkele weken in Perzië te blijven, regen de maanden zich aaneen en zijn zesentwintigste verjaardag diende zich aan. Omdat hij zo dankbaar was voor al het begrip dat hij in dit land ondervond, besloot hij een groot feest te geven. Kaspar was natuurlijk uitgenodigd en met hem alle wijzen van de tempel. Maar Jezus had ook aan de gewone mensen gedacht. En zo zat de boer naast de priester en de bakker naast de tempeldienaar. Een groepje muzikanten zorgde voor de vrolijke noot en er werd gelachen, gezongen en gedanst. Jezus genoot met volle teugen. Na eerst van de maaltijd te hebben genoten, mengde hij zich onder zijn gasten. Zo schoof hij ook bij aan de tafel waar de wijzen zaten en hij sprak vergenoegd:

"Mijn broeders, ik weet zeker dat de zegen van mijn Vader op jullie rust. Jullie meester Zarathustra heeft zoveel goede dingen gedaan en jullie daardoor zo dicht bij God gebracht. Want hij had gelijk toen hij zei dat God de hemel en de aarde schiep, en de zon, de maan en de sterren. Eigenlijk is er maar één punt in zijn leer waar ik niet achter kan staan. Want volgens Zarathustra zou God ook een kwade kracht hebben voortgebracht. Ik vraag me af hoe God, die alleen maar liefde is, het kwaad kan hebben voortgebracht. Misschien kan een van jullie mij dat uitleggen?"

De wijzen werden door zijn vraag in verlegenheid gebracht en Kaspar zei licht verwijtend:

"Nu Jezus, jij snijdt nu wel een heel moeilijk onderwerp aan! En dat op zo'n plezierige dag als vandaag! Kom, laat die kwestie rusten en schenk nog eens in!"

Maar een ander reageerde:

"Nee, nee, Kaspar, zo gemakkelijk maken wij ons hier niet van af. Wij erkennen immers dat er kwaad in de wereld is? En als God dit kwaad niet heeft gemaakt, waar komt het dan vandaan?"

Kaspar voelde zich aangesproken en hij zei, zijn schouders ophalend: "Ik zou het niet durven zeggen! Maar Jezus," vervolgde hij, en zijn stem klonk nu enigszins plagend: "jij stelt ons nu wel voor een dilemma, maar ik daag jóu nu uit: laat maar eens horen hoe je er zelf over denkt, in plaats van ons zo in verlegenheid te brengen!"

De anderen klapten in hun handen. Ze vielen Kaspar bij en riepen vrolijk:

"Ja, kom op Jezus, vertel ons maar eens hoe het zit! Want daar ben je toch op uit, of niet soms!"

Jezus lachte en hij stond op om de uitdaging aan te gaan. Iedereen hing aan zijn lippen toen hij zei:

"Wat God ook maakt is goed. Alles wat uit Zijn scheppende handen komt is goed. Nu heeft alles wat wordt geschapen zijn eigen klank, kleur en vorm. Maar sommige klanken, hoewel goed en zuiver van zichzelf, kunnen wanneer zij worden vermengd vals klinken en disharmonie veroorzaken. Jullie hebben dit vast wel eens gehoord wanneer je de snaren van een harp aantokkelt. Iedere toon op zich is perfect en zuiver. Maar sla een verkeerd akkoord aan en het doet pijn aan je oren. Dus is het kwaad zo'n disharmonie van kleuren, klanken of vormen van goed. Nu heeft God in Zijn oneindige wijsheid de mens geschapen met een eigen wil. Liever dan een onmondige marionet heeft Hij immers een schepsel tegenover zich dat uit eigen vrije wil en van ganser harte er zelf voor kiest Zijn wil te doen. Maar zo heeft de mens ook de macht om Gods goede dingen op allerlei manieren te vermengen, en iedere dag veroorzaakt hij zo disharmonie en kwaad. Zo is al het kwade werk van de mens en niemand anders dan de mens, die dat kwaad veroorzaakt heeft, kan het dus ook weer verdrijven!"

Toen hij dat had gezegd ging hij zitten en zijn toehoorders waren met stomheid geslagen. Kaspar, die toch al heel wat van hem had gezien, stond opnieuw verbaasd van zijn Hebreeuwse vriend. Vol vervoering riep hij uit:

"Laat ons proosten, mensen! Want de wijsheid van God, zoals we die leerden kennen in Zarathustra, is opnieuw tot ons gekomen!"

Allen hieven hun kroes en proostten en ze klopten Jezus op zijn schouders en complimenteerden hem. En Jezus lachte en dronk tot hij aan het eind van het feest doezelig van de wijn zijn bed opzocht.

De volgende ochtend werd hij wakker met een knallende hoofdpijn. Zijn slapen bonsden en het licht deed pijn aan zijn ogen. Kreunend trok hij de dekens over zijn hoofd en hij verfoeide zichzelf omdat hij teveel wijn had gedronken. Geheel tegen zijn gewoonte in bleef hij in bed en dommelde weer in. Totdat het tot hem doordrong dat het bonzen niet alleen in zijn hoofd zat, maar dat er iemand op zijn deur klopte. Het geluid drong slechts vaag tot zijn benevelde hersens door en pas na enige tijd besefte hij dat hij niet eeuwig in bed kon blijven liggen maar dat hij moest gaan kijken wie daar was.

"Ik kom!" riep hij en langzaam kwam hij overeind.

Het kostte hem moeite. Nog nooit had hij teveel gedronken en hij voelde zich misselijk en duizelig. Hij strompelde naar de deur, opende deze en leunde tegen de deurpost zodat hij zijn evenwicht niet zou verliezen. Voor de deur stond een eenvoudig geklede man. Hij hield een brief in zijn hand.

"Goedemorgen," zei hij en hij nam Jezus kritisch op. "Bent u Jezus, zoon van Jozef de timmerman uit Nazareth?"

Jezus knikte.

"Ja, dat ben ik," antwoordde hij met enigszins onvaste stem.

"Ik ben vanuit Galilea gekomen om u te zoeken," sprak de man ernstig. "Ik breng een boodschap van uw moeder. Ik moet u helaas meedelen dat uw vader na een kort ziekbed is overleden. In deze brief kunt u alles lezen."

Hij wilde Jezus de brief overhandigen. Maar deze keek hem met lege ogen aan. De woorden van de man drongen nog niet echt tot hem door.

"Heeft u me begrepen, mijnheer?" vroeg de man, bezorgd zijn bleek gezicht gadeslaand. "Deze brief is voor u, van uw moeder!"

Nietszeggend keek Jezus hem aan. Als in trance pakte hij de brief aan. Pas toen hij het epistel bekeek en het handschrift van zijn moeder herkende drong de boodschap tot hem door. Verontschuldigend zei hij:

"Neem me niet kwalijk, alstublieft. Ik voel me vandaag niet zo goed. Maar ik heb uw boodschap begrepen. Dank u wel dat u zoveel moeite hebt gedaan om mij te vinden. Ik zal de brief meteen lezen. Waar kan ik u vinden zodat ik u het antwoord kan brengen?"

"Ik logeer zolang in de herberg hier om de hoek," wees de man. "En ik ga vandaag zeker niet terug, dus u hoeft zich niet te haasten."

Jezus bedankte hem nogmaals en sloot de deur. Hij zakte neer op zijn bed en opende met trillende handen de brief. Het raakte hem het bekende handschrift van zijn moeder te zien en hij las:

Mijn lieve zoon,

Ik schrijf je deze brief in de hoop dat je hem ooit zult lezen. Het feit dat ik niet weet of je nog in leven bent drukt zwaar op mij, zeker nu je vader er niet meer is. Weet dat je vader in het volste vertrouwen dat het goed met jou gaat is heengegaan. Hij heeft mij wat dat betreft bemoedigd, en in mijn hart leeft dan ook nog een sprankje hoop dat deze brief je zal bereiken. Je vaders dood is te wijten aan een ongelukje op zijn werk. In een moment van onoplettendheid heeft hij zich in zijn hand gezaagd. Eerst leek het mee te vallen maar de wond is lelijk gaan ontsteken en dat is hem uiteindelijk fataal geworden. Onze meester uit Qumran heeft nog geprobeerd met kruiden-kompressen de ontsteking te remmen maar dat heeft helaas niet geholpen. Wat jammer toch dat jij er op dat moment niet was. Jij had misschien meer bereikt. Maar goed, dat heeft niet zo mogen zijn. Ik hoop dat het je goed gaat en dat je af en toe aan mij denkt. Ik mis je en verlang ernaar je te zien. Dus als je in de gelegenheid bent weer eens langs te komen zou mij dat zeer plezieren. In hoopvolle afwachting,

Je moeder, Maria.

De sombere toon die uit de brief sprak bezwaarde Jezus zeer en een groot gevoel van onmacht overviel hem. Want waarom was hij daar inderdaad niet geweest om zijn vader bij te staan in zijn laatste uren? Waarom had hij zijn moeder zomaar overgeleverd aan haar verdriet? Waarom had hij niet vaker aan hen gedacht, aan hun goedheid om hem zomaar aan Lamaas toe te vertrouwen, niet wetende wanneer ze hem terug zouden zien, alles in dienst van de roeping die hij moest volgen. Een stille traan gleed langs zijn wang naar beneden. En in een poging zijn onmacht te uiten schreeuwde hij het uit, greep de kan met water die altijd naast zijn bed stond en gooide deze wild van zich af. En hij huilde. Zijn hoofd bonkte nog steeds, zijn handen trilden, hij was misselijk en hij had zich nog nooit zo ongelukkig gevoeld. Zoveel mensen had hij geholpen, in India en ook hier in Perzië. Maar voor zijn eigen vader had hij geen oog gehad. Hoe wrang voelde dit. En hij zond een stil verwijt naar God. Waarom had Hij hem niet laten weten dat zijn vader hem nodig had? Maar tegelijkertijd besefte hij dat hij God hiervan niet de schuld mocht geven. Hijzelf had er immers voor gekozen zo lang in Perzië te blijven omdat hij zich hier zo goed voelde. En dat terwijl hij best wist dat zijn eigenlijke opdracht in zijn eigen land lag, bij zijn volk Israël. Hij walgde van zijn egoïsme en de angst die hem ervan had weerhouden naar huis terug te keren. Want hoe zou hij zijn vrienden, kennissen en stadsgenoten tegemoet moeten treden? Hoe zou hij hen ooit uit kunnen leggen wat God met hem deed, wat Hij wilde dat hij zou doen. Hoe zouden ze dat kunnen begrijpen en zouden ze kunnen accepteren dat hij zo'n bijzondere weg had te gaan? Hij begreep maar al te goed dat al deze vragen hem in Perzië hadden gehouden. Zonder zich te bekommeren om de rommel kroop hij weer in bed en verborg zich onder de dekens en daarmee voor zijn eigen onzekerheid. Zo vond Kaspar hem die, opgeschrikt door de vreemde geluiden, kwam kijken wat er aan de hand was. Hij schrok toen hij Jezus zag. Was dit dezelfde jongeman die gisteren op het feest zulke mooie woorden had gesproken? Het hoopje ellende dat hij nu zag leek wel een ander te zijn.

"Hé, wat is er Jezus?" vroeg hij bezorgd en hij ging op de rand van het bed zitten.

Jezus kwam overeind en sloeg zijn armen om de oude man heen. Een beetje verlegen koesterde Kaspar hem. Een hele poos zaten ze zo, zwijgend tot Jezus, in het besef van de weg die hij had te gaan zei:

"Ik kan me hier niet langer verschuilen, Kaspar. Ik moet naar huis gaan en nu ook echt gaan doen waarvoor God mij heeft geroepen."

Hij gaf hem de brief van zijn moeder en liet hem deze lezen. Kaspar knikte stil.

"Je hebt gelijk," zei hij berustend. "Jammer, ik zal je missen."

Ze keken elkaar aan en Jezus zag dat Kaspar precies wist hoe hij zich voelde. Weer omarmden ze elkaar en Kaspar fluisterde zacht en bemoedigend in zijn oor:

"Wees niet bang, Jezus. Ik heb gezien waartoe jij in staat bent. Je kunt het en dat weet je. Vertrouw op God. Hij houdt van je, meer dan van wie ook. En terecht, want nog nooit heb ik een mooier mens ontmoet. Dank je wel dat ik je vriend mag zijn en weet dat ik aan je zal denken en voor je zal bidden. En nu moet je meteen je moeder terugschrijven en de snelste koerier op pad sturen zodat ze weet dat je komt. Hoe gelukkig zul je haar daarmee maken! Nu: die gedachte moet je toch goed doen, lijkt mij."

Kaspar's bemoedigende woorden monterden Jezus op en hij voelde zich weer wat beter. Hij glimlachte voorzichtig en vroeg toen:

"Wil jij me dan alsjeblieft eerst helpen de rommel op te ruimen? En ik zal een nieuwe kruik voor je kopen."

Kaspar schoot in de lach.

"Dat is niet nodig hoor," zei hij goedig. "Kruiken genoeg in dit huis!"

Samen zochten ze de scherven bij elkaar en droogden de vloer. Toen zette Jezus zich aan tafel met inkt, pen en papier en na even te hebben nagedacht schreef hij:

Mijn allerliefste moeder,
Dank u wel dat u mij hebt laten weten dat vader niet langer onder ons is. Ik betreur het dat ik niets voor hem heb kunnen doen. Maar moeder, u weet toch dat God nu voor hem zorgt. Laten wij daarom dankbaar terugkijken op zijn leven. En alstublieft: huil niet meer want uw tranen zullen uw verdriet niet wegnemen. Beter is het te zorgen voor degene die nog wel in leven zijn. Dan kunt u weer genieten van de zon, de dauw op de velden, het lied van de vogels, de bloemen en sterren. Ik weet zeker dat vader op u wacht als straks uw eigen leven tot een einde komt. Binnenkort zal ik terugkeren naar huis en ik zal een kostbaarder geschenk dan goud of edelstenen voor u meebrengen. Ik hoop dat Jacobus en Levi goed voor u zorgen en dat het snel weer beter met u gaat. Voor nu ben ik in gedachten bij u, tot wij elkaar weer in levende lijve zullen zien. Groet ook Mirjam van mij en tot spoedig ziens,
Uw, Jehoshua.

Na dit geschreven te hebben ging hij op zoek naar de koerier en hij vond hem in de herberg. Met enige moeite haalde hij hem over om toch nog diezelfde dag de terugreis te aanvaarden en zo was zijn brief 's middags al op weg richting Nazareth om zijn moeder gelukkiger te maken dan ze in tijden was geweest.

Galilea

Nu Jezus eindelijk het besluit had genomen om naar huis terug te keren liet hij er geen gras over groeien. Hij kocht spullen voor onderweg en Kaspar gaf hem een van zijn paarden mee, Jezus' bezwaren tegen dit veel te kostbare geschenk nonchalant wegwuivend. Met gemengde gevoelens liet hij Perzië achter zich. Hij verheugde zich erop zijn familie weer te zien. Tegelijkertijd zag hij er tegenop om hen na al die jaren onder ogen te komen. Jacobus, nog een jochie van elf toen hij vertrok, was nu volwassen en waarschijnlijk al lang getrouwd. En hoe zou het Levi zijn vergaan? Zou hij echt boer zijn geworden, zoals hij altijd zo graag wilde? En Mirjam, zijn lieve zus, was wellicht al moeder. Toen hij na enkele weken bij de Jordaan aankwam ontroerde het bekende landschap hem en hij wilde nu zo vlug mogelijk naar huis. Hij besloot 's nachts door te rijden en zo kwam hij de volgende dag rond het middaguur in Nazareth aan. Daar wachtte hem een feest van herkenning. Er was nauwelijks iets veranderd en opgewonden draaide hij de Marmionstraat in. En opeens stond hij voor zijn ouderlijk huis. Het was precies zoals hij het zich herinnerde. De veranda waar hij met zijn vader planken had gezaagd, het kleine moestuintje, het hek dat hij zelf ooit had gemaakt. Hij had het gevoel dat zijn jeugd in enkele seconden aan hem voorbij trok en het beeld van zijn moeder, lachend met hem spelend, kwam helder voor zijn geest. Een groot verlangen om haar eindelijk weer te zien overviel hem. Gehaast zette hij de teugels van zijn paard vast aan het hek, rende naar de deur en duwde deze open.

En daar was zijn moeder. Ze stond met haar rug naar hem toe was te vouwen maar het onverhoeds opengooien van de deur maakte dat ze zich geschrokken omdraaide. Met enkele sprongen was Jezus bij haar. Onstuimig sloot hij haar in zijn armen en ontroerd stamelde hij:

"Moeder, mijn lieve moedertje toch!"

De emoties overweldigden hem. Zijn stem stokte en hij huilde. Maria wankelde. Zijn plotselinge verschijnen verraste haar zo dat ze bijna omviel. Maar Jezus omklemde haar en met verstikte stem zei hij:

"Moeder, het spijt me dat ik zo lang ben weggebleven. Ik weet het: ik had veel meer van me moeten laten horen. Vergeef me, alstublieft. Maar u heeft mijn laatste brief toch wel ontvangen?"

Zonder op haar antwoord te wachten kuste hij haar onbesuisd op haar wangen en streelde haar haar. Hij zag dat daar al wat grijze strepen doorheen liepen en nog meer schaamde hij zich dat hij haar zo lang alleen had gelaten.

"Is alles goed met u, moeder?" vroeg hij. "Heeft Jacobus goed voor u gezorgd en bent u goed gezond?"

Weer gaf hij haar nauwelijks gelegenheid om te antwoorden. Hij had het gevoel jaren schade te moeten inhalen en hij dronk haar aanblik in. Tot zijn geluk zag hij dat zij er goed uitzag, ouder uiteraard, maar daardoor nog mooier dan hij zich meende te herinneren. Maria wist niet hoe ze het had. Zijn onverwachte aanwezigheid overrompelde haar volkomen en ze kon geen woord uitbrengen. Jezus zag haar verwarring. Liefdevol pakte hij haar bij haar arm en zei:

"Kom, ga even zitten."

Hij trok haar naast zich op de bank, zijn arm nog steeds beschermend om haar heen. Pas toen ze daar zaten vond Maria haar stem terug:

"Ja, ik heb je brief gekregen. Je moest eens weten hoe blij ik was iets van je te horen. Ik heb me zo vaak ongerust over je gemaakt en je zo verschrikkelijk gemist!"

Jezus pakte haar handen en drukte er een gedreven kus op.

"Voorlopig ga ik niet weg," verzekerde hij haar. "Ik blijf nu eerst een poosje hier, tot ik weet wat ik moet doen."

Hij keek om zich heen en zag dat het huis schoon en netjes was. Maria volgde zijn blik en ze zei:

"Je zus Mirjam woont nog steeds bij me en helpt mij met alles. Zij is al die tijd mijn grootste steun geweest. Want je broers zijn allebei getrouwd en gunnen zich niet zoveel tijd om naar hun moeder om kijken. Wacht, ik zal haar roepen."

Ze maakte zich los uit zijn omarming en liep naar de keuken. En even later stond Mirjam voor hem en ze herkende haar broer nauwelijks, zo was hij in haar ogen veranderd. Maar Jezus herkende haar wel. Hij omhelsde en bedankte haar omdat zij zo goed voor hun moeder had gezorgd. En later op de dag vertelde hij wat hij allemaal had beleefd. Hoe hij in India het kastenstelsel aan de kaak had gesteld. Dat hij had moeten vluchten en in Perzië een veilig heenkomen had gevonden. Wat een goede vriend Kaspar voor hem was geweest en hoeveel nader hij tot God was gekomen. Ze zagen zijn bevlogenheid en ze beseften dat dit nog maar het begin was en dat hij tot veel grotere dingen in staat zou zijn. Dolgelukkig dat hij er weer was, maakten ze zijn oude kamer voor hem in orde. Toen Jezus die avond naar bed ging en het bekende uitzicht vanuit het venster zag, besefte hij hoe goed het was om weer thuis te zijn. Vermoeid door de reis maar zielsgelukkig strekte hij zich uit op zijn bed. Het leek of hij niet weg was geweest en binnen enkele minuten was hij vast in slaap.

Na de roes van de eerste weken, waarin Jezus ervan had genoten om alles rond Nazareth weer te ontdekken, begon de kleine stad hem te benauwen. Hij kon zijn draai niet echt vinden en voelde zich ongedurig. Hij miste zijn vader die altijd zo'n bindende kracht in hun gezin was geweest. En hoewel God altijd aanwezig was, maakte Hij nog niet duidelijk wat Hij van hem verwachtte. Vooral dit wachten en niet weten wat hij moest doen, maakte hem onrustig en hij legde zich daarom volledig toe op zijn werk als timmerman. Maria hoorde hem vaak tot laat in de avond schaven, schuren en zagen. De fysieke arbeid leidde zijn gedachten af en hij was enorm productief. Voor de armen uit de buurt maakte hij gratis bedden en tafels en ook hielp hij ze met andere klussen. Zijn broers bekeken het allemaal geringschattend. Ze begrepen niets van hem en behandelden hem bepaald neerbuigend. Toen zij hadden ontdekt dat hij was teruggekeerd zonder geld of iets anders van waarde te hebben meegenomen, konden ze hem niet anders zien dan als een waardeloze avonturier. Ze beschuldigden hem ervan dat hij onverschillig was geweest over hun lot en alleen maar zijn eigen verlangens had nagejaagd. Jezus was diep gekwetst door hun houding. Waar hij zijn moeder en Mirjam uitvoerig had verteld over alles wat hij had gedaan, zweeg hij daar tegen zijn broers in alle talen over. Hij voelde zich niet geroepen zich te verantwoorden of te verdedigen. Zijn in hun ogen onverschillige houding ergerde hen alleen nog maar meer en het feit dat Maria zo overduidelijk in haar sas was over zijn terugkeer maakte het er niet beter op. Maria zag wel dat hij niet lekker in zijn vel zat en op een dag zei ze:

"Je hebt zo hard gewerkt de laatste tijd, Jezus. Waarom ga je er niet even tussenuit? Je zou naar Jeruzalem kunnen gaan of je vrienden in het klooster bezoeken."

Verrast keek Jezus op.

"Eerlijk gezegd is dat wel door mijn hoofd gegaan," gaf hij toe. "Maar ik wil u niet weer alleen laten."

"Ben je mal!" wuifde Maria zijn bezwaren weg. "Ik red me wel hoor! Al vraag ik me af wat je nu precies dwars zit. Je maakt je toch niet druk over die broers van je?"

Jezus glimlachte.

"Nee, dat is het niet," stelde hij haar gerust. "Maar het valt me zwaar om niet te weten wat God van mij verlangt."

En met toch nog enig gevoel voor humor grapte hij:

"Volgens mij heeft heel Nazareth nu zo'n beetje nieuwe meubels! Ik weet echt niet hoe ik me hier nog langer nuttig kan maken."

Maria schoot in de lach.

"Daarom moet je ook gaan," herhaalde ze. "Als we nu eens afspreken dat je voor de bruiloft van Ruben en Mirjam terug bent. Dan heb je iets leuks om naar uit te kijken."

Jezus knikte opgelucht. En natuurlijk wilde hij de bruiloft van zijn zus niet missen! Hij was zo blij dat ze eindelijk de man van haar dromen had gevonden. De volgende dag zadelde hij zijn paard en hij besloot eerst een bezoek aan het klooster te brengen. Het ontroerde hem na een paar dagen het bekende gebouw voor zich te zien. Wat een prachtige tijd had hij daar toch gehad! Vol verwachting liet hij de klopper op de poort vallen. Tot zijn grote vreugde opende Matheno de deur. Hoewel ze elkaar bijna twintig jaar niet hadden gezien, herkende hij Jezus onmiddellijk.

"Jezus?!" riep hij blij verrast uit. "Hoe is het mogelijk dat jij hier ineens voor me staat!"

Hij monsterde hem van top tot teen en zag dat het nog steeds dezelfde onbevangen en integere Jezus van toen was. En ook zag hij het enorme charisma dat de jongeman uitstraalde en hij kon de kracht die van hem uitging bijna lijfelijk voelen. Hij sloeg zijn armen om hem heen en omhelsde hem innig. Jezus lachte hartelijk om zijn enthousiasme.

"Matheno! Wat fijn om je te zien. Hoe gaat het met je?"

"Prima hoor. Eigenlijk wel met iedereen hier. Alleen broeder Michael is een paar jaar geleden overleden. Verder is er weinig gebeurd. Maar wacht: ik zal eerst de abt laten weten dat je er bent!"

Hij stuurde er een jonge broeder op uit en even later stond de abt voor hen.

"Wat geweldig om je weer te zien!" zei hij bewogen. "Ik heb me zo vaak afgevraagd of ik nog iets van je optreden zou mogen meemaken."

Hij nam Jezus mee naar zijn kamer en Jezus wist niet wat hem overkwam. Zijn blik door de bekende ruimte dwalend beleefde hij alles wat hij daar had meegemaakt opnieuw en hij viel volledig stil. De abt zag zijn emoties. Hem rustig de tijd gunnend om tot zichzelf te komen ging hij naar de keuken om wat te drinken te halen. Toen hij terugkwam vond hij Jezus zittend aan tafel, zijn hoofd steunend in zijn handen. Voorzichtig legde hij een hand op zijn schouder.

"Gaat het?" vroeg hij meelevend.

Jezus knikte geruststellend.

"Ja, het gaat weer. Ik had alleen niet verwacht dat dit zoveel zou losmaken."

Nogmaals liet hij zijn blik ronddwalen. Toen keek hij de abt voorzichtig glimlachend aan.

"Was ik nog maar dat kind van toen," sprak hij openhartig. "Toen leek alles nog zo duidelijk en overzichtelijk. Hoe anders ervaar ik het nu. Ik heb een lange reis gemaakt en ben al een poosje terug in Israël. En nog heb ik geen idee wat God van mij verlangt. Daarom ben ik hier naartoe gekomen. Kunt u mij misschien op weg helpen?"

"Ik ben bang van niet," antwoordde de abt terwijl hij twee bekers vol schonk. "Daarvoor moet je toch echt bij God zijn. Maar er zijn wel dingen gaande in ons land. Heb je al gehoord dat er een nieuwe gouverneur vanuit Rome is aangesteld? Hij heet Pilatus en hij heeft zijn intrek genomen in de burcht Antonia. Hij heeft nu al de naam een wreed heerser te zijn. Herodes staat natuurlijk op goede voet met hem. Ook al is hij viervorst over Galilea, hij zit eigenlijk altijd in Jeruzalem, waar hij grote feesten organiseert. En Kajafas heeft de plaats van Hillel als hogepriester overgenomen. Hij is behoorlijk conservatief. Al met al is het er voor ons volk niet makkelijker op geworden."

"Ik heb het gehoord," knikte Jezus bezorgd. "En ik heb er ook over nagedacht. Weet u: zo vaak wordt ons voorgehouden dat ons volk bevoorrecht zou zijn boven andere volken. Maar nu ik in India en Perzië ben geweest kan ik niet meer geloven dat God er gunstelingen op na zou houden. Hij is immers rechtvaardig en zijn liefde gaat toch zeker uit naar iedereen. Zijn Perzen en Romeinen niet evengoed kinderen van mijn Vader als wij Israëlieten dat zijn? Pas als we dat erkennen, als we met échte belangstelling naar onze medemens kijken, zal het beter gaan in ons land, daarvan ben ik overtuigd."

"Je hebt natuurlijk gelijk," knikte de abt instemmend. "Maar verwacht niet veel sympathie voor dit standpunt. We zijn een bezet land en mensen zullen het moeilijk vinden wanneer je zo over hun bezetter spreekt. Maar vertel: wat hoor ik, heb je India en Perzië bezocht?"

"Ja, dat klopt," knikte Jezus enthousiast. "En ik heb er zo veel geleerd! In India heerst vooral de angst. Mensen zitten vastgeketend in hun kaste en waar de een bang is zijn macht te verliezen, is de ander bang voor de macht die over hem wordt uitgeoefend. Gelukkig heb ik velen hoop op een beter leven mogen geven. En wist u dat in Perzië de leer van Zarathustra nog volop levend wordt gehouden? Kijk maar eens!"

Hij dook in zijn rugzak en liet de abt de bijzondere tekst van Zarathustra lezen die hij uit Persepolis had meegenomen. De abt was diep onder de indruk. Eens te meer besefte hij hoe bijzonder Jezus' bestemming was.

"Hoe ervaar je deze tekst, Jezus?" vroeg hij. "Wat doet het met je?"

Jezus nam het blad van hem over en liet zijn blik over de voor hem bekende letters gaan.

"Het woord 'logos' spreekt mij aan," antwoordde hij. "Het sterkt mij in mijn opvatting dat ik vooral doorgeefluik voor Gods woord moet zijn en mij verre moet houden van politieke spelletjes. En wat ik moeilijk vind is dat over mij als de Christus wordt gesproken. Christus is immers Gods geest en ook al weet ik dat hij nu bijna bij de aarde is om zich met mij te verbinden, ik voel me nog altijd gewoon Jezus van Nazareth. Ik hoop niet dat mensen heel erg tegen mij gaan opzien en mij de rol van koning gaan toedichten. In Perzië hadden ze die neiging al en dat past gewoon niet bij mij. Trouwens, dat doet me eraan denken dat ik iets voor u heb!"

Weer dook hij in zijn tas in en hij haalde de kopie van de Ayur Veda tevoorschijn die hij in India had geschreven. Verrast pakte de abt het boek aan.

"Wat een prachtig geschenk!" riep hij uit. "Heb je dat al die tijd met je meegesleept, speciaal voor mij?"

"Geen moeite hoor!" glimlachte Jezus. "Ik ben er al aan gewend geraakt rond te trekken en van alles met me mee te dragen."

Duidelijk in zijn sas legde de abt het boek voorzichtig in zijn kast. En tot Jezus' verrassing haalde hij zelf ook een pakje tevoorschijn.

"Wanneer jij cadeautjes gaat uitdelen kan ik niet achterblijven," lachte hij. "Dit ligt al lang op jou te wachten. Verschillende broeders hebben eraan gewerkt. Hopelijk vind je het mooi."

Nieuwsgierig rolde Jezus het pakketje open en er kwam een prachtig overkleed tevoorschijn. Het gewaad was smetteloos wit en zonder naden aan één stuk geweven. Het was duidelijk met veel liefde gemaakt.

"Het is prachtig! Dank u wel," zei hij zichtbaar geraakt en hij liet de zachte, soepele stof liefkozend door zijn handen gaan.

"Ik hoop dat je het veel zult dragen," glimlachte de abt. "En zo zul je hopelijk nog eens aan ons denken, al weet ik dat je dat zonder dit geschenk ook had gedaan."

Terwijl hij nog iets te drinken inschonk vervolgde hij ernstig:

"Dat doet me eraan denken dat ik je nog iets moet vertellen, Jezus. Je zei net dat je niet gezien wilde worden als koning. Dan moet je beslist weten dat er hier vlakbij het klooster iets opmerkelijks gaande is. Ene Johannes trekt veel belangstelling omdat hij mensen doopt in de Jordaan. Hij zegt dat hij hen wil voorbereiden op de komst van de ware koning. Er komen veel mensen op af. Het lijkt wel of ons volk meer dan ooit smacht naar iemand die hen de juiste weg zal wijzen."

Jezus fronste zijn wenkbrauwen.

"Waarom doet hij dat, dat dopen?" vroeg hij. "Wat is de betekenis van dat ritueel?"

"Het is bedoeld als een soort reiniging," antwoordde de abt. "Hij predikt dat mensen hun ziel moeten reinigen, zodat ze rein zullen zijn wanneer de ware koning komt. Sommigen denken dat hijzelf die ware koning is. Maar wij weten natuurlijk wel beter, niet waar?"

Hij legde zijn hand op Jezus' arm en sprak vertrouwelijk:

"Misschien is het goed wanneer je eens gaat kijken. Het kán geen toeval zijn dat hij hiermee is begonnen nu jij weer terug bent in Israël. Wie weet is hij wel de wegbereider waarover de profeet Jesaja heeft gesproken."

Zijn woorden brachten enige opwinding bij Jezus teweeg. Was dit dan eindelijk het teken van God waarop hij zo lang had gewacht? De abt zag zijn onrust. Glimlachend zei hij:

"Ik neem het je niet kwalijk als je weer wilt gaan. Je hebt nu belangrijkere zaken te doen!"

Hij begeleidde Jezus naar de poort. Daar omarmden ze elkaar een laatste maal. Toen steeg Jezus op, liet het klooster achter zich en reed richting Jordaan. Tot zijn verbazing vergezelden steeds meer mensen hem. De abt had niets te veel gezegd. Johannes' optreden trok inderdaad velen aan. Zijn hart klopte sneller dan normaal toen hij de rivier in zicht kreeg. Nieuwsgierig naar wat hij zou aantreffen, bond hij zijn paard aan een struik en volgde de anderen tot ze bij een doorwaadbare plaats kwamen. Daar stond een man tot aan zijn middel in het water. Vol vuur sprak hij de menigte toe:

"Maak je gereed mensen van Israël, maak je gereed om jullie koning te ontmoeten! Misschien vinden jullie mij een roepende in de woestijn. Maar ik zeg jullie: we moeten de weg voor hem bereiden, zijn pad effenen, want deze vorst van vrede zal binnenkort komen om jullie de liefde van God te brengen. Dus was je zonden weg in deze rivier. Laat je dopen en laat zo zien dat je bereid bent je ziel te reinigen. Alleen dan ben je waardig om deze grote koning te zien."

Jezus zag dat sommige mensen voorzichtig de oever afdaalden en zich lieten dopen. Iemand uit de menigte riep:

"Vertel Johannes, wat kunnen wij nog meer doen om waardig te zijn voor deze koning?"

Johannes antwoordde geestdriftig:

"Laat zien dat je je naaste werkelijk lief hebt. Houd niet alles wat je bezit voor jezelf, maar deel het met de ander. Heb je twee mantels? Geef er dan één aan iemand die er geen heeft. En deel je eten met hen die het nodig hebben."

Er waren ook enkele tollenaars daar. Door hun beroep waren zij niet bepaald geliefd.

"En wij Johannes, wat kunnen wij doen?" riep een van hen.

"Wees eerlijk in je werk," antwoordde Johannes met grote overtuiging. "Verhoog de belasting die mensen moeten betalen niet om er zelf beter van te worden. En voor jullie," richtte hij zich tot enkele soldaten: "Doe mensen geen onnodig geweld aan. Plunder niet en wees tevreden met de soldij die je ontvangt."

De mensen stonden verbaasd over zijn integere optreden en iemand vroeg:

"Ben jij misschien de Messias die ons is beloofd?"

Jezus hield even zijn adem in. Van allen daar aanwezig was hij misschien wel het meest benieuwd naar het antwoord op deze vraag. Johannes sprak met grote stelligheid:

"Zeker niet! Want ik doop met water maar hij die na mij komt zal dopen met liefde."

Zijn woorden ontroerden Jezus. In een opwelling drong hij zich door de menigte naar voren en met grote dankbaarheid in zijn stem zei hij:

"Goede vriend, jij bent een man naar Gods hart. En je hebt gelijk: het koninkrijk is nabij, dus doop mij alsjeblieft, want nu wil ik me openstellen voor de taak die God mij heeft toevertrouwd."

Hij trok zijn jas uit en strekte zijn hand uit. Verbaasd keek Johannes hem aan. Hij kende deze man niet maar op de een of andere manier intrigeerde hij hem. Hij waadde naar Jezus toe, pakte zijn hand en begeleidde hem het water in. Even keken ze elkaar aan en beiden voelden een vreemde chemie tussen hen. Toen liet Jezus zich onderdompelen.

En van het ene op het andere moment raasde een enorme storm door zijn lijf, een paarse storm die alles door elkaar gooide: verleden, heden, toekomst, alles kwam bij elkaar in een perfecte balans. Jezus besefte dat dit hét moment was, dat de energie van Christus nu deel van hem werd en hij zonk diep, dieper en nog dieper in een paarse oceaan van louter liefde, tot Johannes hem weer overeind hielp. Overrompeld kwam hij uit het water naar boven en precies op dat moment hoorden ze een stem die sprak:

"Dit is mijn zoon, Jezus van Nazareth, en vanaf nu drager van de

Christuskracht. Door hem zal ik mijn liefde openbaren!"

Verbijsterd keek Johannes de man tegenover zich aan. Hij begreep dat hij een glimp mocht ervaren van de realiteit die Jezus' leven beheerste. De volle betekenis van de woorden begrijpend, omhelsde hij hem innig. Daarna werd hij weer volledig opgeëist door de mensen op de wal. Jezus' hart bonsde hevig toen hij de oever weer op klauterde. Niet eerder had hij de aanwezigheid van zijn Vader zo intens ervaren als op dat moment. Volkomen in zichzelf gekeerd pakte hij zijn jas, steeg op en reed richting de woestijn, waar hij niemand zou tegenkomen. Hij zette zijn paard vast en ging zitten op de harde grond. Hij sloot zijn ogen en onmiddellijk voelde hij de tintelende energie van Christus in zijn lijf. Voorzichtig tastte hij het af, deze nieuwe sensatie, en hij probeerde aan het idee te wennen dat deze verbinding vanaf nu deel van zijn leven zou uitmaken. Het voelde nog niet echt vertrouwd, eerder beangstigend zelfs, en hij bad:

"Here God, ik weet dat ik dankbaar zou moeten zijn voor dit prachtige geschenk, maar op dit moment beangstigt het mij. Wilt u mij alstublieft helpen om deze enorme kracht te dragen en me behoeden voor verkeerde keuzes. Ik ben ook maar een mens en de verleidingen op mijn weg zullen groot zijn. Ik zal uw steun hard nodig hebben."

Meteen hoorde hij Gods geruststellende stem in zijn hoofd:

"Natuurlijk help ik je Jezus, mijn liefde is altijd met je. Als kind voelde je mijn liefde, misschien is die herinnering vervaagd. Daarom is Christus nu bij je. Hij is de verbinding tussen jou en mijn liefde die je vanaf nu altijd zult voelen en uitdragen. Ga mee in deze liefdevolle stroom zoals Buddha en Zarathustra voor jou deden en ontdek de ware betekenis van het leven. De stroom leidt je altijd in de goede richting, twijfel daar niet aan. Heb vertrouwen in deze Goddelijke kracht die iedereen naar zijn natuurlijke bestemming zal brengen. Dus help de mensen van mijn volk om in contact te komen met de Goddelijke vonk die in ieder van hen aanwezig is, laat ze voelen dat ze één zijn, één met elkaar en één met mij. Allen kunnen meedeinen op de Goddelijke stroom en uiteindelijk hun bestemming bereiken. Leer ze dit, dat is alles wat ik van je verlang."

Zijn stem stierf weg en Hij liet Jezus in verwarring achter. De bevestiging dat God hem inderdaad in dezelfde lijn plaatste als de grote spirituele leiders Buddha en Zarathustra overweldigde hem en zichzelf de tijd gunnend om dit allemaal te laten bezinken, besloot hij om voorlopig op deze eenzame plaats te blijven.

Het kostte Jezus behoorlijk wat tijd om te wennen aan zijn verbintenis met Christus. Maar langzaam groeide zijn zelfvertrouwen en het beeld van zijn opdracht werd hem steeds duidelijker. Hij bedacht dat hij voor de tweede keer in zijn leven de woestijn had opgezocht. De eerste keer was hij vol twijfel geweest en God had verder weg geleken dan ooit, terwijl hij nu wist dat hij God onvoorwaardelijk kon vertrouwen. Dat betekende dat hij eindelijk klaar was voor zijn taak. Hij stond op, rekte zich uit en ruimde zijn tas in. Hij verwisselde zijn kleding voor het prachtige overkleed dat hij van de abt had gekregen en besloot om eerst Johannes op te zoeken. Het was nog vroeg, zo zou hij in ieder geval de menigte voor zijn. Hij zadelde zijn paard en reed terug naar de Jordaan. Toen Johannes hem zag aankomen sprong hij overeind. Hij liep op hem af, liet zich voor hem op de grond vallen en omklemde zijn benen. Met omfloerste stem zei hij:

"Goddank dat je hier weer voor me staat! Ik was zo bang dat ik je in dit leven niet meer zou zien, mijn koning!"

Jezus boog zich naar hem over en hielp hem overeind.

"Waarom zei je dat: dat je bang was me in dit leven niet meer te zien?" vroeg hij bezorgd. "Vrees je voor je leven?"

Schichtig keek Johannes om zich heen. Hij trok Jezus aan zijn arm mee naar zijn tent. Pas daarbinnen antwoordde hij:

"Ja, ik vrees voor mijn leven. Herodes houdt me dag en nacht in de gaten. Hij is als de dood dat het volk mij als hun koning zal uitroepen. Eerlijk gezegd zou het me niet verbazen wanneer ik vandaag nog word gearresteerd."

Hij greep Jezus' hand en kneep deze bijna fijn.

"Luister!" zei hij bezwerend. "Als je ook maar enige kans van slagen wilt hebben, zorg dan dat je altijd mensen om je heen hebt. Ik ben een eenling en een makkelijk doelwit. Laat jou dat niet overkomen. Geloof me: je kunt dit niet alleen. Zorg daarom dat je werk ook na jou door kan gaan. Neem leerlingen aan die jouw boodschap verder kunnen uitdragen wanneer jou onverhoopt iets mocht overkomen."

Jezus staarde even roerloos voor zich uit. Toen sloeg hij zijn armen om Johannes heen.

"Dank je wel dat je zo met mij begaan bent," fluisterde hij bewogen. Helaas kan ik niet blijven om je bij te staan. Ik heb zaken te doen in Galilea. Maar ik zal iedere dag aan je denken en voor je bidden."

Verlegen maakte Johannes zich los uit zijn omarming. Samen kropen ze de tent weer uit. Buiten waren twee mannen inmiddels bezig een eenvoudig ontbijt klaar te maken. Gedreven liep Johannes op hen af.

"Petrus, Filippus, ik móet jullie voorstellen aan Jezus van Nazareth," onderbrak hij hun bezigheid. "Dit is hij waarover ik al die tijd heb gesproken. Niet ik, maar hij is het die door God is uitverkoren!"

Nieuwsgierig namen de twee mannen Jezus op.

"We zijn hier omdat we hoorden dat Johannes de Messias zou zijn," glimlachte Petrus. "Maar aangezien we ons kennelijk hebben vergist, is het misschien beter dat we bij jou blijven. Je kunt onze hulp waarschijnlijk goed gebruiken."

"Dat is een prima idee!" knikte Johannes instemmend. "Ik heb hem al gezegd dat hij leerlingen moest aannemen. Dus Jezus, als je wilt staan je eerste discipelen hier voor je!"

Verrast dat Petrus zo snel bereid was hem zijn vertrouwen te schenken, vorste Jezus de man tegenover zich en hij voelde dat wanneer hij zijn vriendschap schonk, deze onvoorwaardelijk was.

"Wat is beroep, Petrus?" vroeg hij.

"Visser, meester," antwoordde Petrus, verheugd dat Jezus zijn voorstel scheen te willen overwegen.

Jezus legde een hand op zijn schouder.

"Dan mag je mij helpen om visser van mensen te worden," lachte hij.

Hij nam afscheid van Johannes en samen met Petrus en Filippus ging hij op weg. Al snel merkte hij dat de twee mannen gretig waren om van hem te leren.

"Vertel eens meester, is het koninkrijk echt nabij?" vroegen ze hem toen ze een poosje hadden gelopen.

"Jazeker!" antwoordde Jezus. "Want ik ben gekomen om het vuur op de aarde te werpen en ik zal het behoeden tot het opvlamt!"

"Dus binnenkort is er weer een vrij Israël!" riep Fillipus

enthousiast uit. "Met u als koning uit het huis van David op de troon."

"Nou, dat heb ik niet gezegd!" glimlachte Jezus. "Ik ben niet gekomen om een politieke strijd te voeren, maar om jullie innerlijke vrijheid te leren en je zo de weg te wijzen naar het ware koninkrijk."

Een beetje teleurgesteld keken Petrus en Filippus elkaar aan. Was dit wat ze wilden horen?

"En waar is dat ware koninkrijk dan wel?" vroeg Petrus geringschattend.

"Niet in de hemel," antwoordde Jezus. "Want dan zouden de vogels jullie voorgaan. En ook niet in de zee, want dan zouden de vissen jullie voorgaan. Nee, het ware koninkrijk zit in jezelf. Je kunt het vinden door te begrijpen dat alles wat je hebt geleerd slechts politiek of eigen belang diende. Dat je gedreven werd door ijdelheid en dat je niet hebt geleefd zoals je had kunnen leven. Als je jezelf daarvan durft los te maken, zul je zien je dat je alleen maar mens hoeft te zijn en niets meer dan dat. En dan zul je gelukkig zijn, bevrijd van de lasten die altijd op je drukten."

"En dat kun je bereiken, ook al woon je in een bezet land?" vroeg Filippus aarzelend.

"Precies," knikte Jezus. "Want werkelijke vrijheid vind je in jezelf, ongeacht de situatie waarin je leeft."

Hij was blij te merken dat zijn leerlingen hem schenen te begrijpen.

"Kom!" zei hij opgewekt. "Laten we in dat dorp daar de bakker eens zoeken. Ik heb trek!"

Ze wandelden door de straten op zoek naar de bakkerij tot hun aandacht werd getrokken door een opstootje een eindje verderop. Een Romeins legionair ranselde met een zweep een man af die hulpeloos op de grond lag. Toen ze dichterbij kwamen hoorden ze hoe de man het uitschreeuwde van de pijn en vol afschuw zagen ze dat geen van de omstanders ook maar enige moeite deed om hem te helpen. Woedend beende Petrus op het groepje af en met één snelle beweging rukte hij de Romein de zweep uit de handen. Zijn actie had nog geen tien seconden geduurd en verbluft keek de soldaat hem aan. Toen, plotseling, probeerde hij er vandoor te gaan. Maar Petrus wist hem vast te grijpen.

"Nee mannetje, blijf jij maar eens even hier!" beet hij hem toe. "Of moet ik je soms een koekje van eigen deeg geven?"

Dreigend hief hij de zweep op en de legionair kromp in elkaar. Net op tijd kon Jezus tussenbeiden komen

"Nee Petrus, dat doe je natuurlijk niet!" sprak hij scherp en hij greep de zweep en smeet hem op de grond.

Toen knielde hij bij het slachtoffer neer. De arme man was door het gebeurde volledig overstuur en de striemen op zijn rug zagen er lelijk uit. Snel haalde Jezus een doek uit zijn rugzak en voorzichtig depte hij de wonden met een verzachtende olie die hij een poosje geleden had gemaakt. Al snel deed het middel zijn werk. De man slaakte een diepe zucht.

"Het wordt al wat dragelijker," fluisterde hij en hij toverde een voorzichtige glimlach tevoorschijn. "Dank u wel, ik denk dat het zo wel weer gaat."

"U hoeft me niet te bedanken hoor," zei Jezus bescheiden. "En die Romein zal u niet meer lastig vallen, daar zorg ik wel voor."

Hij stond op en draaide zich naar de legionair, die nog steeds door Petrus in de houdgreep werd gehouden. Hij nam de man kritisch op en zag dat het eigenlijk nog maar een jongen was.

"Wat is je naam, Romein?" vroeg hij streng maar niet onvriendelijk. "En hoe oud ben je?"

"Gaius Octavius, mijnheer," haastte de jongen zich te antwoorden. "Ik ben Gaius Octavius. En ik ben zeventien jaar,"

"Vertel eens Gaius, waarom sloeg je deze man?"

"Hij had iets gestolen, mijnheer! En onze regels zeggen nu eenmaal dat dat niet mag."

"Dat begrijp ik," knikte Jezus. "Maar heb je hem niet eerst gevraagd waarom hij ertoe gekomen was iets te stelen?"

Verbaasd keek Gaius hem aan.

"Nee, eerlijk gezegd niet," gaf hij aarzelend toe. "Ik dacht alleen maar aan onze regels want ik heb geleerd deze kost wat kost te handhaven."

"Dat lijkt me geen excuus om niet eerst even zelf na te denken," zei Jezus goedmoedig. "Want wat heeft hij eigenlijk gestolen? Dat heb je me nog niet verteld."

Een lichte blos verscheen op Gaius' gezicht.

"Een ... brood, mijnheer," zei hij zacht.

"Een brood ...," herhaalde Jezus. "En daarvoor heb je hem zo afgeranseld?"

De blos op Gaius' wangen werd dieper en hij wist niet wat hij moest zeggen. Jezus gebaarde naar Petrus dat hij de jongen moest loslaten en hij legde zijn hand op Gaius' schouder.

"Je bent nog jong, Gaius. Waarom heb je dienst genomen?" "We hebben het thuis niet zo breed," antwoordde Gaius. "De soldij die ik verdien kan mijn moeder goed gebruiken."

"Dat lijkt me een goede reden," glimlachte Jezus. "Beter je geld eerlijk verdienen dan dat je misschien een brood zou moeten stelen omdat je moeder anders niets te eten zou hebben, niet waar?"

Overdonderd keek Gaius hem aan. Toen schudde hij wild Jezus' hand van zich af en spurtte ervan door. Hoofdschuddend keek Jezus hem na. Toen draaide hij zich om en zag dat aardig wat mensen het voorval hadden gevolgd.

"Hé, waarom laat je hem zomaar lopen!" riep een van hen hem venijnig toe. "Hij verdient het niet hier zonder straf mee weg te komen!"

Diep teleurgesteld keek Jezus hem aan.

"En waarom dan wel niet?" vroeg hij scherp. "Zou u ook niet liever met begrip bejegend worden dan altijd maar met de nek aangekeken? Stel dat u zelf die jongen was, wat dan? Iedereen heeft toch zeker het recht om rechtvaardig behandeld te worden, of hij nu Romein is of Jood. Want wij zijn allemaal kinderen van God en geloof me: Hij maakt geen onderscheid!"

En zonder zich verder nog iets van iemand aan te trekken propte hij zijn spullen in zijn tas en gebaarde naar Petrus en Filippus dat ze verder gingen. Zonder brood, maar met genoeg voedsel om over na te denken volgden ze hem het dorp uit. Een hele poos liepen ze in stilte, tot Filippus zei:

"Ik kan me de reactie van die man eerlijk gezegd wel voorstellen. Ik denk dat weinig mensen zo grootmoedig zijn dat ze jouw houding kunnen begrijpen."

"Toch is het de enige weg," sprak Jezus vol overtuiging. "Die jongen zal niet snel weer een zweep in zijn handen nemen. Terwijl als wij hem hadden gestraft, hij gezind zou hebben op wraak. Maar het laat wel zien dat we nog een lange weg te gaan hebben."

Filippus knikte stil. In zijn hart bloeide een stille bewondering op voor deze man, die zoveel wijzer was dan hij. Zo reisden ze verder en overal waar Jezus kwam trok hij de aandacht. In die jaren trokken er meer profeten door het land, maar Jezus was zo duidelijk van een andere orde dat overal waar hij kwam mensen hem wilden zien en aanraken om zo geraakt te worden door de liefdeskracht van Christus die van hem uitging. Iedere dag weer stonden Petrus en Filippus versteld van wat hij deed. Maar Jezus bezwoer hen niet over hem te spreken als de Christus, want zo lang zij zich nog in Judea ophielden wilde hij de aandacht niet al te zeer op zich vestigen.

Toen Jezus na enkele weken terug was in Nazareth, zag Maria de verandering die hij had ondergaan. Ze herkende haar zoon bijna niet in die zelfbewuste man in zijn smetteloos witte gewaad en ze sprak lang met Petrus over alles wat hij onderweg van hem had gezien. Ze begreep hoe groot de invloed van de Christuskracht was in zijn wezen en het maakte dat ze met een gespannen verwachting naar hem keek.

Mirjam was zielsgelukkig dat haar broer op tijd terug was voor haar bruiloft. Het beloofde een enorm festijn te worden. Jacobus, die de taak van ceremoniemeester op zich had genomen, had in Kana, de geboorteplaats van Ruben, een herberg afgehuurd en velen uit Kana en Nazareth uitgenodigd. Jezus en zijn vrienden hadden de wagen van zijn moeder versierd met slingers en bloemen en al vroeg gingen ze op weg. Mirjam zag er beeldschoon uit in haar bruidsjurk. Toen ze bij de herberg aankwamen was Ruben zichtbaar ontroerd. Voorzichtig tilde hij haar van de wagen en kuste haar ten overstaan van alle gasten vol op haar mond. Jezus lachte breeduit, want Mirjam wist zich duidelijk geen houding te geven. Onder het baldakijn sprak de rabbi de zeven zegenspreuken voor hen uit. Hierna zetten de gasten zich aan de lange tafels. De herbergier liep af en aan en de stemming zat er al snel in. Een groepje muzikanten speelde opzwepende melodieën en er werd gedanst en gelachen. Ook Jezus vermaakte zich prima.

Jacobus nam zijn taak als ceremoniemeester serieus. Hij controleerde de gerechten voordat deze op tafel kwamen en liep zenuwachtig heen en weer om te zien of alles naar wens verliep. Jezus maakte zich stiekem een beetje vrolijk om hem, want hij bekommerde zich om alle gasten maar hem, Jezus, keurde hij geen blik waardig. Als hij ter plekke in rook was opgegaan had Jacobus het waarschijnlijk niet eens gemerkt. Maria genoot omdat het feest zo probleemloos verliep. Tot Jacobus in de loop van de middag naar haar toe kwam. Jezus zag dat hij geagiteerd iets tegen haar zei en nerveus zijn haar naar achteren streek. En hij hoorde dat Maria hem verontwaardigd toesprak en dat Jacobus met de staart tussen de benen afdroop. Hij stond op en schoof naast zijn moeder op de bank.

"Is er iets?" vroeg hij, benieuwd naar het onderonsje van zijn moeder met zijn broer.

"Typisch Jacobus!" verzuchtte Maria. "De wijn is nu al op! Ik wist het. Hij wilde per se ceremoniemeester zijn. Maar ik wist dat er iets niet goed zou gaan! Wat moeten we nu? Het feest is nog lang niet ten einde!"

Ze keek vertwijfeld om zich heen en zag de watervaten staan die bedoeld waren voor de rituele voetwassing. Een lichte spanning maakte zich van haar meester. Ze keek naar Jezus die naast haar zat. Even aarzelde ze maar toen stootte ze hem aan en zei, naar de vaten wijzend:

"Jij kunt dit probleem vast wel oplossen, Jezus!"

Jezus volgde haar blik en hij begreep onmiddellijk wat ze bedoelde. Haar suggestie irriteerde hem. Vandaag wilde hij gewoon broer van de bruid zijn en niets anders. Maar Maria stond op, liep naar een van de knechten en zei:

"Ik hoorde dat de wijn op is. Maar mijn zoon Jezus zal dit probleem oplossen. Wat hij ook zegt, doe dat!"

De bediende keek haar verbaasd aan maar knikte ten teken dat hij haar had begrepen. Maria liep terug en zag dat Jezus druk in gesprek was met zijn vrienden. Hij leek niet van plan zich iets van haar woorden aan te trekken. Teleurgesteld mengde ze zich tussen de gasten en zag daardoor niet dat Jezus opstond, naar de bediende toeliep en hem opdracht gaf de vaten met water te vullen. De woorden van zijn moeder nog in zijn hoofd deed de man wat hij zei. Al snel waren de vaten vol. Jezus richtte zijn blik naar binnen en zocht God. Als hij zich dan toch bekend moest maken dan maar nu, zodat Mirjam's feest in goede harmonie kon doorgaan. Even sloot hij zijn ogen. Toen keek hij de bediende strak aan en sprak met groot gezag:

"Vul een kruik en breng deze naar de bruidegom!"

De knecht haastte zich om aan zijn bevel te voldoen. Hij vulde een kruik uit een van de vaten en bracht deze naar Ruben. Ruben schonk zijn beker vol en toen hij had gedronken keek hij verrast op.

"Hé, Jacobus!" riep hij enthousiast. "Wat goed dat je de beste wijn tot het laatst hebt bewaard!"

Hij hief breed lachend zijn beker op en proostte naar hem. Jacobus keek of hij water zag branden. Hij haastte zich naar de tafel en zag tot zijn verbijstering dat Ruben hem niet voor de gek had gehouden. Verward keek hij op en zag Jezus bij de vaten staan. Onmiddellijk begreep hij wat er was gebeurd en welk een overweldigend teken zijn broer had afgegeven. Petrus zag zijn blik. Vertrouwelijk legde hij zijn hand op Jacobus' arm.

"Ben je hier verbaasd over?" vroeg hij. "Met de kracht die hem bezielt kan hij immers veel meer! Je moest eens weten hoeveel mensen hij al heeft geïnspireerd. Ikzelf heb alles achter me gelaten om hem te volgen. Wij geloven vanuit de grond van ons hart dat hij de Messias is en we zullen hem helpen bij wat hij maar van ons vraagt!"

Jacobus schaamde zich diep. Wat had hij zijn broer onheus bejegend! Even wist hij niet wat te doen. Toen stond hij op en liep naar Jezus toe. Zonder iets te zeggen omarmde hij hem en hij zei:

"Ik ben de grootste onbenul die hier rondloopt geloof ik. Vergeef me alsjeblieft!"

Zijn oprechte spijt ontroerde Jezus en even drukte hij hem tegen zich aan. Daarna wenkte hij zijn discipelen. Nog even keek hij naar het tafereel van de dansende en drinkende gasten. Toen draaide hij zich om en liet zijn familie achter zich om zijn eigen bestemming te volgen.

Maria

Jezus besloot voorlopig in Galilea te blijven, waar de invloed van de priesters beduidend minder was dan in Judea.

"Gaan we ook nog terug naar Nazareth?" vroeg Filippus. "Ik ben wel benieuwd naar jouw geboorteplaats."

Maar Jezus schudde beslist zijn hoofd.

"Nee, dat is geen goed idee. Geen enkele profeet wordt aanvaard in zijn eigen dorp, zoals ook een arts degene die hij kent niet kan genezen. Zij die me nog kennen van vroeger zullen niet accepteren dat ik ben veranderd. Mijn ideeën zullen in hun ogen waanzinnig zijn en ze zullen me voor gek verklaren. Nee, we gaan richting Kafarnaum. Petrus' familie woont daar en hij staat erop mij aan hen voor te stellen."

Steeds meer mensen volgden hem. Aan de oever van het meer van Galilea aangekomen verzamelde Jezus hen om zich heen en vertelde:

"Zie, een zaaier nam een handvol zaad en strooide het uit. Sommige korrels vielen op de weg. De vogels kwamen en aten het op. Andere vielen op de rots en schoten geen wortel. En weer andere vielen op doornen waar het verstikte. Maar er waren ook die in goede aarde vielen en zij leverden veel vruchten op. Wanneer jullie willen dat mijn boodschap vrucht zal dragen, zorg dan voor een goede voedingsbodem. Laat je gezond verstand niet vertroebelen door wetten en regels, maar wordt vrije denkers die durven te geloven dat het anders kan."

En hij vervolgde:

"De Farizeeën en schriftgeleerden hebben de sleutel naar kennis voor jullie verborgen. Ze begrijpen niet waar het in wezen om gaat en toch noemen zij zich jullie leiders. Maar zij hebben van het rechte pad een dwaalweg gemaakt. Zij denken de waarheid in pacht te hebben, maar het is slechts hun eigen waarheid. Laat je hierdoor niet meeslepen! Zoek de waarheid die in jezelf ligt. Wees slimmer dan zij, dan zul je de sleutel terugvinden en alles begrijpen."

De mensen luisterden ademloos en ze dromden om hem heen om nog meer te horen. Maar Jezus vond het genoeg voor dat moment en hij riep naar een visser die met zijn boot aan de wal lag:

"Beste man, wilt u mij misschien naar de overkant brengen? Het is hier nogal druk!"

De visser draaide zich om en Petrus slaakte een kreet van verrassing.

Opgetogen keek hij Jezus aan.

"Dat is mijn broer!" glunderde hij. "Ik heb hem minstens een jaar niet gezien. Hij zal ons zeker meenemen!"

Hij rende weg en omhelsde zijn broer zo enthousiast dat ze bijna in het water belandden. Lachend volgden Jezus en Filippus hem en nadat Petrus hen had voorgesteld stapten ze in de boot.

"Misschien kunnen we nog wat vissen," stelde Jezus voor.

"Dat heeft geen zin," antwoordde Tadeüs, Andreas' knecht. "We hebben al de hele nacht gevist en niets gevangen."

"Nou, als ik jullie was zou ik toch nog een poging wagen," hield Jezus echter aan en Petrus gebaarde naar zijn broer dat hij moest doen wat Jezus zei.

Verstoord keek Andreas hem aan.

"Tadeüs zei toch dat we het al geprobeerd hebben." zei hij stuurs. "Ik weet heus wel hoe ik moet vissen hoor. En die man daar is duidelijk geen visser!"

Petrus schoot in de lach.

"Nou, dan doe je het toch niet!" zei hij. "Maar je vindt het vast wel goed wanneer ik een poging waag."

Voordat Andreas kon protesteren zette hij het net uit. Vrijwel onmiddellijk voelden ze hoe het gewicht van het net de boot scheef trok. Andreas schoot overeind. Samen met Tadeüs haalde hij met moeite het net weer in. Het zal zo vol dat het bijna scheurde en toen ze het geleegd hadden was de boot vol met vis. En Jezus lachte:

"Vanaf nu hoeven jullie niet meer te vissen. Want jullie mogen mij helpen om de mensen alles over het koninkrijk te leren!"

Net als Andreas en Tadeüs sloten steeds meer mensen zich spontaan bij Jezus aan. Sommigen lieten zelfs huis en haard in de steek waaronder ook een behoorlijke groep vrouwen. In een cultuur waar zij als tweederangs burgers werden beschouwd, nam Jezus het voor hen op en zij schenen zijn boodschap beter te begrijpen dan de mannen die zich altijd overal druk om maakten. Waar hij in het begin moest schipperen met het weinige geld dat ze bezaten, had hij al snel geen financiële zorgen meer. Suzanne, een rijke weduwe die hem volgde, had hem haar hele vermogen gegeven en dit was ruim voldoende om voorlopig vooruit te kunnen. Zo konden ze tenten, wat keukengerei en de nodige proviand kopen voor de vaste groep die zich in de loop van de maanden om hem heen had verzameld. In overleg met Petrus besloot hij om meer leerlingen aan te nemen. Uit zijn volgelingen koos hij diegene die hij het meest geschikt achtte om zijn boodschap te helpen uitdragen zoals Jakobus en zijn broer Johannes, Bartolomeüs, Thomas en de tollenaar Matteüs, die vanaf het moment dat Jezus een keer bij hem thuis had gegeten zijn leven totaal had omgekeerd, Jakobus en Simon de zeloot, die in Jezus de enige rechtmatige koning van Israël zag. En Judas Iskariot, de administrateur, die van Jezus de taak kreeg toebedeeld de financiën te beheren. De woorden van Johannes de Doper in zijn achterhoofd, leerde Jezus hen zoveel hij kon en hij probeerde hun vragen zo goed mogelijk te beantwoorden. En vragen hadden ze genoeg.

"Meester, wilt u dat wij vasten? En moeten we wel of geen aalmoezen geven?"

"Vasten is niet goed voor je lichaam, je doet jezelf ermee te kort,"antwoordde Jezus stellig. "En je kunt alleen aalmoezen geven wanneer je bezit hebt. Terwijl het beter is om geen bezit hier op aarde, maar in de hemel te verwerven. Weinig mensen zullen bereid zijn te geloven dat je pas gelukkig wordt als je alles opgeeft. Toch zullen alleen zij die hun maatschappelijke leven verliezen, hun ware leven terugvinden. Jullie hebben alles opgegeven om mij te volgen. Jullie beloning zal zijn dat jullie het koninkrijk zullen leren kennen."

"Waarop lijkt het koninkrijk?" vroegen ze toen.

"Het koninkrijk lijkt op een mosterdzaadje, het kleinste van alle zaadjes. Als het echter in goede aarde valt, wordt het een grote plant, zelfs zo dat de vogels erin kunnen schuilen. Denk daarom niet dat je in je eentje niets kunt beginnen. Want een rechtvaardige wereld begint vaak bij een eenling. En als de mensheid openstaat voor zijn boodschap, zal de beweging voor een rechtvaardiger maatschappij razendsnel om zich heen grijpen."

"Dus door jou zal het koninkrijk er snel komen?" vroeg Simon gedreven.

"Nou, dat ligt eraan," temperde Jezus zijn enthousiasme. "Een mens wordt niet zomaar wakker. Hij zal ervoor moeten vechten en zelf de keuze moeten maken tussen de maatschappij en zichzelf, met alle weerstand die hij daarbij moet overwinnen. Want hij is van zichzelf en van Gods bedoeling met de mensheid afgedwaald en het is niet zo makkelijk weer terug te keren."

"Leuk dat je dit allemaal zo stellig beweert. Maar wie ben jij eigenlijk dat je denkt alles te weten," merkte Thomas achterdochtig op.

"Nou, zeg dat zelf maar," kaatste Jezus de bal terug. "Wie denken jullie dat ik ben?"

"Jij bent de Messias, gekomen om Israël te bevrijden!" riep Simon opgetogen.

"Nee, jij bent Elia die is teruggekeerd om ons te helpen," wierp Tadeüs tegen.

"Ik vind je een wijze filosoof, net als Plato," sprak Mattheüs.

"Jij bent de drager van de Christuskracht, Gods hoogste geest die naar de aarde is gekomen om door jou mensen te raken." zei Petrus.

Jezus legde een hand op zijn schouder.

"Ja Petrus, zo is het. Ik ben niet anders dan wie ook. Het is Christus die maakt dat ik durf te zeggen: ik ben het brood waarvan je kunt leven. Niet het brood dat je eet, maar geestelijk voedsel zal je verrijken. Ik ben de poort naar het licht, ik kan jullie leren hoe je tot verlichting komt. Ik ben de herder, die de verloren schapen zal terugbrengen in het huis van de Vader. Ik stimuleer mensen op te staan, in beweging te komen en op zoek te gaan naar de waarheid om zo weer echt te gaan leven. En dit alles zal ik jullie ook leren. Maar denk erom: ik bepaal zelf het moment waarop ik mijn verbondenheid met Christus bekend zal maken, is dat duidelijk?"

Zijn discipelen knikten. En Judas vroeg zacht:

"Is dat niet zwaar Jezus, om die Christuskracht te dragen?"

Verrast keek Jezus hem aan. Judas was altijd wat stilletjes. Dat juist hij nu deze opmerking maakte! Warm knikte hij:

"Ja, dat is het zeker. Daarom zal ik me af en toe terugtrekken om weer even tot mezelf te komen. En graag doe ik dat nu ook. Als jullie in de buurt van Kafarnaum de tenten vast opzetten, dan zie ik jullie straks wel weer."

Hij liet hen achter en volgde een klein pad dat tussen de bomen door de berg op slingerde. De zon werd gefilterd door het bladerdak en wat hoger ging de begroeiing over in laag struikgewas. Het pad werd nu steiler en hij klom van rots tot rots, tussen de struiken door, tot hij bovenop de berg was. Even genoot hij van het prachtige uitzicht over het meer van Galilea. Daarna daalde hij langs de andere kant naar beneden. Het landschap daar was liefelijk. De bladeren aan de bomen waren groen en er bloeiden bloemen, de aanwezigheid van water verradend. Genietend van de mooie natuur volgde hij het smalle pad tot hij opeens iets hoorde dat zijn aandacht trok. Hij stond stil en luisterde. Iemand neuriede een lied. Flarden van de melodie drongen tot hem door. Het klonk mooi. Nieuwsgierig baande hij zich een weg door het struikgewas. Al snel zag hij de glinstering van water, en ook wie er zong. Bij een kleine poel, een beetje in de diepte, zat een jonge vrouw. Ze had een kruik bij zich en ze waste haar lange haar in het heldere water. Jezus hoorde hoe ze zacht haar lied voortzette en waarom wist hij niet, maar hij verlangde ernaar met haar te praten. Zachtjes, om haar niet aan het schrikken te maken, daalde hij het pad verder af. Hij kon echter niet voorkomen dat enkele kiezels naar beneden rolden en dit hoorde het meisje. De melodie stokte en ze draaide zich om. Ze nam hem op en kennelijk kon wat ze zag haar goedkeuring wegdragen want ze knikte vriendelijk naar hem en zei onbevangen:

"Hallo."

"Hallo," antwoordde hij. "Ik heb je toch niet laten schrikken, hoop ik?"

"Nee hoor," stelde ze hem gerust. "Hoewel dit de eerste keer is dat iemand mijn plekje ontdekt."

Ze kneep het vocht uit haar haren en pakte een doek om ze af te drogen. Jezus glimlachte.

"Het is erg mooi, dit plekje van jou," zei hij. "Vind je het goed als ik hier wat uitrust?"

"Natuurlijk," knikte ze.

Jezus daalde verder het pad af en zocht een plaatsje langs het water. Hij trok zijn sandalen uit en zette zijn voeten in het water. Hè, dat voelde goed. Het meisje pakte de kruik, haalde een kroes uit haar mand en schonk er wat water in.

"Hier," zei ze.

Verheugd nam Jezus de beker aan en dronk. Het water was lekker fris en leste zijn dorst. Ondertussen kamde het meisje haar haren door en liet ze drogen in de zon.

"Kom je hier vaak?" informeerde Jezus toen de beker leeg was.

Het meisje knikte.

"Best wel," zei ze terwijl ze naast hem kwam zitten. "Het is hier zo vredig. Dat doet me altijd goed."

Ze glimlachte naar hem. Nu ze zo naast hem zat, kon hij haar goed bekijken. Ze had een mooi gezicht. Haar lippen waren vol en haar neus was goed gevormd. Maar het mooist waren haar ogen, bruin, met hier en daar een twinkeling, alsof de zon zelf erin scheen.

"En wat doe je dan al zo, als je hier bent?" vroeg hij, benieuwd naar wat ze zou zeggen.

"Ik luister," antwoordde ze. "Ik luister naar de stilte."

Even dwaalde haar blik af. Jezus volgde haar blik en hij zag de groene heuvels die de poel omringden, hij zag de zonnestralen die door de bladeren van de bomen speelden en hij hoorde zacht het gekwetter van vogels in de verte. Ze keken elkaar aan en het meisje voelde een vreemde verbondenheid met deze man die ze niet kon verklaren.

"Weet je..." vervolgde ze. "Als je heel goed luistert dan kun je God hier horen. Als het stil is en je bent zelf ook heel stil dan komt Hij naar je toe en praat met je, hier, in je hart."

Ze legde haar hand op zijn borst en lachte een beetje verlegen. Toen besefte ze plotseling wat ze deed. Snel trok ze haar hand weer terug en zei bedeesd:

"Ik weet eigenlijk niet waarom ik jou dit zomaar vertel. Eigenlijk praat ik nooit met iemand over deze dingen."

Haar zachte glimlach ontroerde hem. Voorzichtig legde hij zijn hand op de hare en hij zei zacht:

"Misschien vertel je het mij omdat je weet dat ik begrijp wat je bedoelt."

Ze keek naar hem op. Hun blikken ontmoetten elkaar. En lieten elkaar niet meer los. Jezus voelde zijn hart minstens twee slagen overslaan en hij verdronk in haar ogen. Een enorme ontroering maakte zich van hem meester. Langzaam tilde hij zijn hand op en streelde haar wang.

"Hoe heet je eigenlijk?" fluisterde hij.

"Ik ben Maria," zei ze. "Maria van Magdala. En jij bent?"

"Ik ben Jezus," antwoordde hij. "Jezus van Nazareth."

Wanneer de bliksem op dat ogenblik voor haar voeten was ingeslagen had het meisje niet erger kunnen schrikken. Meteen was het bijzondere moment voorbij. Ze slaakte een gesmoorde kreet en sloeg haar handen voor haar gezicht.

"Jij bent... Jezus," stamelde ze. "Jezus van Nazareth...,"

Jezus, die niets begreep van haar plotselinge verwarring, knikte en bevestigde:

"Ja, dat zei ik. Maar...,"

Hij kon zijn vraag echter niet afmaken want Maria was overeind gevlogen en holde weg naar haar mand die even verderop stond. Ze pakte haar doek en kroes, stopte deze er gehaast in en vluchtte weg richting het pad. Maar ook Jezus was overeind gekomen. Met enkele sprongen was hij bij haar en hield haar tegen.

"Wat is er?" vroeg hij dringend. "Wat heb ik gedaan, gezegd, dat ik je zo heb laten schrikken?"

Maria schudde verward haar hoofd en de mand viel uit haar handen. Toen viel ze plotseling op haar knieën voor hem neer en omklemde zijn benen met haar armen. Met een door emotie verstikte stem zei ze:

"Ik weet wie jij bent. Jij bent de drager van de Christuskracht en mijn Meester. En juist voor jou meende ik iets te voelen dat ik...,"

Ze maakte haar zin niet af. Een snik welde op in haar keel. Jezus wist niet wat hem overkwam. Verlegen keek hij op haar geknielde gestalte neer. Toen boog hij zich naar haar toe en pakte haar zacht bij de arm.

"Kom," zei hij teder. "Kom, sta op. Volgens mij hebben wij wat te bepraten."

Ze liet zich door hem overeind helpen. Opnieuw kon Jezus zijn ogen niet van haar afhouden. Niet eerder in zijn leven had een vrouw zoveel bij hem teweeg gebracht. En verwonderd vroeg hij:

"Waarom schrok je nou zo? En hoe weet je wie ik ben?"

"Johannes de Doper vertelde me over je," antwoordde Maria. "Maar toen hij me aanmoedigde om jou te volgen, had ik geen idee dat jij wel eens de zielsverwant kon zijn waarnaar ik al zo lang zoek."

Ze richtte haar blik op hem en vervolgde met vaste stem:

"Ik weet zeker dat jij en ik met elkaar in verbinding staan en dat ik je al kende voordat ik je zag. Want ik herinner me de geestelijke wereld nog levendig en ik herken de energie die jij uitstraalt."

Pas nu begreep Jezus waarom hij zich, vanaf het eerste moment dat hij haar had gezien, tot haar aangetrokken had gevoeld. Hij had eindelijk, na al zijn omzwervingen, iemand gevonden die uit zo'n hoge geestelijke sfeer kwam dat zij hem op z'n minst zou kunnen begrijpen. Weer vonden hun blikken elkaar, versmolten in elkaar. En in een opwelling sloeg hij zijn armen om haar heen en kuste haar plompverloren op haar wang. Zijn kus raakte Maria diep. Het besef wie hij was en dat juist hij haar zomaar kuste ontroerde haar. Tranen kwamen in haar ogen en ze huilde en lachte tegelijk. En Jezus vroeg:

"Blijf je bij me?"

Maria knikte. Zonder ook maar één moment te aarzelen zei ze:

"Ik blijf bij je."

De schemering viel al in toen ze eindelijk het pad weer omhoog klommen. Samen haar mand tussen zich in dragend gingen ze op weg naar de stad waar zijn vrienden op hem wachtten.

Toen ze bij de stad aankwamen, zag Maria tot haar grote verbazing dat daar misschien wel honderd mensen wachtten in de hoop dat Jezus nog zou komen. En ze zag ook de tenten waar zijn vaste volgelingen sliepen. Verbijsterd keek ze hem aan.

"Gaat het overal waar je komt zo?" vroeg ze.

Hij glimlachte verlegen en antwoordde, bijna verontschuldigend:

"Ik vrees van wel. Dus wen er maar vast aan dat je mijn aandacht zult moeten delen."

Meteen werden zijn woorden bewaarheid want toen de menigte hem in de gaten kreeg, eiste ze hem op en binnen de kortste keren werd hij omringd door bewonderaars. Maria stond een beetje verloren langs de kant, haar mand naast zich. Maar haar aanwezigheid was niet onopgemerkt gebleven want een vrouw kwam op haar toe en sprak haar vriendelijk aan.

"Hallo! Ik zag jullie aankomen. Jij bent nieuw, toch?"

Maria knikte.

"Dat klopt. We kwamen elkaar tegen bij de poel en graag wil ik bij hem blijven. Maar dit alles overweldigt me wel."

"Je went er wel aan," lachte de vrouw. "Niets is meer gewoon als je besluit hem te volgen."

Ze stak haar hand uit.

"Ik ben Suzanne. We zijn hier met een heel groepje vrouwen en dat is maar goed ook, want als wij niet overal voor zorgden zou er niets van terecht komen!"

Maria schoot in de lach en schudde haar hand.

"Ik ben Maria," stelde ze zich voor. "Zo te zien kunnen jullie wel een paar extra handen gebruiken."

"Zeker weten!" knikte Suzanne. "Kom, ik zal je wegwijs maken."

Ze liep naar het tentenkamp en wees Maria een tent waar meer vrouwen sliepen.

"Blijf eerst maar hier," stelde ze voor. "Dan leer je iedereen vast een beetje kennen. Wacht, geef mij die mand maar."

Ze ging de tent in, maakte een slaapplaats voor Maria klaar en stelde haar voor aan de andere vrouwen. Maria schudde iedereen de hand en pakte toen haar mand uit. Door haar spulletjes zo'n beetje op haar plekje te leggen werd het al een beetje eigen. Toen ging ze weer naar buiten. Het was nu bijna donker en de mensen gingen zo langzamerhand huiswaarts. En eindelijk zag ze Jezus weer. Hij keek zoekend rond en ineens kreeg hij haar in de gaten. Een warme glimlach verscheen op zijn gezicht.

"Maria!" riep hij verheugd met luide stem. "Je bent er nog!"

Suzanne en de andere vrouwen keken verrast op. Zo uitbundig kenden ze hem niet en ze begrepen onmiddellijk dat Maria onder hen een bijzondere plaats zou gaan innemen. Jezus liet de mensen achter zich en kwam naar haar toe. Hij sloeg zijn armen om haar heen en vertrouwelijk fluisterde hij in haar oor:

"Ik was even bang dat je er vandoor was gegaan. Maar ik ben blij te zien dat dit alles je niet heeft afgeschrikt."

Maria glimlachte wat onzeker.

"Vooralsnog niet," antwoordde ze. "Maar ik hoop dat je niet altijd zo in beslag wordt genomen."

Warm keek hij keek haar aan.

"We zullen zien," zei hij. "Misschien moeten we wat moeite doen om elkaar af en toe onder vier ogen te kunnen spreken. Maar als we proberen tijd voor elkaar te vinden, moet dat toch lukken."

Zijn opgewektheid werkte aanstekelijk en Maria lachte haar

bezwaren weg.

"Laten we dan goed beginnen," stelde ze voor. "Ik zal water halen om je voeten te wassen. En heb je al gegeten?"

Hij schudde zijn hoofd.

"Nee, nog niet. Als jij iets zou willen halen, zou dat heerlijk zijn."

Maria knikte en ging op weg. En Jezus liep naar zijn tent. Toen hij zich op zijn bed liet zakken, merkte hij pas hoe moe hij was. De gezichten van al die mensen die alsmaar een beroep op hem deden trokken in zijn hoofd nogmaals voorbij. Het kostte hem moeite de beelden van zich af te zetten en zich te ontspannen. Gelukkig was Maria al snel terug met een bak water en ze knielde bij hem neer. Ze trok zijn sandalen uit, waste zijn voeten en masseerde ze met een heerlijk geurende olie. Jezus voelde de spanning van zich afglijden. Dankbaar glimlachte hij naar haar. Nu ging ze op pad om iets te eten te halen. Ze aten samen in zijn tent en verlangend om meer over haar te weten vroeg hij:

"Vertel eens iets over jezelf, Maria. Waar kom je vandaan en in wat voor gezin ben je opgegroeid?"

"Ik ben opgegroeid in Betanië," antwoordde ze. "Ik heb een zus, Martha, en een broer, Lazarus. Mijn vader was bakker en na zijn overlijden heeft mijn broer zijn werk overgenomen. Ik heb een heerlijke jeugd gehad. Tegenwoordig woon ik in Magdala, waar ik werk in de herberg van mijn tante. Bedden verschonen, wassen, koken. Ik wilde meer van de wereld zien dan alleen maar mijn eigen dorp."

"En, heb je plezier in je werk?" vroeg Jezus tussen twee happen door.

Maria knikte enthousiast.

"Oh ja! Er komen telkens andere mensen over de vloer en ik hou ervan ze te observeren. Bovendien vind ik het prettig dat ik in mijn eigen onderhoud voorzie en zelf kan bepalen wat ik doe. Zo heb ik les genomen in Grieks en Latijn. Ik wilde de Griekse filosofen lezen en de Romeinse cultuur beter leren begrijpen."

Verrast keek Jezus op.

"Wat bijzonder!" zei hij bewonderend. "En, kun je het al een beetje?"

"Jazeker!" antwoordde Maria zelfbewust. "Ik heb al heel wat gelezen. Pas maar op, ik zal je nog versteld doen staan met alles wat ik weet!"

Teder keek Jezus haar aan.

"Dat heb je al gedaan," glimlachte hij en hij drukte een kus op haar hand.

Verlegen liet Maria hem begaan. Toen maakte ze aanstalten om zich bij de andere vrouwen te voegen. Ook voor haar was het een lange en emotionele dag geweest en ze was moe. Maar Jezus hield haar tegen. Hij sloeg zijn armen om haar heen en legde zijn wang tegen de hare. Zacht fluisterde hij:

"Dank je wel voor alles. Ik ben zo blij dat ik je heb ontmoet! Al hebben we misschien weinig tijd voor elkaar, te weten dat je er bent betekent al heel veel voor mij!"

Net als die middag kuste hij haar zacht op haar wang. Pas daarna liet hij haar gaan. Maria had het gevoel dat ze danste toen ze terugliep naar haar tent. Haar hart bonsde en zijn stem klonk nog na in haar hoofd. Hij had haar met zijn innemende persoonlijkheid volledig overrompeld. En ze wist dat, wat er verder ook zou gebeuren, haar leven vanaf nu voor altijd op zijn kop zou staan.

De maanden die volgden verliepen voor Maria als in een roes. Suzanne had geen woord te veel gezegd. Jezus volgen betekende absoluut het begin van een nieuw leven. Vooral de eerste weken viel ze van de ene verbazing in de andere. Ook al had hij haar verteld over de intensiteit van de Christuskracht, toch was ze verbijsterd door de dingen die hij deed. Wanneer hij de massa toesprak en vrijmoedig zijn volmacht toonde, herkende ze hem bijna niet als de man die naast haar zat met eten, die af en toe teder zijn hand op de hare legde en zijn arm om haar schouders sloeg. Dat ze tot over haar oren verliefd op hem was, werd haar al heel snel duidelijk. Nog nooit had ze zich zo tot een man aangetrokken gevoeld. Zoekend naar hem, die misschien wel uit dezelfde hoge geestelijke sfeer zou komen als zij, was ze vaak teleurgesteld. Op de een of andere manier slaagde ze er maar niet in de man te vinden waarmee ze die voor haar zo belangrijke geestelijke verbondenheid voelde. Ze had dan ook min of meer aanvaard dat ze waarschijnlijk altijd alleen zou blijven, wetend welke hoge eisen ze stelde. En nu was hij in haar leven gekomen en ze wist niet wat haar overkwam. Eén blik was vaak al voldoende voor hen en ze voelden zich vertrouwd bij elkaar al spraken ze geen woord. Haar verlangen om meer in zijn gezelschap te verkeren, werd in de loop van de tijd sterker en sterker. Ze had Suzanne om een eigen tent gevraagd, hopend dat hij haar daar zou opzoeken. Maar tot nu toe had hij dat niet gedaan. Wat hij precies voor haar voelde was haar dan ook niet duidelijk. Weliswaar zocht hij regelmatig haar gezelschap, nam hij haar in zijn armen en kuste hij haar liefdevol op haar wang of in haar haren. Maar er waren ook dagen dat hij nauwelijks aandacht voor haar had, zo werd hij dan in beslag genomen, niet alleen door de menigte maar ook door zichzelf. Hij kon uren achtereen in zichzelf verzonken zitten, biddend en mediterend. Niemand waagde zich dan in zijn buurt, wetende dat hij zich op die momenten opnieuw verbond met Christus die in hem was. Dan betrad hij een terrein waar zelfs zij hem niet kon volgen en ze besefte dat dit wel eens een onneembare barrière kon zijn. Dat zijn liefde voor God en zijn trouw aan zijn missie het altijd zou winnen van zijn verbondenheid met haar en dat hij daarom ook geen avances maakte. Ze begreep dat hij hierin zijn eigen weg moest vinden. Ze drong zich dan ook niet op, maar was er voor hem als hij haar nodig had, hopend dat God zelf, die haar liefde voor hem natuurlijk al lang had herkend, hen bij elkaar zou brengen.

Jezus' optreden in Galilea bleef ook in Judea niet onopgemerkt. De priesters in Jeruzalem volgden alle verhalen die binnendruppelden gespannen. Hun inspanningen waren erop gericht het verdorven koningschap van Herodes een halt toe te roepen door een vorst uit het huis van David op de troon te zetten. Die integere vorst zou het morele verval tot staan brengen en trouw de wetten van de Thora voorleven. De verhalen over Jezus riepen echter gemengde gevoelens bij hen op. Regelmatig kregen zij de indruk dat hij zich ook niet altijd aan de wet hield. Want nam hij het niet op voor Romeinen en genas hij zieken niet zelfs op de sabbat? En ook al kwam hij uit het huis van David, hij scheen geen enkele ambitie te hebben om de troon van Herodes over te nemen. Wat hij dan wel wilde was hen eigenlijk niet duidelijk. Daarom stuurden ze een afvaardiging naar Johannes de Doper, die zijn werk nog steeds vol ijver deed. Enigszins verbaasd zag hij de schriftgeleerden in hun prachtige gewaden aankomen. Tot nu toe hadden ze hem nog niet met een bezoek vereerd, verlegen als zij waren met zijn zonderlinge verschijning en de boodschap die hij verkondigde. Hij was dan ook benieuwd wat ze nu kwamen doen.

"Goedendag, beste man," begroetten de priesters hem en ze maakten zowaar een kleine buiging. "Graag willen wij u een paar vragen stellen, als het kan." Johannes knikte en ging hen voor naar zijn tent. Daar bood hij hen iets te drinken aan. Maar de priesters, die zijn armoedige onderkomen geringschattend bekeken, weigerden beleefd. Meteen ter zake komend vroegen ze:

"U verkondigt dat Jezus van Nazareth de Messias is die ons is beloofd. Maar hoe kunt u daar zo zeker van zijn?"

Johannes keek hen een tikkeltje meewarig aan en vrijmoedig antwoordde hij:

"U herkent Christus niet als hij zich onder ons bevindt? Kijk naar de tekenen die hij doet: waar hij ook komt voelen mensen zich gelukkiger en durven ze zich onafhankelijk en vrij op te stellen. En overal wordt het evangelie verkondigd. Dus ik begrijp uw verwarring niet. U ziet toch zeker ook wel dat het koninkrijk nu nabij is!"

De priesters keken elkaar verbaasd aan. Johannes' woorden waren niet echt het antwoord waarop zij gehoopt hadden.

"Wij gingen ervan uit dat de Messias, afkomstig zijnde uit het huis van David, op zijn minst zijn troon zou opeisen," weerlegden ze.

Johannes kon een glimlach niet onderdrukken.

"Dat doet hij immers ook!" zei hij vol overtuiging. "Alleen is zijn koningschap niet van deze wereld. Maar dat hij koning zal zijn voor altijd, daar twijfel ik geen moment aan!"

Weer keken de priesters elkaar vertwijfeld aan. Ze begrepen absoluut niet waar Johannes het over had en zijn enigszins meewarige glimlach irriteerde hen. Johannes zag hun verlegenheid. Scherper van toon vervolgde hij:

"Eerlijk gezegd begrijp ik niet wat u hier eigenlijk komt doen! Waarom houdt u zich niet bezig met belangrijker zaken die momenteel spelen. U ziet toch ook wel dat Herodes in zonde leeft nu hij zomaar zijn vrouw het huis heeft uitgejaagd, en Herodia, de vrouw van zijn neef, bij zich heeft genomen. Beter dan hier uw tijd te verdoen kunt u zich beter bij hem laten zien en hem op zijn schandelijke gedrag aanspreken!"

De priesters voelden zich als kleine kinderen op de vingers getikt. Hij had natuurlijk gelijk. Ze durfden echter niet toe te geven dat ze uit angst niets hadden ondernomen tegen Herodes' verdorven levensstijl. Johannes, die het gesprek als beëindigd beschouwde, stond op.

"Als u het goed vindt, ga ik weer verder met mijn werk," zei hij kortaf. "Er wachten mensen op mij die mij gelukkig wel begrijpen."

Hij liet de priesters teleurgesteld achter. Dit gesprek had hen geen stap verder gebracht. De arme Johannes ondervond echter de bittere gevolgen van hun bezoek want het kwam Herodes ter ore wat hij over hem had gezegd. Nog diezelfde middag onderschepten zijn soldaten hem toen hij van de Jordaan terugliep naar zijn tent. Zonder enige vorm van proces gooiden ze hem in een duistere kerker en maakten hem zo monddood.

Al snel vernam Jezus dat zijn vriend gevangen was gezet. Hij was diep geschokt. Zijn volgelingen achterlatend onder de hoede van Jacob, vertrok hij de volgende ochtend met zijn leerlingen en Maria naar Jeruzalem. Hij prikkelde hen om zo snel mogelijk te reizen. Hij kende Herodes' grillen en was bang dat hij wel eens te laat zou kunnen komen. Toen ze na enkele dagen in de buurt van Jeruzalem kwamen, omringden steeds meer mensen hen. Het gerucht dat dé Jezus van Nazareth vanuit Galilea op weg was naar de stad, was als een lopend vuurtje voor hem uitgegaan en velen wilden hem nu wel eens zien. Jezus liet zich echter niet verleiden teveel van zichzelf prijs te geven. Het doel van zijn bezoek niet uit het oog verliezend ging hij door een van de vele poorten de stad in. Bij de tempel aangekomen liep hij doelbewust naar het gebouw waar het Sanhedrin zetelde.

"Wachten jullie maar hier," zei hij tot zijn vrienden en hij ging naar binnen.

In de hal zat een priester aan tafel te schrijven. Toen Jezus binnenkwam keek hij op.

"Kan ik u helpen?" vroeg hij vriendelijk.

"Dat hoop ik," antwoordde Jezus. "Ik probeer uit te vinden hoe het gaat met mijn vriend Johannes de Doper."

De priester keek hem even indringend aan. Toen stond hij op.

"Loopt u maar mee," zei hij. "Het bestuur van de raad is toevallig in vergadering bijeen en zal zeker bereid zijn u te woord te staan."

Hij ging Jezus voor door een lange gang en opende een deur aan het eind ervan. Hij maakte een uitnodigend gebaar en Jezus stapte naar binnen. Achter een lange tafel zat een zevental priesters. Toen hij binnentrad stond een van hen op.

"Goedemiddag, Jezus van Nazareth," sprak hij beleefd. "Wij verwachtten u al. Mijn naam is Kajafas. Ik ben de hoge priester hier. Komt u verder."

Jezus liep verder de zaal in en bleef enkele meters voor de tafel staan.

"Als u mij verwachtte dan weet u waarschijnlijk ook waarvoor ik kom," zei hij al even beleefd. "Graag hoor ik van u waar mijn vriend Johannes de Doper is en of ik hem kan bezoeken."

"Dat zullen we u zeker laten weten," glimlachte Kajafas. "Maar eerst hebben we wat vragen voor u, als u het goed vindt."

"Eerlijk gezegd niet," antwoordde Jezus koel. "Ik kom hier voor mijn vriend. Dus als u iets over hem weet, zeg het mij dan, alstublieft."

"Vertel eens, klopt het dat u de Messias bent?" vroeg Kajafas, Jezus' opmerking totaal negerend. "En waarom ondermijnt u onze wetten met uw leringen?"

"Volgens mij heeft u mij niet goed begrepen," gaf Jezus echter terug. "Ik ben hier niet om uw vragen te beantwoorden, maar om te informeren naar mijn vriend, Johannes de Doper. Ik vraag u hiervoor respect te tonen en mij niet lastig te vallen met vragen waarop u het antwoord al lang weet."

"Wij hoorden dat u mensen aanzet om zich niet langer te laten besnijden en geen aalmoezen meer te geven," zei Kajafas echter onverstoorbaar. "Klopt dat?"

Jezus zuchtte. Hij begreep dat hij er niet zo makkelijk vanaf zou komen.

"Nee, zoals u het nu zegt, klopt het niet," antwoordde hij kortaf. "Ik heb gezegd dat als het beter was om besneden te zijn, mannen wel zonder voorhuid geboren zouden worden. En aalmoezen geven heft de ongelijkheid tussen mensen niet op. Beter is het hen die bedelen uitzicht te geven op een beter leven door hen aan werk te helpen of hun omstandigheden te verbeteren."

"En, bent u de Messias?" vroeg Kajafas nogmaals, verheugd dat Jezus toch bereid scheen zijn vragen te beantwoorden.

"Wanneer u bedoelt of ik aspiraties heb om koning over Israël te worden, dan moet ik u teleurstellen," zei Jezus oprecht. "Dat is namelijk niet mijn ambitie. Ik ben Jezus van Nazareth en ik word geïnspireerd door Gods geest, Christus. Ik probeer mensen inzicht te geven in Gods koninkrijk. Ook u zou zich kunnen laten inspireren en zo tot nieuwe inzichten komen."

"Nou, ik geloof niet dat wij die nieuwe inzichten nodig hebben," sprak Kajafas enigszins neerbuigend en Jezus hoorde enkele priesters achter de tafel zacht grinniken. "Maar goed. Ik neem aan dat wij elkaar nog wel eens vaker zullen spreken. Waar u voor gekomen bent: uw vriend Johannes de Doper."

Jezus knikte vol verwachting.

"Helaas moet ik u meedelen dat hij niet meer onder ons is," vervolgde Kajafas zonder enige emotie in zijn stem. "Herodia heeft hem laten onthoofden."

Geschokt keek Jezus hem aan.

"Onthoofden?" stamelde hij onthutst. "Maar... hoe is dat gebeurd?"

"Op een feest, waar iedereen behoorlijk dronken was, heeft Salomé, Herodia's dochter, voor Herodes gedanst. De koning was zo onder de indruk van het meisje dat ze een wens mocht doen. Herodia heeft haar ingefluisterd dat ze het hoofd van Johannes moest vragen. Het schijnt dat Herodes het haar, liggend op een gouden schaal, heeft aangeboden."

Verbijsterd luisterde Jezus het verhaal aan. Even kon hij niet spreken doordat zijn keel plots zat dichtgesnoerd van verdriet. Toen vroeg hij met gesmoorde stem:

"En wat heeft u gedaan om dit te voorkomen? Heeft een van u ook maar het lef gehad om bij Herodes zijn vrijheid op te eisen?"

In verlegenheid gebracht keken de priesters elkaar aan. Toen stond een van hen, genaamd Nicodemus, op. Zacht zei hij:

"Al hadden we dat gedaan, dan nog hadden we waarschijnlijk niets voor hem kunnen betekenen. Herodes trekt zich immers niets van ons aan."

Bitter keek Jezus hem aan.

"Ik begrijp het," zei hij vlak. "Nee echt, ik begrijp het. Natuurlijk konden jullie niets voor die arme man doen. Natuurlijk is Herodes de enige schuldige hier. En dat het jullie wel goed uitkwam dat hij van het toneel verdween heeft er natuurlijk niets mee te maken! Nee, doe geen moeite om mij uit te laten, ik vind de weg zelf wel!"

Abrupt draaide hij zich om en verliet de zaal. Buiten stonden zijn vrienden in spanning op hem te wachten.

"En ...?" vroegen ze.

Maar Jezus zei niets. Hij keek hen slechts aan en de blik in zijn ogen sprak boekdelen. Maria kreeg een brok in haar keel. Dus toch... Ze waren dus toch te laat gekomen! Troostend sloeg ze haar armen om hem heen en even zocht hij steun bij haar.

"Kom," sprak hij toen schor. "We hebben hier niets meer te zoeken. We gaan terug."

"Zullen we dat wel doen?" zei Maria echter zacht. "Je ziet er moe uit. Misschien kunnen we beter naar mijn broer in Betanië gaan."

Jezus aarzelde even.

"Je hebt gelijk, ik ben inderdaad moe," gaf hij toen toe. "Het zou fijn zijn als we bij hem kunnen overnachten."

Zo deden ze. In stilte, ieder in zijn eigen gedachten verdiept, verlieten ze de stad, op weg naar Betanië.

Tegen de avond kwamen ze in het plaatsje aan. Ze hadden Judas vooruit gestuurd om hun komst aan te kondigen en ze werden gastvrij onthaald. Martha, Maria's zus, was druk bezig iets te eten te maken en Lazarus had in de schuur ruimte voor hen gemaakt. Terwijl zijn discipelen hun slaapplaatsen in orde maakten, nam Lazarus Jezus mee naar zijn huis. Daar schonk hij twee kroezen wijn in.

"Ik had gehoopt onder vrolijker omstandigheden kennis met je te maken," zei hij meelevend terwijl hij Jezus er één aanreikte. "Mijn zusje is behoorlijk ondersteboven van je, geloof ik!"

Maria bloosde. Hè, waarom zei hij dat nou zo! Jezus deed of hij haar verlegenheid niet zag.

"Ik ben ook blij dat ik haar heb ontmoet," glimlachte hij en hij wierp haar een tedere blik toe. "We hebben een heel speciale band. Daarom is het fijn nu ook haar familie te leren kennen."

Hij vroeg Lazarus belangstellend naar zijn werk en de situatie in Judea. De man bevestigde wat hij eigenlijk al wist. Velen waren Herodes meer dan zat en de dood van Johannes had veel teweeg gebracht. Met name de zeloten, een militante splintergroepering die actief was in Jeruzalem, probeerden mensen enthousiast te krijgen om Herodes van de troon te stoten. Maar omdat de Romeinen op de hand van de koning waren, was dit eigenlijk gedoemd te mislukken. Terwijl Lazarus en Jezus praatten, liep Martha af en aan met de hapjes die ze had gemaakt. Ze zorgde ook voor iedereen in de schuur en af en toe keek ze geïrriteerd naar Maria die, gezeten aan Jezus' voeten, geboeid luisterde naar alles wat de beide mannen bespraken. Jezus voelde dat hij Lazarus onvoorwaardelijk kon vertrouwen en openhartig zei hij:

"Weet je Lazarus, de mensen denken nu wel dat ik ben gekomen om vrede te brengen, maar zij beseffen niet dat er door mij nog meer spanningen zullen ontstaan. Door mij zullen vaders ruzie krijgen met hun zonen, omdat de één tegen mij is en de ander voor. En de priesters zullen kost wat kost proberen hun macht te behouden. Ze weten maar al te goed dat wanneer de machtstructuren ineen storten, zij meegezogen zullen worden in die val. Dus moet ik heel omzichtig te werk gaan. Pas wanneer veel mensen mij hun vertrouwen geven, kan er iets veranderen. Want vrijheid moet van binnenuit komen. Je kunt macht niet met macht tenietdoen."

"En, zullen genoeg mensen bereid zijn je te volgen?" vroeg Lazarus benieuwd."

Jezus haalde zijn schouders op.

"Dat is een goede vraag," antwoordde hij aarzelend en hij nam een slok van zijn wijn. "Je zou denken dat mensen er en masse voor zouden kiezen om eindelijk weer een waarachtig leven te leiden. Maar daarvoor moeten ze eerst echte liefde leren kennen. Want alleen liefde kan macht overwinnen, dat is een eeuwige wet. Ik hoop dat ik ze liefde kan brengen, dat is mijn missie. Maar of ik daarin zal slagen..."

"Als ik kijk naar de angst onder ons volk kan ik me voorstellen dat je niet erg optimistisch bent," knikte Lazarus nadenkend. "En de dood van Johannes is het zoveelste voorbeeld hoe sterk de macht in ons land is."

Hun gesprek werd onderbroken door Martha die de bekers opnieuw kwam volschenken. Weer keek ze vol venijn naar haar zusje, die nog steeds gebiologeerd aan Jezus' lippen hing.

"Zeg Jezus, je ziet toch zeker wel dat Maria mij al het werk alleen laat doen?" bromde ze pinnig. "Zeg eens tegen haar dat ze mij moet helpen!"

Lachend keek Jezus op.

"Ach Martha, maak je je daar nu zo boos over?" grapte hij. "Je bent zo druk in de weer dat je niet eens fatsoenlijk kennis met mij hebt gemaakt en niets hebt gehoord van wat ik allemaal heb gezegd. Maar Maria is wijzer. Zij heeft gekozen voor wat écht belangrijk is." Weer wierp hij haar een liefdevolle blik toe. Verontwaardigd wilde Martha reageren, maar haar aandacht werd afgeleid omdat er op de deur werd geklopt.

"Ook dat nog!" mopperde ze en stuurs verliet ze de kamer. Al snel kwam ze terug en kortaf zei ze:

"Iemand voor jou, Jezus. Je raadt nooit wie!"

Nieuwsgierig ging Jezus naar de deur en tot zijn verbazing zag hij een van de priesters uit de raad in de schemering staan.

"Neem me niet kwalijk dat ik u zo laat nog stoor, rabbi," sprak de man bescheiden. "Maar na vanmiddag móest ik u gewoon spreken. Mijn naam is Nicodemus. Hopelijk wilt u me nog te woord staan. Ik heb met opzet gewacht tot het donker werd zodat niemand me zou zien gaan."

Jezus knikte begrijpend.

"Ja, ik herinner me u. Wat goed dat u bent gekomen. Wacht, ik pak even mijn mantel, dan zoeken we een rustig plekje om te praten."

Hij zocht in de schuur naar zijn rugzak en haalde er zijn jas uit. En op een bankje op Lazarus' erf gingen ze zitten.

"Toen ik u vanmiddag zag, wist ik meteen dat u als leraar van God moet zijn gekomen," sprak Nicodemus gedreven. "Niemand kan doen wat u doet, tenzij God met hem is. U zei zo prachtig dat u geïnspireerd wordt door Christus en zo de mensen wilt leren over het koninkrijk! Met die woorden heeft u me echt geraakt. En ik schaam me voor Kajafas, die er zo minachtend op reageerde."

"Ik ben blij dat u door mij de liefde van Christus heeft mogen voelen," antwoordde Jezus eenvoudig. "En ook u kunt het koninkrijk zien, als u wilt. Want iedereen die opnieuw geboren wordt, zal het koninkrijk binnengaan en Gods liefde ervaren."

Niet begrijpend keek Nicodemus hem aan.

"Hoe bedoelt u, rabbi," vroeg hij verwonderd. "Ik ben immers al oud! Hoe kan een mens opnieuw geboren worden als hij al oud is? Ik kan toch moeilijk opnieuw de baarmoeder inkruipen!"

Even moest hij lachen. Ook Jezus lachte. Maar toen sprak hij ernstig:

"Weet u echt niet wat ik bedoel? U bent toch overste van de Farizeeën en mensen komen toch bij u met hun geloofsvragen? Hoe kunt u hen de weg naar het licht wijzen, wanneer u die zelf nog niet hebt gevonden? Want de wedergeboorte waarover ik sprak, is natuurlijk geestelijk bedoeld. Pas als uw ego is gestorven komt er ruimte voor de geest van God in u, en dan zult u zich herboren voelen. Ons ego leidt ons af van Gods bedoeling met ons. Pas wanneer we Hem alle ruimte geven om Zijn energie door ons te laten werken, zal het koninkrijk in zicht komen."

Beschaamd knikte Nicodemus. Nu had hij het wel begrepen. En Jezus vervolgde liefdevol:

"Zo moeilijk is het niet, Nicodemus. Laat alles los en laat u meevoeren op de wind. Bekommer u niet over waarheen u gaat of wat u achterlaat. God zorgt ervoor dat u daar terechtkomt waar uw bestemming ligt. Daarom bent u nu toch ook hier."

Vol ontzag hoorde Nicodemus hem aan. De wijsheid die hij verkondigde had hij in de Raad nog nooit gehoord. En hij zei:

"Ik herinner me nog goed wanneer ik u voor het eerst zag. U was twaalf jaar en u kwam uw bar mitswa tekst halen. Ik weet zelfs nog welke tekst u las en de verklaring die u gaf. Maar ik begreep niet dat toen u over de boodschapper van God sprak, u zichzelf bedoelde."

"Ik denk dat ik de volle omvang daarvan op dat moment ook nog niet echt kon overzien," glimlachte Jezus. "Maar nu weet ik dat ik in de wereld ben gekomen om van de waarheid te getuigen, zodat wie de waarheid vindt, op mag gaan in het licht en werker voor God mag worden."

Even bleef het stil na deze woorden. Toen stond Jezus op en een tikkeltje vermoeid sprak hij:

"Als u het niet erg vindt, wil ik nu ons gesprek beëindigen. Het was een lange dag en het wordt tijd dat ik mijn bed opzoek."

Nicodemus haastte zich overeind.

"Natuurlijk!" antwoordde hij beschaamd. "Neem me niet kwalijk dat ik daar niet zelf aan heb gedacht. En ik heb u nog niet eens gecondoleerd met het verlies van uw vriend. Maar misschien kunnen we op een ander moment nog eens verder praten."

Jezus knikte vriendelijk.

"Ik weet zeker dat wij elkaar weer zullen tegenkomen. Heel graag zet ik dan ons gesprek voort. Tot ziens!"

Hij liet de man achter en volgde het pad terug naar de schuur. Daar vond hij alles in diepe rust. Zijn discipelen sliepen al en alleen een klein kampvuurtje brandde nog. Hij zette zich bij het vuur om zijn voeten te warmen en staarde naar de vlammen die dansten om de takken. Het hout knapte en knisperde en de rode en gele tongetjes likten er omheen. Genietend van het schouwspel voelde hij de spanning van die dag van zich afglijden. Hij sloot zijn ogen en zag de flonkerende paarse puntjes van Christus' aanwezigheid. Hij dankte God dat hij Nicodemus had weten te raken en dat de man de moed had gehad om hem op te zoeken. En hij besloot om bij het vuur te gaan slapen. Hij stond op om zijn spullen uit de schuur te halen maar botste bij de deur tegen een man die daar net naar binnen wilde glippen. Jezus greep hem bij zijn arm en trok hem in het licht van de vlammen. Tot zijn verbazing was het zijn leerling Simon.

"Simon? Waar kom jij zo laat vandaan?" vroeg hij verwonderd.

Simon voelde dat hij kleurde.

"Ik... eh, ben nog teruggegaan naar Jeruzalem," biechtte hij op. "Ik heb contact gezocht met Barabas, de leider van de zeloten. Ze bereiden zich al jaren voor om Herodes van de troon te stoten. Steeds meer mensen zijn bereid hen te helpen, zeker nu Johannes ter dood is gebracht. Al met al heeft hij al een aardig leger bij elkaar."

Hij legde zijn hand op Jezus' arm en vervolgde indringend:

"Je hebt diepe indruk op hen gemaakt omdat je tegen de priesters durfde in te gaan en het opnam voor Johannes. Bovendien kom je uit het huis van David en geniet je het vertrouwen van veel mensen. Daarom is dit onze kans! Wanneer je wilt, zal Barabas al zijn mensen mobiliseren en jou als koning Jeruzalem binnenvoeren!"

Onthutst keek Jezus hem aan. Toen schudde hij ruw zijn hand van zich af. Vol ongeloof schudde hij zijn hoofd. Hoe kon hij! Hoe kon hij dit zelfs maar opperen! Had hij dan werkelijk niets begrepen van wat hij al die tijd had verkondigd? Zonder iets te zeggen beende hij naar de schuur, grabbelde een slaapmatje en deken bij elkaar en installeerde zich bij het vuur. Simon keek bedremmeld toe. Het was duidelijk dat Jezus niet over zijn plannen wenste te praten. Teleurgesteld droop hij af. En Jezus rolde zich in zijn deken. Vermoeid door alle emotionele verwikkelingen van die dag viel hij al snel in slaap.

Na enkele dagen in Betanië gingen ze terug naar Galilea. Jezus vond het bijna jammer het dorp achter zich te laten. Hij voelde dat hij er met Lazarus een vriend voor het leven bij had en graag was hij langer gebleven om met hem van gedachten te wisselen.

"Je hebt een leuke broer," zei hij tegen Maria. "Wel bijzonder dat ik ook met hem die innerlijke verbondenheid voel. Hij heeft denk ik ook vaak last van heimwee. Hij moet het gevoel kennen alsof hij met één been in deze wereld en met het andere in de geestelijke wereld staat."

Verrast keek Maria hem aan. Wat frappant dat hij dat had opgepikt!

"Ja, dat klopt," beaamde ze. "Soms heeft hij het er erg moeilijk mee. Op dit moment gaat het gelukkig goed, maar ik herinner me nog dat hij erg depressief was. Ik weet dat hij zelfs wel eens over zelfmoord heeft nagedacht, al heeft hij daar nooit met mij over gesproken."

"En jij?" vroeg Jezus zacht. "Heb jij je ooit zo gevoeld? Ik weet hoe sterk het verlangen kan zijn."

Maria aarzelde kort.

"Ja, ik ken het ook," antwoordde ze toen. "Vooral omdat ik niemand in mijn omgeving had die begreep hoe eenzaam het kan zijn. Maar nu ik jou heb gevonden, is die tijd voorbij!"

Haar woorden raakten hem. Innig sloeg hij zijn armen om haar heen en schor fluisterde hij in haar oor:

"Dank je voor je vertrouwen in mij. Maar onthoud dat ook als ik er niet meer ben, je altijd voor het leven moet kiezen! De enige manier om je eenzaamheid te overwinnen, is door de liefde van God bekend te maken in deze wereld. Want door die liefde te delen, krijg je liefde terug en zo zal de wereld hier steeds meer gaan lijken op de wereld daar. Beloof je me dat je dat zult doen?"

Ze knikte stil.

"Ik beloof het. Hoewel ik er niet aan moet denken dat jij er ooit niet meer zal zijn."

Teder streelde hij haar wang.

"Nou, voorlopig zit je nog wel met me opgescheept," lachte hij.

Kafarnaum.

Toen ze aankwamen bij hun kamp stonden velen hen op te wachten om hen te condoleren. Het nieuws van Johannes' dood was hen vooruit gegaan en iedereen wilde hen een hart onder de riem steken. Nadat Jezus alle handen had geschud kwam Jacobus naar hem toe.

"Er is iets wat je moet weten Jezus," sprak hij ernstig. "Gisteren kwam er een Romeins legionair langs. Hij wilde per se met jou praten. Toen ik vertelde dat je er niet was, was hij erg teleurgesteld. Daarom heb ik hem aangeboden om hier te blijven tot jij er zou zijn. Hopelijk heb ik daar goed aan gedaan."

"Dat lijkt me toch," knikte Jezus. "Waar is hij nu?"

"In zijn tent, neem ik aan. Kom, dan breng ik je bij hem."

Hij ging Jezus voor naar de rand van het kamp waar de Romein zijn paard stond te borstelen. Toen Jezus hem in het oog kreeg slaakte hij een kreet van verrassing.

"Gaius!" riep hij uit. "Gaius Octavius!"

Enthousiast liep hij op de jongen toe en schudde zijn hand. Gaius begroette hem verlegen.

"Goedendag, heer Jezus. Ik ben blij dat u er bent! Dat u mijn naam nog weet!"

"Hoe zou ik die kunnen vergeten!" lachte Jezus. "Hoe gaat het met je? En vertel, wat kom je doen?"

"Met mij gaat het goed," antwoordde Gaius. "Ik ben nog steeds gelegerd in Judea en mijn meerdere is geloof ik wel tevreden over mij. Het punt is alleen... dat ik niet meer weet wat ik wil. Ik dacht dat ik het in het leger naar mijn zin zou hebben en op zich is dat ook wel zo. Maar ik zie steeds vaker dingen waar ik het niet mee eens ben."

Even keek hij stil voor zich uit. Toen pakte hij plotseling Jezus' handen vast en indringend vervolgde hij:

"Ik móet u iets zeggen. Ik heb u nooit kunnen bedanken voor wat u destijds met mij hebt gedaan. Ik zal het nooit vergeten, echt nooit! Op het moment zelf voelde ik me vernederd. Maar nu besef ik dat u mijn kijk op het leven heeft veranderd. Daarom ben ik ook hiernaar toe gekomen, want ik kan eindelijk iets terugdoen. Hier, leest u dit maar eens."

Hij haalde vanonder zijn leren wambuis een perkamenten document tevoorschijn en overhandigde het aan Jezus.

"Het is een officieel decreet van Pilatus. Hoewel het in Galilea nog niet geldt, vond ik dat u dit moest weten."

Nieuwsgierig vouwde Jezus het papier open en hij las:

Geachte burgers van Judea!
Op last van de Hoge Raad deel ik u mede dat voor een ieder, die erkent dat Jezus van Nazareth de Christus is, het vanaf nu verboden zal zijn nog langer de synagoge te bezoeken. Het Romeinse leger zal toezien op het naleven van deze maatregel en overtreding zal streng worden bestraft!
Getekend: Pontius Pilatus.

Stomverbaasd keek Jezus Gaius aan.

"Sinds wanneer is dit van kracht?" vroeg hij geschokt. "Ik ben net terug uit Jeruzalem en heb hier helemaal niets van meegekregen."

"Enkele dagen geleden bracht een koerier het ons," antwoordde Gaius zacht. "Dus ik neem aan dat het nu wel is ingegaan. Heeft uw bezoek aan Jeruzalem hier soms mee te maken?"

"Dat kan ik me bijna niet voorstellen," zei Jezus aangeslagen. "Ik heb daar eigenlijk niets van mezelf laten zien. Maar het is goed dat je me dit bent komen brengen. Dank je wel."

Hij vouwde het papier weer op en gaf het terug aan Gaius. Even legde hij zijn hand op de schouder van de jongen en hun blikken haakten in elkaar.

"Waarom blijf je niet hier, Gaius?" vroeg Jezus zacht. "Ik voel de hunkering naar gerechtigheid in je ziel. Jij hoort niet in het leger thuis. Blijf bij me, dan zal ik je geven wat je nooit eerder hebt gezien, gehoord of gevoeld. En dat is het overweldigende gevoel van eenheid met de schepping, met alles om je heen, met God. En wanneer je die eenheid ervaart zul je een glimp ervaren van hoe het voelt in Gods rijk."

"Dat zou ik wel willen," antwoordde Gaius verlangend. "Maar ik heb voor vier jaar getekend en er zijn er pas twee om. Als ik nu zou weggaan, zou dat gelijk staan aan desertie. En u weet wat voor straf daar op staat!"

Zijn gezicht vertrok van afschuw.

"De Romeinse soldaten zijn niet voor niets zo trouw. Het is vreselijk om als voorbeeld voor je kornuiten aan het kruis te sterven."

"Dat lijkt me inderdaad behoorlijk afschrikwekkend!" knikte Jezus en even trok er een rilling over zijn rug. "Ik zal het je daarom niet nogmaals vragen."

Hij sloeg zijn armen om de jongen heen en drukte hem dicht tegen zich aan.

"Ik wens je alle goeds, Gaius. Wie weet kruisen onze wegen zich nog eens. Nogmaals bedankt voor je komst. En goede reis terug naar Judea."

Toen draaide hij zich om en liep naar zijn tent. Vol respect keek Gaius hem na. Hoe kon het toch dat zo'n mooi mens zo werd tegengewerkt. Hij schaamde zich dat ook hij deel uitmaakte van de macht die daarvoor verantwoordelijk was. Terneergeslagen zadelde hij zijn paard en ging op weg, terug naar zijn kampement.

Die nacht kon Jezus de slaap niet vatten. Johannes' dood hield hem meer bezig dan hij wilde toegeven. De beste man had waarschijnlijk nooit iemand kwaad gedaan en dit lot zeker niet verdiend. Het besef dat hem hetzelfde zou kunnen overkomen drukte zwaar op hem. Tot nu toe had hij zich in Galilea veilig gevoeld. Maar dat was natuurlijk slechts schijn. Wanneer ze hem gevangen wilden nemen, zou dat immers geen enkel punt zijn. En nu ook nog dat decreet waarmee zijn sympathisanten in Judea onder druk werden gezet. Toen hij eindelijk uitgeput in slaap viel, droomde hij. Flarden van beelden doemden op. Hij zag Maria, huilend, haar gezicht verwrongen van verdriet. Hij zag zijn moeder, bleek en afgemat. Hij zag Petrus, zijn gezicht vervuld van afgrijzen. En toen zag hij zichzelf, zijn handen vastgebonden aan een blok, zijn voeten geketend, zijn rug kapot gegeseld. En nog meer zag hij. Dat een kruis werd opgericht en hoe hij, struikelend, vallend, de zware balk op zijn kapot geslagen schouders droeg. Badend in het zweet schrok hij wakker en vol afgrijzen kwam hij overeind. Hij beefde zo dat hij bijna onderuit ging en wanhopig zocht hij God.

"Vader, alstublieft leg uit: wat betekent deze droom!"

Maar wat zelden gebeurde, gebeurde nu: het bleef stil in zijn hart. Onrustig strompelde hij zijn tent uit. Boven hem strekte een oneindige sterrenhemel zich uit. God toonde zich in al zijn majesteit en Jezus zocht die majesteit die hij van zo dichtbij kende.

"Vader, alstublieft help mij. Wat heb ik gezien. Is dit hoe het zal gaan? Zal dat het einde zijn, heb ik het daar allemaal voor gedaan?"

Hij voelde de bevestiging in zijn hart. Wanhopig liet hij zich op zijn knieën vallen en zijn jammerklacht steeg omhoog.

"Oh God, vertel me: wat heb ik verkeerd gedaan? Zeg me: waar ben ik tekort geschoten? Is het mijn schuld dat het zo zal aflopen? Heb ik dan toch iets fout gedaan?"

En nu was God daar wel, en Hij zei:

"Wees gerust, Jezus. Jij hebt niets verkeerd gedaan. Je bent gewoonweg geweldig. Geloof me, dit heeft niets met jou te maken."

Niet begrijpend schudde Jezus zijn hoofd en weer riep hij God aan, Hem dwingend te antwoorden en dit vreselijke eind te rechtvaardigen. En Gods antwoord kwam en Jezus bespeurde een emotie die hij nog niet van zijn Vader kende:

"Misschien is het wel mijn schuld, Jezus. Misschien heb ik te hoge verwachtingen gewekt. Wellicht had je gehoopt in dit leven meer te kunnen bereiken. En ik zie je eenzaamheid en hoe zwaar de last die je draagt voor je is. Maar denk niet dat dit het einde is. Want dit is nog maar het begin. Net als de graankorrel die in de aarde valt en sterft om vrucht te kunnen dragen, zo zul jij vrucht dragen. Met behulp van Christus zullen jouw woorden niet verloren gaan. Door jouw dood zul je de Christusgeest bevrijden zodat deze zich over de hele aarde kan verspreiden. Miljoenen mensen over de hele wereld zullen zich jouw woorden herinneren en de betekenis ervan gaan begrijpen. Als het zover is, zal ons koninkrijk op aarde gevestigd zijn. En jij zult het allemaal zien, want jij zult hier zitten, naast mij en je zult de koning zijn die voor altijd zal heersen. Dus geef niet op. Als je nu doorzet, zul je voor altijd leven in het hart van ieder mens, zoals ik leef in jouw hart."

Het antwoord verbijsterde Jezus. Hij strekte zich uit op de harde grond en zijn lichaam schokte toen hij hartstochtelijk huilde. En hij begreep dat hij zich erop zou moeten voorbereiden dat hij zijn leven moest geven om de Christus te bevrijden.

De weken daarna had Jezus het moeilijk. Wetende wat zijn uiteindelijke offer zou zijn, besefte hij dat hij afscheid moest nemen van alles wat hem dierbaar was. En pas nu begreep hij écht wat de abt had bedoeld: dat hij moest leren zich te onthechten. Met de herinnering aan de geestelijke wereld nog zo levend in zijn ziel, vond hij het niet zwaar om met andere ogen naar de wereld te kijken. De bomen, de bloemen, de dieren. Ach, hij kon het relativeren. Anders was het met de mensen om hem heen. Petrus, die zo zijn best deed. Judas, die misschien wel het beste begreep hoeveel het hem kostte de Christuskracht te dragen. Lazarus, waarmee hij zich zo verbonden voelde. En natuurlijk Maria, de enige die enigszins bij hem in de buurt kwam. Hoewel hij het niet liet blijken, gaf hij meer om haar dan hij wilde toegeven. Wanneer hij gewoon Jezus van Nazareth, timmerman, was geweest had hij haar ongetwijfeld zijn liefde verklaard. Maar nu hij wist wat er allemaal te gebeuren stond, was het eenvoudigweg geen optie meer. Al zijn aandacht moest nu uitgaan naar het voltooien van zijn missie en zij zou hem daar zeker van afleiden. Zijn innerlijke strijd was hevig. Hij voelde weerstand en dat maakte hem opstandig. Tot nu toe had hij zichzelf weggecijferd voor zijn opdracht aan God, aanvaard dat er weinig ruimte overbleef voor zijn eigen verlangens. Maar nu hij wist dat hij nóg een stap verder moest gaan, viel het hem zwaar.

Maria merkte zijn strijd op. Ze kende hem immers zo goed. Ieder detail van zijn gezicht kende ze, de buigingen in zijn stem en hoe zijn lichaamstaal uitdrukte wat hij voelde. En haar hart ging naar hem uit. Wat was hij toch mooi. Tot nu toe was hun relatie zuiver platonisch geweest. Maar hoe langer ze in zijn gezelschap verkeerde, hoe meer ze ook lichamelijk naar hem verlangde. Ze wilde hem strelen, kussen, zijn blote huid tegen de hare voelen. Maar Jezus gaf geen blijk van interesse in zo'n ontwikkeling van hun relatie. Integendeel. Waar hij haar in het begin nog wel eens in zijn armen nam, kwam dit de laatste tijd steeds minder voor. En wanneer hij haar terzijde nam was dat vooral omdat hij met haar, als enige in de groep volgelingen, op gelijk geestelijk niveau kon praten en bij haar zoveel meer weerklank vond dan bij zijn discipelen. Vaak vertelde hij haar over wat hem bezig hield en was hij geïnspireerd en bevlogen. Maar nu, zag ze, overschaduwde een ongewone ernst hem. En op een avond, na het eten, zocht ze hem op.

"Zullen we een eindje omlopen, Jezus?" stelde ze voor. "Het is zulk mooi weer en ik heb je al een poosje niet gesproken."

Jezus knikte instemmend. Hij had wel zin in een wandeling. Ze liepen een heel eind, het kamp ver achter zich latend, tot ze langs een omgevallen boom kwamen. Daar gingen ze zitten. Maria pakte zijn handen en hem bezorgd aankijkend vroeg ze:

"Gaat het wel goed met je? Eerlijk gezegd maak ik me zorgen om je."

Hij glimlachte om haar ongerustheid weg te nemen, maar ze zag dat het niet echt gemeend was.

"Ja, het gaat goed met me," antwoordde hij. "Ik heb alleen niet zo goed geslapen de laatste tijd."

Maria moest toegeven dat hij er inderdaad moe uitzag. En ook maakte hij een onrustige indruk, iets wat ze eigenlijk niet van hem kende. Verontrust zei ze:

"Toch zit je ergens over in. Weet je zeker dat het goed gaat?"

Weer glimlachte hij maar het was een trieste lach en hij sprak zacht:

"Jou houd ik niet snel voor de gek, zie ik. Toch voel ik me wel goed. Het is alleen, hoe zal ik het zeggen, zo dubbel allemaal. Ik voel hoe ik steeds dichter bij God kom en hoeveel dat voor mij betekent. Maar soms is het bijna ondoenlijk wat Hij van mij verlangt. Zie je Maria, soms zou ik zo graag weer gewoon mijzelf zijn, Jezus van Nazareth, timmerman. Want ik weet dat ik steeds verder van mezelf vervreemd raak, dat mijn roeping van mij vraagt steeds vaker een stap opzij te doen. Zeg eens: vind je dat ik veranderd ben?"

Maria knikte. Ontwapenend eerlijk antwoordde ze:

"Ja, je bent veranderd. Je bent niet meer zo onbezorgd en verwachtingsvol als toen ik je leerde kennen. En soms kan ik je niet meer volgen, ben je te ver weg, herken ik je bijna niet. Op die momenten ben ik zo bang dat ik je kwijt zal raken."

Ze keken elkaar aan en Maria herinnerde zich hun eerste blik, lang geleden bij de poel. Jezus bewonderde haar eerlijkheid. Openhartig zei hij:

"Ja, ik denk ook dat ik mezelf binnenkort zal kwijtraken. Op de een of andere manier is alles in een stroomversnelling geraakt en ik zal er alles aan moeten doen om daarin niet ten onder te gaan. En eerlijk gezegd weet ik al dat ik het niet ga redden. Ik heb weliswaar veel volgelingen, maar minstens zoveel vijanden waarvan ik weet dat ze mij naar het leven staan omdat ik niet hetzelfde ideaal nastreef als zij. En juist nu heeft God mij geopenbaard wat mij na mijn dood wacht, hoe mijn ziel op weg zal gaan naar Hem, die mij gevormd heeft en die vol verwachting op mij wacht. Maar in plaats van me daarop te verheugen, vervult het me met angst. Want zo komt het einde wel ineens heel dichtbij."

Hij bracht haar handen naar zijn mond en drukte er een wanhopige kus op. Maria hield even haar adem in. Nu hij zo openlijk over zijn einde sprak, leek het of er een band om haar hart trok. Natuurlijk wist ze hoe kwetsbaar hij was en dat zijn ongerustheid zeker niet ongegrond was. Maar ook zij was er nog niet klaar voor. Vertwijfeld streelde ze zijn haar en ze zei:

"Vertel me van jouw reis op weg naar God, Jezus. Misschien montert het jou wat op, en mij ook. Want je woorden beangstigen me, en graag wil ik weten hoe het na jouw dood verder zal gaan."

Jezus keerde zijn blik naar binnen. Het beeld dat God hem had geschetst kwam hem weer haarscherp voor de geest. Maria hoorde de bevlogenheid terugkeren in zijn stem en even was het weer de vertrouwde Jezus toen hij zei:

"Maria, wees na mijn dood, hoe verschrikkelijk die misschien ook zal zijn, niet verdrietig. Want God wacht op mij en zal mijn ziel langs alle wachters van het hemelrijk leiden. De eerste wachter, die van Begeerte zal mij vragen: 'Hé, ik heb je niet gezien toen je naar de aarde onderweg was, maar nu zie ik je wel, terwijl je onderweg bent naar de hemel. Hoe kan dat?' En mijn ziel zal antwoorden: 'Ik heb jou wel gezien, maar jij hebt mij niet opgemerkt omdat ik alle begeerte achter me heb gelaten.' En zo zal ze doorgaan naar de volgende wachter, die van Onwetendheid. Deze zal mij vragen: 'Waarheen ben jij onderweg? Werd je niet door slechtheid gevangen gehouden? Heb je niet geoordeeld over anderen, en moet ik je daarom niet tegenhouden?' Maar mijn ziel zal antwoorden: 'Ik werd veroordeeld, hoewel ik zelf niet geoordeeld heb. Ik werd gevangen gehouden, hoewel ik zelf alle vrijheid gaf. Ik werd niet erkend, ook al heb ik erkend dat God heerser is over hemel en aarde.' Na deze woorden zal ook deze wachter mijn ziel door laten gaan. En zie: de volgende wachter staat al klaar, die van Jaloezie. Woedend vraagt zij mij: 'Waar kom jij vandaan? Waarom hebben de mensen jou gedood? En waarom zul jij nooit vergeten worden?' En mijn ziel zal antwoorden: 'Ik moest sterven om dat wat ik gevangen hield, te bevrijden. Ik werd doorstoken maar door mijn dood zal alles omkeren. En omdat ik bereid was mijn leven te offeren, zal ik aan de vergetelheid worden onttrokken. Ik ben de wachter van Begeerte en Onwetendheid reeds voorbij en nu wacht God op mij en zal mij rust geven. De Christus is bevrijd en daarmee is mijn taak volbracht.' Dan zal ook deze laatste wachter mij doorlaten en ik zal herenigd worden met God en eeuwig leven in Zijn rijk waar Zijn liefde mij voor altijd zal omringen."

Hij zweeg en zijn blik bleef naar binnen gekeerd. Maria's hart bonsde. Zijn verhaal had haar diep geraakt en ze begreep ten volle de boodschap die hij tussen de regels door had verteld. Meer dan ooit besefte ze hoeveel ze van hem hield en dat ze hem nog lang niet kon en wilde missen. Liefdevol drukte ze zijn handen en met een schok keerde hij terug uit zijn gedachten. Hij wilde iets zeggen maar zij belette het door een hand op zijn mond te leggen. Ze zocht zijn blik, legde haar handen om zijn gezicht en oneindig teder streelde ze hem. Ze streelde zijn wangen met haar duimen, ze streelde zijn voorhoofd en volgde de lijnen van zijn wenkbrauwen, van zijn neus, van zijn mond. Jezus liet haar begaan. Zijn ademhaling versnelde en hij voelde hoe iedere vezel in zijn lichaam reageerde op haar aanraking en dat hij dit niet, zoals anders, wilde onderdrukken. Maria bemerkte zijn opwinding. Haar hart ging plotseling geweldig tekeer en met een ruk trok ze zijn hoofd naar zich toe en kuste hem hartstochtelijk op zijn mond. Hij voelde haar warme, vochtige lippen en de passie in haar kus. En hij gaf zich over. Ruw trok hij haar tegen zich aan en Maria kon zich niet meer inhouden. Zo lang had ze op dit moment gewacht! Begerig zocht haar tong de zijne en hij opende zijn lippen voor haar. Hun ademhaling ging over in een hijgend verlangen naar meer en ze kusten elkaar vol overgave. Koortsachtig zochten haar handen nu het koord dat zijn overkleed dicht hield en vonden het. En eindelijk, na al die tijd van wachten en hopen voelde ze zijn naakte huid en deze was warm en zacht en weldadig. Tastend vonden haar handen de meest zinnelijke plekken van zijn lichaam en hij verdronk in deze voor hem nieuwe, hevige emotie. En Maria's verlangen was nog lang niet verzadigd. Ze trok het lint van haar hemdje open, leidde zijn handen en legde ze om haar borsten. Haar voortvarendheid overrompelde hem en door de plotselinge aanblik van haar naakte rondingen hervond hij zich met een schok. Hij slaakte een gesmoorde kreet, duwde haar van zich af en sloeg gehaast zijn overkleed weer om. Maria begreep onmiddellijk dat ze een grens had overschreden. Wankelend stond ze op en deed een paar stappen achteruit, weg van hem. Wanhopig sloeg ze haar handen voor haar gezicht.

"Het spijt me," fluisterde ze en snel maakte ze haar kleding weer in orde. "Alsjeblieft, neem het me niet kwalijk!"

Jezus zag tranen in haar ogen en haar verdriet sneed diep door zijn ziel. Hij kwam overeind en veegde de tranen weg die langs haar wangen naar beneden gleden.

"Nee, jíj moet je niet verontschuldigen," zei hij heftig, zijn stem hees van emotie. "Het is mijn schuld, ik liet me gaan. Dat had nooit mogen gebeuren. Want ik weet wat mijn bestemming is en dat daarin geen plaats is voor jou. Vergeef me, alsjeblieft."

Maar zij huilde en hij verafschuwde zichzelf en kon haar verdriet niet langer aanzien. Met een ruk draaide hij zich om en verdween in de inmiddels ingevallen duisternis. Maria bleef roerloos achter. Ze deed geen moeite om de tranen die bleven komen tegen te houden. God, wat hield ze van deze man! Maar ze wist dat het nooit zo zou worden als zij zo graag wilde. Hij was haar ontglipt. Ze dacht aan wat hij allemaal had verteld. En waar ze eerst had gedacht dat zij gelijken waren, besefte ze nu dat hij haar ver vooruit ging. Dat de geest die hem bezielde en die meer en meer bezit van hem nam, hoger was dan ze ooit had aanschouwd, hoger dan ze voor mogelijk had gehouden.

"Here God," bad ze. "Zorg alstublieft goed voor hem. Want ik kan nu niets meer voor hem doen."

Na dit gezegd te hebben draaide ook zij zich om en zocht in het donker de weg terug naar het kamp.

Na een onrustige nacht werd Maria de volgende ochtend wakker door het geluid van ruziënde stemmen. Slaapdronken kroop ze haar tent uit en zag een groepje mannen heftig op Jezus inpraten. Ze liep naar Suzanne die het gebeuren van een afstandje stond te bekijken."

"Wat is er aan de hand?" vroeg ze.

"Ach, dat is Simon weer," zuchtte Suzanne. "Die man is altijd zo fel! Liefst zou hij zien dat Jezus vandaag nog de Romeinen het land uitjaagt, en Herodes erbij!"

Verbaasd trok Maria haar wenkbrauwen op.

"Maar dat is hij toch helemaal niet van plan," zei ze verwonderd. "Ik heb tenminste nooit gehoord dat hij zich in die richting uitliet!"

"Ja, dat weet ik ook," knikte Suzanne. "Het is puur hun eigen verlangen dat ze op hem projecteren. Ze wachten natuurlijk al zo lang op een charismatische leider. En omdat Jezus uit het huis van David komt en ageert tegen de priesters, zou hij in hun ogen die leider kunnen zijn."

De ruzie in het groepje mannen liep nu hoog op en de vrouwen hoorden Jezus op heftige toon praten en zagen dat hij met grote gebaren probeerde zijn boodschap extra kracht bij te zetten. Het leek erop dat het hem vooralsnog lukte hen te overtuigen. De mannen lieten hem in ieder geval met rust en gingen weer hun eigen weg. Alleen Simon en Judas bleven achter, een beetje samenzweerderig onderling fluisterend.

"Nou, de rust teruggekeerd," verzuchtte Suzanne. "Laat ik dan maar beginnen met het ontbijt. Vraag jij Jezus wat hij wil hebben?"

Maria aarzelde. Ze zag er tegenop om hem, na het gebeuren van de vorige avond, aan te spreken. Aan de andere kant wilde ze hem recht in de ogen kijken om te zien dat zij nog steeds, al was het misschien op een andere manier, goed met elkaar om konden gaan. Ze zette haar reserves aan de kant en liep op Jezus toe die aan tafel was gaan zitten. Ze vond dat hij er, ondanks het vroege uur van de dag, vermoeid uitzag. Ze schoof naast hem en vroeg:

"Wat was daar nou net aan de hand?"

Hij schudde zijn hoofd.

"Ik weet het niet," antwoordde hij moedeloos. "Ik dacht dat mijn boodschap duidelijk was. Maar op de een of andere manier lukt het me maar niet die valse verwachtingen de kop in te drukken. Simon ziet in mij dé ideale leider voor zijn beweging. Daar ligt echter mijn ambitie niet. Ik ga me toch zeker niet inlaten met een gewapende strijd waarvan de afloop zeer twijfelachtig is? Nee, dat is niet de rol die ik moet spelen. Maar het brengt me wel in gevaar."

Hij viel even stil. Toen vervolgde hij, vertrouwelijk als altijd:

"Weet je nog waar we het gisteren over hadden, Maria? Dat ik in die stroomversnelling ten onder zou gaan? Dat einde komt nu wel heel snel dichterbij. Want velen zullen het mij niet in dank afnemen wanneer ik blijf weigeren die politieke rol op me te nemen."

Hij keek haar aan en nog nooit had ze zoveel verdriet in zijn ogen gezien. Bitter zei hij:

"Ik weet het nu zeker, Maria. Dit gaat niet lang meer duren. Net als Johannes zal ik dit alles binnenkort met mijn dood moeten bekopen."

Maria kromp ineen. Het idee dat ze hem misschien al snel zou moeten missen maakte een panische angst in haar wakker. Jezus zag haar verslagenheid.

"Kom op, meisje," sprak hij liefdevol, in een poging haar op te monteren. "Ik heb je immers ook verteld hoe het verder zal gaan. Ik zal sterven, ja, maar de Christusgeest kan dankzij mij op aarde blijven en die geest zal jullie bijstaan om alsnog Gods rijk te vestigen."

Hij drukte haar handen en met een bemoedigende klank in zijn stem vervolgde hij:

"Laat je niet misleiden door wat lijkt, maar niet is. God zelf heeft mij beloofd dat ik eeuwig naast Hem zal zitten in Zijn koninkrijk, en dat mijn boodschap misschien niet nu, maar dan toch zeker in de tijd hierna zijn weg zal vinden en ik vertrouw Hem volledig."

Maria keek naar hem en een vreemde gewaarwording overviel haar. Ze hoorde zijn woorden, ze zag zijn vertrouwde gezicht, en toch leek het of er een vreemde naast haar zat. Ze begreep dat Christus meer en meer vat op hem kreeg en dat ze de Jezus van wie ze zoveel hield echt los zou moeten laten. Even keek ze stil voor zich uit. Toen vroeg ze ernstig:

"Hoe zal het nu verder gaan, Jezus? Wat wil je gaan doen?"

"Ik ga in ieder geval naar Jeruzalem voor het paasfeest," antwoordde hij. "En dan zullen we wel zien. Alle stukken van het spel zijn in beweging gezet en daar zal de ontknoping plaatsvinden."

Maria kon niet nalaten te vragen:

"Is die ontknoping nog te beïnvloeden, Jezus? Of staat het vast dat het zal gaan zoals jij het net hebt beschreven?"

Haar vraag ontroerde hem. Teder antwoordde hij:

"Het is nu allemaal in Gods handen, Maria. We zullen moeten

afwachten hoe het zal gaan."

Even streelde hij haar handen en wenkte toen Suzanne die al die tijd geduldig met zijn ontbijt had staan wachten. Maar Maria had geen trek en ze stond op om haar tent op te ruimen.

Ondertussen stonden Judas en Simon nog steeds te smoezen. Ze leken het niet eens te zijn want hun woorden vlogen over en weer.

"Geef het toch op, Simon," zei Judas heftig. "Hij gaat het niet doen, dat zie je toch wel."

"Maar zo'n kans hebben we nog nooit gehad!" wierp Simon tegen. "Kijk naar al die mensen die hem volgen! Als we die allemaal bewapenen heeft Herodes geen schijn van kans. En de bevolking in Jeruzalem steunt ons. Ik sta nog steeds in contact met Barabbas en hij vertelde me dat de bereidheid om te vechten alleen maar toeneemt. Hij maakt zich sterk om Jezus als rechtmatige koning bekend te maken. Ons grootste probleem is hoe we Jezus zelf zo ver krijgen!"

En hij vervolgde begerig:

"Hoeveel geld hebben we nu? Hoeveel wapens zouden we kunnen kopen?"

Judas haalde de geldbuidel die hij voor Jezus beheerde tevoorschijn en liet de munten door zijn vingers gaan.

"Dat komt al aardig in de richting!" riep Simon verheugd uit.

Hij pakte Judas bij de arm en zei bezwerend:

"Laat me niet zakken, Judas. Ons ideaal is niet eerder zo dichtbij geweest. Laten we het blijven proberen. Eens zal hij toch moeten inzien dat met Herodes op de troon en de Romeinen hier, zijn eigen droom ook niet verwezenlijkt kan worden."

Judas aarzelde.

"Nou vooruit, ik kijk het nog even aan," knikte hij toen. "Hij weet nu in ieder geval hoe wij erover denken. En ik zal eens met Maria praten. Zij heeft invloed op hem."

"Maria!" lachte Simon schamper. "Hou alsjeblieft op. De hoer doet niets anders dan de hele dag om hem heen draaien. Ziet ze nou nog niet dat hij geen interesse in haar heeft!"

"Hé, hé, een beetje minder mag wel!" suste Judas. "Maria is een intelligente vrouw en ze kan ons wel degelijk helpen. En waarom noem je haar een hoer? Zo komen nou de praatjes in de wereld!"

"Nou," zei Simon insinuerend. "Een vrouw die haar eigen geld verdient kan dat toch echt maar op één manier, lijkt mij. Ik zou die zogenaamde herberg van die tante wel eens willen zien. Wedden dat het een ordinaire hoerenkast is!"

"Simon toch!" riep Judas verontwaardigd uit. "Hou op, nu! Je bent gewoon jaloers omdat Jezus meer tijd met haar doorbrengt dan met ons. Maar dat geeft je nog niet het recht om zo over haar te spreken! Je moest je schamen! Maar goed, ik zal dan wel proberen Jezus zelf te spreken te krijgen."

En diezelfde avond al kreeg Judas zijn kans. Het was kil en Jezus had zich wat afgezonderd. Judas zag hem in de weer met takken en een tondeldoos om een vuurtje te maken. Het waaide echter behoorlijk en daarom lukte het hem niet het brandend te krijgen. Hij liep op hem toe en bood aan:

"Zal ik je even helpen? Met die wind lukt het je nooit in je eentje."

Jezus keek op.

"Nou, graag!" zei hij dankbaar. "Het waait inderdaad harder dan ik dacht."

Met Judas' hulp brandde het vuurtje al snel en de mannen keken een poosje naar het altijd boeiende schouwspel van de vlammen. Toen vroeg Jezus, de stilte verbrekend:

"En Judas, vertel: waarover wilde je me spreken."

Verbaasd keek Judas op. Hoe wist hij dat nu weer!

"Nou, eh... eigenlijk wilde ik mijn excuses aanbieden voor mijn gedrag van vanochtend," zei hij toen tot zijn eigen verrassing. "Simon en ik hadden niet zo moeten aandringen. Ik weet dat jij geen politieke aspiraties hebt en we moeten je daar niet meer mee lastig vallen. Maar je begrijpt dat we het graag anders hadden gezien."

"Natuurlijk begrijp ik dat," antwoordde Jezus. "Het is ook niet makkelijk om mijn aspiraties te begrijpen. Eerlijk gezegd begreep ik dat toen ik hiermee begon ook niet zo precies. Maar gedurende de tijd krijg ik een steeds helderder beeld van wat God met mij voor heeft."

"En wat is dat dan?" vroeg Judas belangstellend.

"God wil dat ik...," zocht Jezus naar woorden, "liefde breng. Alleen liefde heeft de kracht om de mens te laten ervaren dat hij een dubbele natuur heeft: een menselijke én een Goddelijke. Gelukkig hoef ik dat niet alleen te doen. Want Christus heeft zich met mij verbonden. Deze geest is onvoorstelbaar krachtig en afkomstig van God zelf. Samen willen we mensen laten voelen dat ook zij deel zijn van God."

"Nou, dat is een zware taak!" zei Judas vol respect.

Jezus knikte en staarde even stil voor zich uit.

"Ik houd het denk ik ook niet lang meer vol om die enorme kracht te dragen," sprak hij toen ernstig "Ik merk dat het fysiek steeds moeilijker wordt. Daarom is het goed dat de Christus binnenkort bevrijd zal worden."

"Bevrijd?" vroeg Judas nieuwsgierig. "Hoe dan?"

Jezus glimlachte triest.

"Ik heb dat al wel eens verteld," zei hij zacht. "Alleen door te sterven kun je je bestemming bereiken."

Verwonderd keek Judas hem aan. Toen zei hij, langzaam begrijpend:

"Je bedoelt dat..."

Hij maakte zijn zin niet af. Jezus knikte.

"Ja, je hebt het goed begrepen. En ik hoop toch zo dat ik het op kan brengen. Ik moet toegeven dat ik meer aan dit leven gehecht ben dan ik dacht. Misschien heb ik dan ook wat hulp nodig om... als het erop aan komt... de juiste keuzes te maken."

Hij glimlachte naar hem en vervolgde warm:

"Jij bent van mijn discipelen degene die het beste aanvoelt hoe het voor mij is. Bedankt daarvoor."

Verlegen haalde Judas zijn schouders op en even wist hij niet wat hij moest zeggen. Zwijgend staarden ze weer in de vlammen tot de wind ze gevaarlijk hoog opzweepte.

"We kunnen het maar beter uitmaken," zei Judas bezorgd.

Snel gooiden ze wat zand over het vuur. Ze waren niets te vroeg. De wind trok nog harder aan en ontpopte zich tot een ware storm.

"Kom," riep Jezus. "We moeten de tenten controleren. Straks gaan ze de lucht in!"

Zo snel ze konden liepen ze naar het kamp. Daar waren de anderen al bezig om alle scheerlijnen te verzwaren met keien. Verontrust keek Jezus naar het natuurgeweld en met luide stem zei hij tegen Petrus:

"Hopelijk is er niemand meer op het meer!"

Petrus knikte bezorgd. Als visser wist hij als geen ander hoe het op het water kon spoken. Ongerust zocht iedereen zijn bed op en de volgende dag zagen ze de schade die was aangericht. Takken waren van de bomen gerukt en enkele tenten beschadigd. En al vroeg kwamen er mensen naar het kamp. Waar Jezus al bang voor was geweest, was gebeurd. Diverse schepen hadden schipbreuk geleden en maar liefst veertien vissers waren verdronken. Eén man kon zijn verdriet nauwelijks de baas. Met betraande ogen pakte hij Jezus' hand en smeekte:

"Heer Jezus, alstublieft, help mij. Ik heb twee broers verloren. Beiden laten vrouw en kinderen achter. Wat moet ik doen? We zijn volledig afhankelijk van de visvangst om te kunnen leven en nu zijn we alles kwijt: onze boten, onze netten."

Troostend legde Jezus een arm om zijn schouders.

"Kom," zei hij bemoedigend. "Ik weet zeker dat alles goed komt. Ikzelf ben timmerman en kan u helpen bij het maken van een nieuwe boot. En we hebben nog wel wat geld om spullen te kopen."

Hij draaide zich naar Simon en zei op een toon die geen tegenspraak duldde:

"Simon, haal bij Judas onze geldbuidel en geef hem aan deze man."

Verbijsterd keek Simon hem aan. Hoorde hij het goed? Wilde Jezus hun geld weggeven?

"Maar Jezus..." stamelde hij. "Moeten wij niet op zijn minst iets voor onszelf houden? We kunnen wel wat geven natuurlijk, maar alles..."

Jezus' mond viel open van verbazing.

"Hoe durf je dat te zeggen, Simon!" viel hij verontwaardigd uit. "Heb je echt zo weinig begrepen van de waarheid waarvan ik al die tijd getuig? God zelf zorgt er immers voor dat het ons aan niets zal ontbreken! Of ben je bij mij soms ooit iets tekort gekomen?"

Simon begreep dat hij er niet onderuit kwam. Volledig uit het lood geslagen liep hij naar Judas' tent, pakte de geldbuidel en gaf deze met zichtbare tegenzin aan de man. Jezus knikte tevreden. Hij klopte hem op zijn schouder en lachte:

"Nu, was dat nou zo moeilijk? Bedenk eens wat ze hier mee kunnen doen!"

Maar wrevelig schudde Simon zijn hand van zich af en beende weg. Verwonderd keek Jezus hem na. Maar hij gunde zich geen tijd om lang bij het incident stil te staan want zijn handen jeukten om aan het werk te gaan. Hij trommelde wat jongens op en leerde hen hoe ze planken konden zagen. Andreas en Petrus haalden hun gereedschap tevoorschijn om nieuwe netten te maken. Hun arbeid leverde veel bekijks op. Lang niet iedereen wist dat Jezus timmerman was en verrast zagen ze hoe hij de handen uit de mouwen stak. Tussen de kijkers hield zich ook een Farizese priester op en na alle bedrijvigheid een poosje te hebben aangezien zei hij tegen Jezus:

"Zeg eens Jezus, als God over de wereld regeert, dan is Híj toch zeker verantwoordelijk voor de dood van die vissers. Waarom heeft Hij niets gedaan om deze storm te voorkomen?"

En zich richtend tot de vele omstanders vervolgde hij op opzwepende toon:

"Luister! Jullie hebben vast ook gehoord van onze broeders die vanuit Galilea naar Jeruzalem gingen en daar op basis van een of ander wazig decreet door Pilatus ter dood zijn gebracht. Waarom heeft God dat toegestaan?"

Een golf van onrust ging door de menigte. Inderdaad: waar was God toen dit gebeurde?! De priester luisterde met zichtbaar genoegen naar het geroezemoes. Hij was ervan overtuigd dat hij Jezus een kwestie had voorgelegd waarop hij nu eens geen antwoord had. Jezus wist niet wat hij hoorde. Geschokt keek hij de priester aan en ongewoon heftig voor zijn doen viel hij uit:

"Hoe durft u zo iets zelfs maar te denken! God is pure liefde. Zelfs het kleinste musje dat ter aarde valt kan rekenen op Zijn mededogen! Denkt u echt dat iemand als Pilatus ongestraft kan doen wat hij doet? Als dat zo zou zijn, dan is het terecht dat uw zin voor rechtvaardigheid het uitschreeuwt en roept: 'Er is geen God, of als er een God is, dan is Hij een onrechtvaardige heerser die er beter niet kon zijn!' Maar van wat oorzaak is in het ene leven, wordt het gevolg misschien pas in een volgend leven duidelijk. Een mens kan in dit leven misschien schijnbaar zijn straf ontlopen, maar weet dat zijn daden altijd zullen moeten worden rechtgezet. Is het niet de mens zelf, die een ander zonder reden onrecht aandoet? Nu, die mens kan er ook voor zorgen dat dit onrecht weer ongedaan wordt gemaakt door zich niet te richten op wraak, maar op vergeving. En God, die de rechtvaardigheid zelf is, geeft ons het goede voorbeeld. In Zijn oneindige liefde doet Hij niets anders dan ons telkens weer in staat stellen onze fouten goed te maken. Dus geef God nooit de schuld van het lijden in de wereld. Want de mens zelf roept dit lijden over zich af!"

Nadat hij dit had gezegd draaide hij zich bruusk om en beende weg. Zoveel verdriet had hun wantrouwen naar God hem gedaan dat hij niet eens wilde luisteren naar hun reactie. En de priester die er alleen maar op uit was geweest om hem een hak te zetten, wilde hij al helemaal niet meer zien. Hij liep naar het meer, nam een roeiboot die daar lag en roeide verbeten langs de oever. Pas een heel eind verderop ging hij weer aan land.

Vol verwarring over zijn plotselinge vertrek was de menigte achter gebleven. Zijn woorden hadden duidelijk indruk gemaakt.

"Hij heeft gelijk," werd er geroepen. "Wat schieten we ermee op om God overal de schuld van te geven. Laten we eerst eens de hand in eigen boezem steken!"

En sommigen richtten zich tot de priester.

"Wat voeren jullie eigenlijk uit, daar in Jeruzalem?" vroegen ze verhit. "Waarom moeten wij zoveel tempelbelasting betalen en waarom steunen jullie Jezus niet in wat hij doet? Neem een voorbeeld aan hem, in plaats van jezelf zo schandelijk te verrijken!"

De priester begreep dat zijn opzet om Jezus zwart te maken zich tegen hem keerde en Simon zag zijn kans schoon.

"Dus jullie vinden ook dat Jezus onze koning zou moeten zijn?" riep hij hartstochtelijk uit.

Een instemmend gejuich steeg op.

"Volg ons dan naar Jeruzalem!" vervolgde Simon gedreven. "Wij hebben contact met de zeloten daar. Zij zullen ons helpen die hele priesterclan en Herodes erbij eruit te gooien. Nu: wie doet er mee? Wie wil er vechten voor onze nieuwe koning!"

Opnieuw volgde een luid gejuich. Maria, Petrus en de anderen keken verbijsterd toe. Aan de ene kant waren ze blij dat Jezus' woorden zoveel effect hadden. Aan de andere kant beangstigde het hen hoe weinig ervoor nodig was om zo'n menigte in beweging te krijgen.

"We moeten met Jezus praten," sprak Petrus bezorgd. "Als we nu naar Jeruzalem gaan, sta ik niet in voor wat er zal gebeuren."

"Ik wil wel met hem praten," bood Maria aan. "Al weet ik dat ik hem niets nieuws vertel. Hij weet maar al te goed welke krachten er in beweging zijn gezet. Ik denk niet dat iemand hem kan tegenhouden om te gaan. Ook ik niet."

"Nou, dan hoef je dus ook niet met hem te praten!" reageerde Andreas fel. "Waarom zou hij dit soort belangrijke zaken überhaupt met jou overleggen. Of denk je soms dat wij dit niet zelf kunnen oplossen!"

Tranen welden op in Maria's ogen. Verdrietig draaide ze zich naar Petrus.

"Denk jij er ook zo over?" vroeg ze bedroefd. "Denk jij ook dat ik mezelf op de voorgrond wil dringen en dat ik zomaar verzin dat Jezus soms belangwekkende dingen met mij bespreekt?"

"Ja, dat moet je vooral aan Petrus vragen!" lachte Tadeüs schamper. "Die driftkop is het toch altijd met zijn broer eens! Maar ik zeg jullie: wij mogen Maria niet kleineren omdat Jezus zijn aandacht naar haar laat uitgaan. Ook al horen jullie dit niet graag: zij begrijpt Jezus beter dan wij met z'n allen bij elkaar. En daar kunnen we ons boos over maken, maar dat heeft geen zin. Eigenlijk zouden we ons moeten schamen dat we zijn boodschap niet beter navolgen. Wanneer stoppen wij nu eens met dat politieke gekonkel en gaan we zijn boodschap nu eens écht uitdragen?!"

Schuldbewust keken de anderen elkaar aan. Hij had natuurlijk gelijk. Petrus zuchtte. Berustend zei hij:

"Nou vooruit, ik zal hier de boel dan wel in het gareel houden. Maria, zoek jij Jezus dan maar en praat met hem, alsjeblieft. En kom snel terug, zo te zien hebben we veel extra eters vanavond!"

Hij liet haar achter en haastte zich om iedereen die met hen wilden optrekken naar Jeruzalem, te voorzien van een maaltijd en een bed.

Nerveus ging Maria op pad om Jezus te zoeken. De toenemende spanning verteerde haar. Ze voelde hoe het web van onbegrip zich strakker en strakker om hen heen spande. Diep bezorgd vroeg ze zich af of dit ooit nog in goede banen geleid zou kunnen worden. Waarschijnlijk kon alleen Jezus zelf dit . En ze besefte heel goed dat hij niet zou zwichten voor alle druk, maar absoluut zijn eigen gang zou gaan.

Ze was nu bij de oever van het meer aangekomen en ze volgde het uitgesleten pad langs de kant. Ze moest een behoorlijk eind lopen, want Jezus had een flink stuk geroeid. Pas toen ze ernstig begon te twijfelen of ze wel de goede kant op was gegaan, zag ze hem. Diep in gedachten verzonken zat hij bij het water. Hij hoorde haar niet aankomen. Ze nam hem op en vond dat hij er slecht uit zag. Het was duidelijk dat zijn hele optreden en alles wat het opriep veel van hem vergde. Zacht liep ze op hem toe en legde haar hand op zijn schouder. Hij schrok op.

"Maria... Hè, je laat me schrikken."

Ze glimlachte verontschuldigend.

"Het spijt me. Dat was natuurlijk niet de bedoeling. Maar je was ook wel heel ver met je gedachten. Mag ik bij je komen zitten?"

Hij knikte.

"Natuurlijk, jij altijd, dat weet je toch?"

Ze ging naast hem zitten.

"Waar dacht je aan?" vroeg ze.

Hij haalde zijn schouders op.

"Eigenlijk nergens aan. Ik probeerde juist mijn gedachten leeg te maken om zo God toe te laten."

"Ik ben onder de indruk van je woorden van daarnet," zei Maria en even kwam er een verstilde blik in haar ogen. "Wanneer ik je zo hoor dan zie ik Gods hand zo duidelijk in jou. En ik niet alleen. Er zijn veel mensen bijgekomen die je willen volgen naar Jeruzalem, al twijfel ik aan hun oprechte bedoelingen."

"En terecht," reageerde Jezus laconiek. "De meeste hebben inderdaad geen oprechte bedoelingen. Maar dat kun je hen niet kwalijk nemen."

Hij keek haar aan en vervolgde vertrouwelijk:

"Dat jij mij zo goed begrijpt doet mij toch zo goed, Maria. Ik zie helaas bar weinig mensen die uit dezelfde geestelijke sfeer komen als jij. De meeste hebben nog een lange weg te gaan."

Maria knikte. Ze kende het gevoel waarover hij sprak en soms maakte het haar moedeloos. Hoe lang had ze zelf niet gezocht naar een gelijkgestemde.

"Is het niet beter om dan maar niet naar Jeruzalem te gaan, Jezus?" vroeg ze. "Is het nog te vroeg misschien?"

Hij aarzelde kort.

"Misschien ben ik inderdaad te vroeg gekomen," gaf hij toen toe. "Maar God is ervan overtuigd dat mijn woorden hun weg zullen vinden, misschien nu slechts bij een enkeling, maar in de toekomst zeker bij velen. Dat motiveert mij om door te gaan. Dus zal ik gewoon Pasen vieren in Jeruzalem, zoals ik ieder jaar heb gedaan."

En enigszins schalks voegde hij eraan toe:

"Maar dat wist je toch al, Maria!"

Maria lachte een beetje beduusd. Natuurlijk had ze dat geweten. Even wist ze niet wat ze moest zeggen en verlegen draaide ze het lint van haar hemdje om haar vinger. Toen richtte ze haar blik weer op hem en zei:

"Het verbaast mij iedere keer weer Jezus, hoe jij over God praat. Hoe weet je toch zo zeker wat Hij denkt? Hoe hoor je Hem en hoe ervaar je Zijn aanwezigheid, dat je er zo natuurlijk over kunt praten. Toe, probeer het mij eens uit te leggen."

Teder keek hij naar haar vertrouwde gezicht. Haar verzoek ontroerde hem en graag zou hij eraan voldoen. Want als iemand het misschien zou kunnen bevatten, was zij het wel. Hij richtte zijn blik naar binnen en onmiddellijk voelde hij Gods presentie in zijn hart. Ze had het goed aangevoeld. God was een realiteit in zijn leven. Voor hem had dit ook niets meer met geloof te maken, maar met een zekerheid waaraan niet te ontkomen viel. Maar hoe zou hij dat ooit duidelijk kunnen maken? En hij antwoordde:

"Ik zou niet weten hoe ik je zou moeten uitleggen hoe ik God ervaar, Maria. Je vraagt het onmogelijke van mij. Ieder woord dat ik zou kiezen, zou tekort schieten. Kan een mens überhaupt duidelijk maken, écht duidelijk maken wat hij voelt? Hoe zou ik jou kunnen vertellen wat ik voel in mijn ziel, wat ik beleef in mijn geest. Jij kunt immers niet door mijn ogen kijken, en ik al evenmin door de jouwe."

Maria slikte iets weg. Op de een of andere manier deed zijn antwoord haar verdriet. Ze had gehoopt dat hij haar, juist omdat ze zo'n bijzondere band hadden, iets van zijn mysterie had kunnen laten zien. Maar ze besefte dat hij gelijk had. Hoe zou hij dat kunnen als zij zelf al niet in staat was om dat wat ze voor hem voelde onder woorden te brengen. Kennelijk waren mensen dus sowieso niet in staat om werkelijk met elkaar te communiceren, en zo gedoemd tot eeuwige eenzaamheid. En hoe groot moest zijn eenzaamheid dan wel niet zijn. Zijn bijzondere band met God niet met een ander te kunnen delen moest voor hem wel heel erg zwaar zijn. Zacht zei ze:

"Dat moet erg eenzaam voor je zijn Jezus, met niemand te kunnen praten over dat wat jou ten diepste raakt en beweegt."

Ze zag dat hij even stil viel. Het was duidelijk dat ze een gevoelige snaar had geraakt. Maar hij hervond zich snel en zei:

"Misschien lijkt dat zo. Maar God vervult mijn ziel en omgeeft me waar ik ook ben. Dus echt eenzaam voel ik mij niet."

Erg overtuigend klonk zijn antwoord echter niet. En zijn lichaamstaal was enorm in tegenspraak met dat wat hij had gezegd. De neiging om haar armen om hem heen te slaan en hem te koesteren overviel Maria en was in lange tijd niet zo sterk geweest. Maar ze bedwong zich en het enige wat ze zei was:

"Dat lijkt mij niet hetzelfde. Maar ik kan natuurlijk niet voor jou spreken."

Hij zweeg. Ze zag hoe hij hevig worstelde met zijn gevoelens. En pas na lange tijd richtte hij het woord weer tot haar en zei zacht:

"Misschien is dat nu eenmaal de tragiek van mijn leven, Maria. Ik zou niet zonder God kunnen leven en heb er zelf voor gekozen Zijn instrument te willen zijn. Maar makkelijk is het niet. Het blijft een constant gevecht tussen wat ik zou willen en wat Hij van me vraagt. En toch is het de moeite waard. Want zonder deze strijd zou ik niet zijn die ik nu ben en niet kunnen wat ik nu kan. En ik ben ervan overtuigd dat wanneer ik erin slaag volledig Zijn wil te doen, ik de hoogste vervulling van mijn leven zal bereiken."

Hij glimlachte nu oprecht en vervolgde met liefde in zijn stem:

"God is mijn Abba. Wat kan ik anders doen dan mij volkomen aan Hem overgeven!"

Weer slikte Maria iets weg. Het was haar opnieuw duidelijk. Ze zou nooit die rol in zijn leven spelen die ze zo graag wilde spelen. Hoe zou hij, naast de Christusgeest die hem bezielde, nog ruimte voor haar kunnen maken. Ze wist ook wel dat ze dat eigenlijk niet meer moest wensen. Hij was daar immers heel duidelijk over geweest. En terecht. Want zou ze het echt kunnen doen met de spaarzame kruimeltjes van zijn tijd en aandacht die overbleven? Bovendien zou ze hem binnenkort toch kwijt raken. Kwijt raken aan God die hem opeiste, kwijt raken aan de Christusgeest waarvoor hij zich had opengesteld. En zelfs, al durfde ze daar bijna niet aan te denken, kwijt raken aan de dood, waarover hij had gesproken. Ze stond op en zei, haar verdriet zorgvuldig maskerend:

"Ik zal eens kijken of ik Suzanne kan helpen bij het voorbereiden van de maaltijd. Met al die extra mensen is er genoeg te doen nu en ik heb haar al te lang in de steek gelaten."

Met pijn in haar hart liet ze hem achter bij het water en hij bleef daar nog zeker een uur om te bidden en benadrukte zo de afstand die er tussen hen was gegroeid.

Judea

Het paasfeest kwam dichterbij en omdat dit waarschijnlijk zijn laatste Pasen zou zijn, nam Jezus zijn leerlingen mee het veld in om ze vertellen wat hem te wachten stond. Zijn discipelen merkten dat hij in een vreemde stemming was en afwachtend keken ze hem aan. Jezus liet zijn blik over de twaalf mannen gaan die hem in de loop van de jaren zo vertrouwd waren geworden.

"Lieve broeders," zei hij zacht. "Ik zal waarschijnlijk niet lang meer bij jullie zijn. God zal mij binnenkort tot zich roepen en dan moeten jullie aan het werk om mijn boodschap voort te zetten."

Ontzet keken zijn vrienden elkaar aan en Jezus zag dat ze hem van alles wilden vragen. Hij hief zijn hand op om hen voor te zijn en vervolgde:

"Ik zal moeten lijden en door de priesters worden verworpen en gedood, maar mijn boodschap zal doorgaan. En daar ligt jullie taak."

Hij stond op en liep tussen hen door.

"Ook al hebben jullie de afgelopen jaren veel geleerd, er is nog veel te doen. Want ook jullie zullen met tegenstand te maken krijgen en je zult moeten leren je daartegen te wapenen. Houd daarom altijd voor ogen dat je zalig bent wanneer je arm bent en leeg. Laat je niet leiden door alle gedachten die altijd maar door je hoofd gaan maar vertrouw er blindelings op dat alles gaat zoals het moet gaan. En zalig wie verdriet heeft, want in het donker zal het licht opgaan. Ook jullie zullen ervaren dat dit leven niet het echte leven is, maar slechts schijn, buitenkant. En het zal jullie pijn doen dat je dit oneigenlijke leven moet leiden. Maar ook zul je de liefdevolle aanraking van Christus voelen en dat zal je de kracht geven om door te gaan."

Hij ging weer zitten en vervolgde:

"Zalig wie kwetsbaar durft te zijn, want je zult de aarde redden. Durf het masker dat je draagt af te zetten en de muur die je om je heen hebt opgetrokken af te breken. Alleen wanneer je jezelf durft te laten zien, zullen anderen jou hun vertrouwen schenken. Natuurlijk is dat eng: je zult gekwetst worden en je loopt het risico gedood te worden. Maar ook dan zal de kracht vanuit de geestelijke wereld je helpen. En zalig wie hunkert naar gerechtigheid, want eens zal dat verlangen werkelijkheid worden. Wie hunkert naar gerechtigheid lijdt aan dit leven en aan wat mensen elkaar aandoen. Liefst zou je leven in waarachtige liefde, in overeenstemming met de liefde die je kent vanuit de geestelijke wereld. Maar juist deze hunkering zal je helpen om door te gaan."

Hij zag dat zijn woorden indruk maakten en hij glimlachte.

"Misschien denken jullie dat je dit alles nooit zult kunnen volbrengen. Maar geloof me: je krijgt zoveel terug. Want zalig wie een warm hart heeft, anderen zullen jou warmte geven. Wat je oogst zul je immers zaaien. En als je zover bent, zul je zuiver zijn van hart. En zalig wie een zuiver hart heeft, want die zal de goddelijke wereld zien. En wanneer dat geschenk je ten deel valt, zul je zien dat het al je inzet, al het geworstel met jezelf, al het onbegrip van anderen meer dan waard is geweest. Want je zult leven in vertrouwen, los van de last van het verleden. Zalig zul je zijn omdat je vrede en liefde uitstraalt en de mensen zullen voelen dat God in je hart woont."

Hij richtte zich tot Judas en vroeg:

"Zeg eens Judas, ken jij het gevoel dat je je als kind al een buitenbeentje voelde? Dat je andere gevoelens, andere inzichten had dan de rest van je familie?"

Judas knikte verlegen.

"Ja Jezus, dat gevoel herken ik. Soms was het alsof ik vanaf een afstandje naar hen keek, alsof ik een buitenstaander was."

"Toch was ook dat zo bedoeld," legde Jezus uit. "Want toen heb je al geleerd om trouw te blijven aan wat je zelf voelde wat goed was, desnoods dwars tegen de opvattingen van je ouders in. Wees daarom niet bang om het zwarte schaap te zijn, want jij zult de weg naar de toekomst openen."

Warm glimlachte hij naar de man en zei toen tegen allen:

"Zalig ben je wanneer je wordt afgewezen en veroordeeld om wat je van binnen voelt als waar. Zo maak je Christus voelbaar op aarde. Helaas is het voor ons, als boodschappers van Christus, onontkoombaar om veroordeeld en afgewezen te worden. Laat je hierdoor echter niet weerhouden! Blijf trouw aan jezelf, volg je weg en weet dat je altijd geborgen zult zijn in het hart van God."

Zijn stem verstomde en zijn leerlingen begrepen dat hij was uitgesproken. Stil stonden ze op en hun hoofd vol van zijn woorden liepen ze terug naar het kamp.

De volgende dag braken ze hun tenten op, pakten hun spullen op enkele ezels en droegen zelf wat overbleef. Jezus was opgelucht dat ze eindelijk op weg gingen. Waar hij moeite had gehad om de laatste fase van zijn opdracht te aanvaarden, voelde hij nu een gespannen verwachting en nieuwe energie stroomde door zijn lijf. Opgewekt mengde hij zich onder zijn mensen en hij stak iedereen aan met zijn enthousiasme. Alleen Maria voelde zich terneergeslagen. Ze begreep niet dat hij zo zorgeloos kon zijn terwijl hij wist hoe alles zou aflopen. Hoe kon hij lachen en vrolijk zijn? Dacht hij dan niet aan haar, aan haar verdriet en de leegte die zou achterblijven wanneer hij er niet meer zou zijn? Tranen prikten achter haar ogen en somber liep ze mee in de groep, bij iedere stap beseffend dat het een stap dichter naar het einde was. Jezus voelde haar stemming aan en hij liep een eindje met haar op.

"Hé meisje, ik hoor je niet meer zingen de laatste tijd," probeerde hij haar op te monteren. "Je loopt toch niet te piekeren?"

Een beetje wrevelig haalde Maria haar schouders op en ze gaf geen antwoord, bang dat hij de emotie in haar stem zou horen. Jezus zag hoe moeilijk ze het had.

"Meisje toch," zei hij teder en hij pakte haar hand. "Niet doen, hoor je. Ikzelf kijk er nu anders naar en dat zou jij ook moeten doen. Het is toch prachtig dat de geest van Christus straks iedereen zal kunnen raken en jij weet toch beter dan wie ook dat dit leven slechts schijn is en dat het niet erg is het te verliezen."

"Ja, natuurlijk weet ik dat," antwoordde Maria zacht. "Maar mijn verstand en mijn gevoel zijn het nog niet eens."

"Het mijne wel," zei Jezus overtuigd. "Ik heb er vrede mee, echt! En je weet toch dat wij elkaar sowieso terug zullen zien!"

Ondanks alles schoot Maria in de lach. Want daar had hij een punt. Hun verbondenheid ging inderdaad door de dood heen, dat had ze immers van het begin af aan zo gevoeld.

"Je hebt gelijk," gaf ze toe. "Vergeef me. Ik beloof dat ik vanaf nu niet meer zo zal kniezen."

"Goed zo," lachte Jezus en hij kneep haar bemoedigend in haar wang.

Toen liep hij door naar het begin van de stoet om met Petrus te overleggen over de route die ze zouden volgen. Ze besloten om de eerste nacht in de buurt van Nain door te brengen om daarna door te gaan naar Sichar, en dan via Efraïm naar Betanië. Daar wilde Jezus, op loopafstand van Jeruzalem, hun kamp weer opbouwen. De tocht verliep voorspoedig. Hoewel Jezus wel merkte dat ze op afstand in de gaten werden gehouden, legde niemand hen een strobreed in de weg.

Toen ze na enkele dagen in Betanië aankwamen, kwam Martha hen tegemoet. Onmiddellijk zagen ze dat er iets aan de hand was, want ze had tranen in haar ogen. Maria haastte zich naar haar zuster toe.

"Wat is er?" vroeg ze bezorgd en Martha antwoordde huilend:

"Oh Maria, wat ben ik blij dat je er bent. Het is Lazarus. Hij was zo depressief de laatste tijd. En nu heeft hij zich laten opsluiten in een graf. Hij is daar al drie dagen zonder eten en drinken. Ik heb geen flauw idee of hij nog wel leeft."

"Hij leeft!" sprak Maria stellig. "Wij hebben zo'n sterke band. Wanneer hij niet meer zou leven, zou ik dat weten."

"Nu, er is dus nog hoop," troostte Jezus haar. "Kom, breng ons bij hem."

Martha ging hen voor naar het graf. Daar hadden zich enkele dorpsgenoten verzameld om Kaddish te bidden. Dit ontroerde Jezus en de angst dat ze wel eens te laat zouden kunnen zijn overviel hem. Geholpen door enkele omstanders rolde hij de steen weg van het graf en ging naar binnen. Even moest hij wennen aan de schemering. Maar toen zag hij Lazarus liggen, gekleed in een eenvoudig witte lijkwade. Hij knielde naast hem neer en pakte zijn hand. Deze voelde ijskoud, net als de rest van zijn lichaam. Jezus schrok. Zijn vriend als voor dood te zien liggen bracht hem van zijn stuk. Wanhopig zei hij:

"Lazarus, kom terug! Ook al is het soms moeilijk, dit leven is het waard om geleefd te worden. Ook jij hebt een plaats in dit leven. Je bent immers een prachtig en uniek wezen. Besef wat dat waard is. Dus laat niet los!"

Gedreven nam hij Lazarus' handen tussen de zijne, riep een opperste concentratie op en probeerde contact te maken met zijn

vriend, wiens ziel nu zo ver weg was. Heel langzaam werden Lazarus'
handen weer warm en nog wat later opende hij zijn ogen. Even keek
hij verward om zich heen. Maar toen zag hij Jezus. Hij haastte zich
overeind, sloeg zijn armen om hem heen en huilde. Teder streelde
Jezus zijn rug. Hoofdschuddend zei hij:

"Waarom heb je dit nou toch gedaan, joh. Je kunt het leven toch
niet zo maar de rug toedraaien."

"Ik voelde me zo verlaten," antwoordde Lazarus met verstikte
stem. "Ik merkte dat het met Maria niet goed ging en dat jij het ook
niet makkelijk had met dat decreet en zo. En toen zag ik het niet
meer zitten. Ik had zo'n heimwee. Ik dacht: wat moet ik in deze
wereld wanneer zelfs iemand als jij hier niet wordt erkend? Vanaf dat
moment kon ik nog maar aan één ding denken: terugkeren naar de
geestelijke wereld. En het was me bijna gelukt!"

Indringend keek Jezus hem aan.

"Vertel," vroeg hij gespannen. "Wat heb je gezien?"

Even sloot Lazarus zijn ogen. Toen zei hij vol vervoering:

"Oh, Jezus, het was zo prachtig! Ik ging door een donkere tunnel,
maar ik voelde geen angst want aan het einde zag ik al het Goddelijk
lichten even later was ik in dat licht. En daar voelde ik alleen liefde,
respect en genegenheid. Het omringde me aan alle kanten. Ik had
nog nooit zoiets moois meegemaakt en ik wist dat ik nooit meer terug
wilde. Tot jij me riep."

Zijn gloedvolle woorden raakten Jezus diep. Schor stamelde hij:

"Ik weet zó goed wat je bedoelt! Ook mijn ziel hunkert ernaar
terug te mogen keren. Maar we hebben hier nog een taak te
verrichten."

Hij hielp zijn vriend op te staan en vervolgde ernstig:

"Lazarus, als ik er straks niet meer ben, moet jij voor Maria
zorgen. Het gaat inderdaad niet zo goed met haar. Ze vindt het erg
moeilijk dat ik er straks niet meer zal zijn. Zul je dat doen?"

Lazarus drukte zijn handen en geëmotioneerd antwoordde hij:

"Natuurlijk doe ik dat, Jezus! Ik houd zo veel van haar! Maar ik
hoop dat het voorlopig nog niet nodig is en dat jij hier nog een flinke
poos zult zijn!"

Jezus glimlachte berustend.

"Helaas heb ik dat niet zelf in de hand, Lazarus."

Hij omhelsde zijn vriend en zo, met de armen om elkaars

schouders, verschenen ze in de opening van het graf. Inmiddels had zich daar een behoorlijke menigte verzameld. Velen hadden gehoord dat hij naar Betanië was gekomen om zijn vriend terug te roepen uit de dood. Een enorm geroezemoes steeg op toen ze samen in de grotopening zagen verschijnen. Verbijsterd fluisterden de mensen elkaar toe:

"Kijk! Hij heeft hem uit de dood doen opstaan!"

Als een lopend vuur verspreidde het gerucht zich door de hele streek en al snel sprak iedereen erover: Jezus van Nazareth had zijn vriend Lazarus opgewekt uit de dood! Ook Maria hoorde het en ze raakte in verwarring door de stelligheid waarmee het verhaal werd verkondigd. Ze zocht Jezus op en vroeg:

"Zeg me, was hij al overleden?"

Stomverbaasd dat juist zij hem deze vraag stelde keek Jezus haar aan.

"Nee, natuurlijk niet," antwoordde hij kortaf. "Dat zou jij toch moeten weten! Ook ik heb te gehoorzamen aan Gods wetten van de natuur."

Hoofdschuddend beende hij weg. Maar het gerucht liet zich niet makkelijk ontzenuwen en het kwam de priesters in de tempel ook ter ore. Vertwijfeld vroegen ze zich af hoe ze hem in vredesnaam het hoofd zouden kunnen bieden

Een week voor Pasen maakte Jezus zich op om naar Jeruzalem te gaan. Om niemand de gelegenheid te geven hem ervan te beschuldigen dat hij zich niet aan de sabbatsrust hield, gingen ze vrijdags al op pad. Vlakbij de stad streken ze neer en zetten hun tenten op. Jezus liet een cirkel van vuurtjes rond het kamp aanleggen, zodat kwaadwillende gasten niet ongezien binnen konden komen. Die avond konden de bewoners van Jeruzalem de vlammen goed zien en in vele harten brandde de hoop dat deze Jezus een eind zou maken aan het verdorven bewind van Herodes. Ook onder de zeloten liep de opwinding op. Al had Simon niet veel voor hen kunnen betekenen, toch was een groot deel van Barabas' aanhang bewapend. Herodes maakte zich zorgen. Hij was zich er pijnlijk van bewust dat hij niet bepaald populair was en zag het feit dat Jezus' aanhang het afgelopen jaar expansief was gegroeid met lede ogen aan. Voorlopig was er echter niets aan de hand. Jezus' volgelingen hadden zich zijn woorden om de sabbat niet te ontheiligen ter harte genomen en de dag verliep rustig. Tegen de avond trok Jezus zich terug in zijn tent. Hij zag er niet tegenop om de volgende dag de confrontatie met de priesters aan te gaan en zorgeloos maakte hij zich op om te gaan slapen. Maar plotseling drong enig tumult tot hem door en Petrus viel binnen.

"Neem me niet kwalijk, Jezus," zei hij nerveus. "Maar er is hier iemand voor je. Ik vertrouw het absoluut niet, dus wees alsjeblieft voorzichtig!"

Nieuwsgierig stapte Jezus zijn tent uit. Tot zijn verbazing zag hij een wachter van het hof van Pilatus voor zich staan. De man maakte een beleefde buiging en sprak:

"Goedenavond, heer Jezus. Onze geëerde stadhouder Pilatus wenst u te spreken."

Hij schoof zijn mantel opzij en Jezus zag dat hij zwaar bewapend was. Petrus greep zijn arm.

"Ga niet mee, Jezus!" fluisterde hij dringend. "Ze zullen je vermoorden!"

Maar Jezus reageerde kalm:

"Nee, dat denk ik niet. Mij wacht een ander einde."

Hij verschuilde zich in zijn mantel, schoof de capuchon ver over zijn hoofd en volgde zijn gids naar de burcht Antonia. Daar ontving Pilatus hem in een van zijn privévertrekken. Hij was beslist een charismatische man. Zijn schouders waren breed en zijn benen gespierd. Hij straalde gezag uit, als iemand die gewend is gehoorzaamd te worden. Maar Jezus was hiervan niet erg onder de indruk. Afwachtend stond hij in de weelderig ingerichte kamer. Pilatus liep om hem heen en monsterde hem van alle kanten. Dus dit was nu Jezus van Nazareth, genoemd de Christus, die zijn provincie, als hij Herodes mocht geloven, op de rand van een burgeroorlog dreigde te brengen. Hij moest toegeven: deze man straalde wel iets uit, al kon hij niet zo goed benoemen wat. Vertrouwelijk stak hij van wal:

"Goedenavond, heer Jezus. Ik heb u laten ontbieden om u te waarschuwen. De Joodse leiders zijn vast van plan u te laten arresteren en om te brengen. Herodes heeft al zijn troepen op de been gebracht. Ik voorzie grote onrust wanneer u, met al die mensen die u om wat voor reden dan ook volgen, de stad zult binnentrekken.

Daarom zal ik u naar een veilige plaats begeleiden. Ik heb al een snel span paarden en een lijfwacht klaar staan."

Wanneer hij had verwacht dat Jezus hem dankbaar om de hals zou vallen, kwam hij bedrogen uit. Want Jezus kon een glimlach niet onderdrukken en zijn stem klonk vast toen hij zei:

"U kent mij slecht, heer Pilatus. Hoe kon u ook maar één ogenblik denken dat ik mij als een lafaard uit de voeten zou maken! Ik ben gekomen om Gods boodschap van liefde te brengen en ik offer liever mijn leven, dan dat ik mijn opdracht verloochen door te vluchten."

Pilatus voelde zich als een klein kind op de vingers getikt. Geïrriteerd antwoordde hij:

"Luister, jongeman. Ik laat deze provincie niet in burgeroorlog vervallen omdat jij zo nodig een opdracht hebt te vervullen en zo het Romeinse gezag hier in gevaar brengt!"

Jezus doorzag zijn werkelijke bedoelingen. Scherp sprak hij:

"Oh, ik begrijp het! U bent bang dat ik uw macht zal aantasten! Maar die macht van u is immers niets waard. God geeft niet om aardse roem. Degene waar u minachtend op neerkijkt, zal ingaan in Zijn rijk. En machtigen, die zich nooit oprecht om een ander hebben bekommerd, zullen worden teruggestuurd. Alleen wie deze waarheid aanneemt, zal Koning zijn."

Pilatus wist niet wat hij hoorde. Nog nooit had iemand zo vrijpostig tegen hem gesproken. Kwaad viel hij uit:

"Weet wat je zegt, Jezus van Nazareth! Ik kan zo honderd man oproepen en jou in het gevang gooien. En dan zul jij zeker geen koning over dit land worden!"

Jezus schudde zijn hoofd. De Romein had hem duidelijk niet begrepen.

"U laat zich misleiden door de verhalen die over mij de ronde doen," zei hij vrijmoedig. "Ik ambieer het niet om koning te worden. Het koninkrijk waarover ik spreek is niet van deze aarde, maar zetelt in de ziel van ieder mens. Wanneer je je openstelt voor God en je aardse verlangens aan de kant zet, dan zul je koning zijn en God zal je eeuwig leven schenken. Maar ik begrijp dat u dit liever niet hoort. Want als het zover is, zal er niets van de Romeinse macht overblijven. De enige macht die dan regeert is de liefde van mijn Vader, en Hij zal regeren tot in eeuwigheid. En als u mij wilt arresteren om deze woorden dan moet u dat vooral doen. Maar een deel van mijn volgelingen zal u dat niet in dank afnemen en zij zullen zeker proberen mij te bevrijden. En dat decreet dat u heeft ondertekend, zal daar niets aan veranderen."

Voor het eerst in zijn leven voelde Pilatus een geweldige onmacht. Hij had duidelijk geen vat op deze man. Hij boog niet voor zijn vleierij en ook niet voor zijn dreigementen. En hij kon hem nergens van beschuldigen. Hij maakte zich niet schuldig aan welk machtsvertoon dan ook. De enige bedreiging die van hem uitging, was dat hijzelf waarschijnlijk de enige was die zijn volgelingen nog enigszins in de hand kon houden. Hem arresteren was dus geen optie. Woedend beende hij op Jezus af en fel beet hij hem toe:

"Wacht maar, jij zult jezelf nog wel tegenkomen! Vooralsnog reikt mijn hand hier verder dan de arm van die God van jou! En ik hoop voor jou dat je volgelingen je trouw zullen blijven, want zo niet dan zal ik je weten te vinden!"

En gefrustreerd spuwde hij Jezus recht in zijn gezicht. Diep geschokt keek Jezus hem aan. En met de blik die hij hem toewierp toonde hij al zijn gevoelens van trots maar ook van medelijden. Want deze man had nog een lange weg te gaan. Pilatus kon zijn blik slechts kort weerstaan. Toen wendde hij zijn ogen af, beende naar de deur en riep naar de gezant die op de gang stond te wachten:

"Breng hem terug. Wij zijn uitgesproken!"

Jezus volgde de gezant die hem voorging naar buiten. Pilatus zakte uitgeput neer. Wat was hij het zat in deze provincie! Het eeuwige gekonkel van de bevolking over al dat godsdienstige gedoe hing hem zo langzamerhand mijlenver de keel uit. In Rome was het zo makkelijk. Men maakte eenvoudigweg een extra plekje vrij in de tempel om de zoveelste godheid bij te plaatsen. Maar hier... Even bleef hij in gedachten verzonken zitten. Toen pakte hij zijn tafelbel en rinkelde. Vrijwel onmiddellijk kwam een bediende binnen en hij beval:

"Luister! Ga onmiddellijk naar ons legerkamp bij Jericho en zeg de hoofdman daar dat hij een cohort soldaten op de been brengt. Ik verwacht ze morgenochtend bij zonsopkomst hier, begrepen?"

De bediende knikte. En toen de volgende ochtend de zon over Jeruzalem opkwam, trilde de lucht niet alleen van de warmte, maar ook van een zinderende spanning.

Ondanks de dreigementen van Pilatus had Jezus goed geslapen en hij werd uitgerust wakker. Na het ontbijt bracht Petrus iedereen op de been. Tussen zijn volgelingen door lopend sprak Jezus indringend op hen in. Hij maakte hen duidelijk dat het enige wat hij die dag wilde doen, was de priesters overreden mensen dit paasfeest vrij toegang te geven tot het gebedshuis en af te zien van brandoffers. Ook wees hij op het gevaar dat ze mogelijk zouden lopen. Sommigen keerden terug naar hun tent. Maar de meeste bleven. Ze voelden dat er iets in de lucht hing en hun harten waren vol hoop. Ook Maria en Suzanne bleven staan. Hoe zouden ze hem op deze dag in de steek kunnen laten! Een laatste maal liet Jezus zijn blik over zijn mensen gaan. Daarna draaide hij zich om en daalde de helling af, richting Jeruzalem. Toen hij door een van de smalle poorten de stad wilde binnengaan, trad vanuit de schaduw een man op hem toe. Jezus voelde een hand op zijn schouder en de man, die hij niet kende, zei indringend tegen hem:

"Jezus, doe zoals onze profeet Zacharia heeft gezegd. Ga op deze ezel zitten zodat het volk jou als hun vorst zal herkennen!"

Bevreemd keek Jezus hem aan.

"Beste man, volgens mij heeft u een verkeerd beeld van wat ik hier kom doen," antwoordde hij vol overtuiging. "Ik heb nooit gezegd dat ik koning over Israël wil worden. Die indruk wil ik vandaag dan ook niet wekken! Dus neem die ezel weg van hier en laat mij door!"

Simon, die Barabbas had herkend, drong zich naar Jezus toe. Dringend zei hij:

"Zonder de steun van het volk zul je zelfs in de tempel niets bereiken, Jezus! Dus moet je alle middelen aangrijpen die je ten dienste kunnen staan."

Jezus schudde echter zeer beslist zijn hoofd. Al die tijd had hij zich beijverd om zijn boodschap zuiver te houden en hij wilde geen verkeerd signaal afgeven. Maar hij had buiten een deel van zijn volgelingen gerekend. Want velen hadden de discussie gevolgd en vielen Barabbas enthousiast bij. Voordat Jezus wist wat er gebeurde tilden ze hem op en zetten hem op de ezel. Het dier kwam onmiddellijk in beweging.

Inmiddels hadden veel inwoners zich langs de straten verzameld en een groot gejuich steeg op toen ze zagen hoe hij de stad binnenreed. Velen trokken hun mantel uit en spreidden deze in eerbetoon uit over de weg. Anderen zwaaiden met gekleurde doeken en palmtakken. Binnen de kortste keren heerste er een euforische sfeer. Jezus wist niet wat hem overkwam. Aan de ene kant irriteerde het hem dat hij dit had laten gebeuren. Aan de andere kant overweldigde alle aandacht hem en zijn hart bonsde in gespannen verwachting. Misschien kon hij toch bereiken waarvan hij al die tijd had gedroomd! Hij besloot om vooralsnog alles maar te laten gebeuren, ervan uitgaand dat God alles in goede banen zou leiden. Een andere keus had hij ook niet want van alle kanten stroomden nu mensen toe om hem te zien. Ze staken hun hand naar hem uit omdat ze hem, al was het maar even, wilden aanraken om zo de liefdeskracht van Christus te voelen. Hij drukte de handen die hem werden toegestoken en het enthousiasme ontroerde hem. Weloverwogen koos hij de weg naar de tempel. Daar aangekomen tilden zijn volgelingen hem van de ezel en namen hem op hun schouders. Ze droegen hem de tempelplaats op en zongen uit volle borst:

"Hosanna, zoon van David, die komt in de naam van de Heer!"

Jezus hief zijn arm op en riep:

"Mensen alsjeblieft, zet mij neer. Verhef mij niet alsof ik iemand zou zijn waar tegenop gekeken moet worden. Zijn wij hier niet in de tempel waar de enige die eer verdient God zelf is?"

De priesters, die met lede ogen zijn glorieuze intocht bekeken, zagen dat ze hem inderdaad op de grond zetten en ze haalden opgelucht adem. Het leek erop dat hij de situatie nog wel in de hand had. Maar Jezus keerde zich nu naar hen en scherp sprak hij:

"Waarom kijkt u zo bevreesd naar deze menigte en waarom vraagt u zich af hoe dit alles heeft kunnen gebeuren? Ziet u nog steeds niet dat uw eigen gedrag hiervan de oorzaak is? U verkondigt de wet van Mozes en eist van de mensen dat ze deze naleven, maar zelf handelt u er niet naar. En voor profeten die de echte boodschap van God brengen, zoals mijn goede vriend Johannes, neemt u het niet op. Ja, ook ik loop gevaar omdat ik verkondig dat alle mensen God in hun hart kunnen vinden en u daarbij niet nodig hebben met uw onrechtvaardige belastingstelsel en zinloze offers. En u blijft maar weigeren te geloven dat God zelf mij deze waarheid heeft ontsloten, omdat u zelf als goden vereerd wilt worden. Maar u vergeet dat wij allen broeders zijn en dat er slechts één Vader is, en slechts één leidsman, en dat is Christus, die mij deze woorden in de mond legt. En ik zeg u: wanneer u zo doorgaat zult u rampspoed over Jeruzalem afroepen en geen steen van deze tempel zal op de andere blijven. Maar het is nog niet te laat: open uw hart. Omarm de waarheid die ik u breng. Dan zult ook u God vinden en ingaan in Zijn rijk."

Een groot gejuich klonk op nadat hij dit had gezegd en bang voor de reactie van de menigte vluchtten de priesters naar binnen en lieten zich voorlopig niet meer zien. Jezus liet zijn blik over het plein dwalen. Als altijd was het ook nu weer een drukte van belang. Met het oog op het komende paasfeest waren er meer mensen dan ooit in de stad en bovendien had zijn intocht veel sensatiezoekers getrokken. In het voorhof wemelde het van kooplui die hun offerdieren voor grof geld van de hand deden. Ondanks de woekerprijzen die werden gevraagd, stonden velen in de rij om een dier te kopen. Jezus keek naar alle bedrijvigheid en hij voelde een steek in zijn hart. Hij had de priesters op hun nummer gezet, een enorme menigte volgde hem maar toch leek het leven van alledag hier gewoon door te gaan. Vast van plan om de tempel haar waardigheid terug te geven liep hij verder het plein op. Diep verontwaardigd sprak hij verschillende kooplieden aan en zei, in een poging hen te overreden:

"Beste mensen, jullie zijn toch ook wetgetrouwe joden uit het huis van Israël die God willen dienen? Nu, help me dan om van dit gebouw een plaats voor gebed en meditatie te maken. Dieroffers zijn niet de weg naar God. Die praktijk moeten we achter ons laten en in plaats daarvan God zoeken in ons eigen hart. God zelf heeft mij opgedragen jullie dit te vertellen. Hij wil dat de tempel een plek wordt voor rust en meditatie. Door jullie is het verworden tot een rovershol en jullie bestelen de mensen door ze veel te hoge prijzen te rekenen. Dus ik vraag je: neem je rommel weg van deze heilige plaats zodat zij de eer en glorie krijgt die zij verdient."

Maar de kooplieden lachten hem in zijn gezicht uit en zeiden:

"Wij hebben met jou niets te maken. Onze handel hier is goedgekeurd door de priesters. Bovendien hebben we een flinke huur moeten betalen om hier te mogen staan. Dus als je het er niet mee eens bent, moet je bij hen zijn, niet bij ons."

Jezus kon zijn teleurstelling over hun woorden nauwelijks verbergen en nog heftiger richtte hij het woord tot hen:

"Mensen alsjeblieft. Het is toch niet te veel gevraagd? Buiten de tempel zijn genoeg pleinen waar jullie je handel kunnen slijten. Maar doe dat niet hier. Geef aan hen die dat wensen de gelegenheid om hier te bidden en schenk die arme dieren die je bij je hebt hun vrijheid."

Zijn woorden zorgden voor veel beroering en zijn volgelingen riepen hem toe:

"Goed zo Jezus, zeg hen de waarheid!"

Maar de mensen die in de rij stonden wierpen tegen:

"Wat maakt het nou uit dat die kooplieden hier zijn. Wij willen een offer brengen en bij hen een offerdier kopen. Daar is toch niets mis mee?"

De priesters hoorden het gemor en nieuwsgierig kwamen ze weer naar buiten. Ze zagen dat Jezus in felle discussie met de kooplieden was verwikkeld en dat steeds meer mensen zich verzamelden om te zien hoe het zou aflopen. Wanhopig zag Jezus dat hij met zijn woorden niets bereikte en in een opwelling beende hij op de tafels met koopwaar af en kiepte er één om. Alles wat zo zorgvuldig uitgestald had gestaan, rolde over de grond. Zijn daad leek het startsein voor een allesbeslissende actie want zijn volgelingen volgden en masse zijn voorbeeld. Binnen de kortste keren stond er geen kraam meer overeind en lag het plein bezaaid met gebroken kruiken, munten en etenswaar. De offerdieren, in paniek door alle ongewone geluiden, gingen luidkeels tekeer en Jezus haastte zich om eerst de kooien van de duiven te openen. Als kind al had hij hun leed niet kunnen aanzien en nu was dat niet anders. Koerend kozen ze het luchtruim, blij bevrijd te zijn uit hun veel te kleine behuizing. Toen sneed hij met een snelle haal van zijn mes de touwen door waarmee de lammetjes vastgebonden stonden. En hij greep een zweep en verdreef de kooplui uit de tempel. Verdwaasd zetten zij het op een lopen.

Het was nu één grote janboel op het plein en de priesters keken geschokt toe. Ze durfden Jezus echter niet tot de orde te roepen. Niet alleen zouden zijn aanhangers hem wel eens met geweld kunnen verdedigen, ook zagen ze vele zeloten in de menigte en ze hielden hun hart vast. De mensen die tot nu toe langs de kant hadden staan kijken, stroomden nu ook het plein op en er hing een vreemde spanning in de lucht. Zij die een offerdier hadden willen kopen uitten hun teleurstelling op de volgelingen van Jezus en er werden enkele rake klappen uitgedeeld. Maar Jezus' aanhangers waren vol van zijn daad en zij waren niet van plan om hem, die hen hoop had gegeven op een beter bestaan, zomaar te laten vallen. Ze dromden om hem heen en vormden een blok van onverzettelijkheid. Sommigen riepen:

"Jezus, jij bent onze rechtmatige koning! Eis je troon op nu, dan zullen wij voor je vechten en met je optrekken naar het paleis!"

En anderen haakten in:

"Hosanna! Leve de zoon van David!"

In een poging het rumoer te bezweren hief Jezus zijn armen op.

"Mensen toe, hou daarmee op. Jullie weten dat ik daarvoor niet ben gekomen. Alsjeblieft, maak hier geen politieke rel van!"

Zijn woorden hadden echter weinig effect want de zeloten zagen hun kans schoon. In de hoop eindelijk een opstand te kunnen ontketenen, hitste Barabas de menigte op. Hier en daar gingen mensen met elkaar op de vuist. De situatie dreigde behoorlijk uit de hand te lopen. Petrus pakte Jezus' arm en dringend zei hij:

"We kunnen beter gaan, Jezus. Ze luisteren niet meer naar je. En je wilt je toch zeker niet aan dat stelletje raddraaiers conformeren?"

Jezus aarzelde. Hij voelde zich verantwoordelijk voor de onrust die was ontstaan. Ook al was wat er nu gebeurde absoluut niet zijn bedoeling geweest, het was natuurlijk toch een gevolg van zijn onbezonnen actie om de kooplieden zomaar te lijf te gaan. Zoekend keek hij om zich heen of hij Maria en de andere vrouwen nog ergens kon ontdekken. Maar Petrus toonde meer realiteitszin. Hij maakte zich uit de voeten en trok zijn vriend met zich mee.

Ze hadden het plein nog maar net verlaten toen Herodes' troepen opdoken. Bang dat de opstand zou overslaan op de hele stad, had hij hen opdracht gegeven de rust te herstellen. Maar hun komst was als olie op het vuur. Barabas begreep dat het nu of nooit was. Hij beval zijn kornuiten de Herodianen in te sluiten en het lukte hen de soldaten een flink aantal wapens te ontfutselen. Een groot gejuich steeg op. De onderlinge twisten werden plotseling bijgelegd en de menigte keerde zich nu als één man tegen de troepen van de gehate koning. Hen bedreigend met hun eigen wapens dreven ze hen bijeen. Maar ze hadden buiten Pilatus gerekend. Het cohort soldaten dat hij had opgeroepen zwermde plotseling uit over het plein en zonder pardon lieten de legionairs hun zwaard neerdalen op de mensenmassa. Een huiveringwekkend gegil steeg op. In paniek vluchtte iedereen naar de weinige uitgangen rondom het plein. Voor de smalle poorten ontstond echter een enorm gedrang en het kostte de Romeinen weinig moeite de situatie onder controle te krijgen. Koelbloedig sloegen ze de menigte uit elkaar. Vele onschuldige lieten het leven en het bloed van de gewonden kleurde de marmeren vloer van de tempelhof rood. Slechts een klein aantal ontkwam aan het buitensporige geweld.

De Romeinen zelf kwamen er echter ook niet zonder kleerscheuren vanaf. Want Barabas bood hevig verzet. Met zijn zwaard stak hij op zijn vijanden in en hij hitste de menigte op om de strijd niet op te geven. Rondom hem waren de schermutselingen dan ook hevig. Ook Simon, Judas en meer volgelingen van Jezus vochten verbeten mee, ondertussen zoekend om zich heen kijkend of ze hun leider nog ergens zagen. De centurion, die vanaf de trappen toekeek hoe zijn soldaten de klus klaarden, zag Barabas' actie en hij vroeg aan een van de priesters die volledig lam geslagen toekeek:

"Zeg, is dat nu die Jezus van Nazareth?"

De man schudde zijn hoofd.

"Nee, dat is Barabas, leider van de zeloten. Jezus zie ik zo snel niet meer."

De hoofdman mompelde een verwensing. Toen beval hij met een kort handgebaar beval dat ze Barabas gevangen moesten nemen. Judas zag dat de man werd belaagd en hij probeerde hem te helpen. Hij werd echter zelf ook vast gegrepen en de priester, die alles gespannen volgde, riep uit:

"Die man daar, die hoort bij Jezus! Ik weet zeker dat ik hem in zijn gezelschap heb gezien!"

Opgelucht wenkte de centurion dat ze Judas bij hem moesten brengen. Ruw werd hij de trappen opgesleept en op zijn knieën belandde hij voor de hoofdman op de grond.

"Ik hoor dat jij ons kunt helpen Jezus te vinden," beet de Romein hem toe. "Want als verantwoordelijke voor dit bloedbad zal hij zijn straf niet ontlopen!"

Judas' mond viel open van verbazing. Hoorde hij dat goed? Wilde die Romein Jezus de schuld voor dit alles in zijn schoenen schuiven? Hij krabbelde overeind en beseffend dat hij niets te verliezen had, zei hij verontwaardigd:

"Het spijt me, maar daar werk ik niet aan mee. Jezus is hier niet verantwoordelijk voor. Uzelf hebt immers al deze arme mensen de dood in gejaagd!"

De centurion zag zijn vastberadenheid en hij begreep dat hij uit een ander vaatje moest tappen.

"Mooie leider anders, die Jezus van jou," zei hij, op Judas' gemoed werkend. "Zo te zien heeft hij jullie schaamteloos in de steek gelaten."

En de priester voegde eraan toe:

"Bovendien is hij geloof ik niet zo slim met jullie geld omgesprongen. Heeft hij je beste vriend niet gedwongen om alles wat je had gespaard weg te geven? Dus ik denk dat je wel iets kunt gebruiken."

Hij haalde een buidel met munten tevoorschijn en liet deze verleidelijk voor Judas' hoofd heen en weer bungelen.

"Ik hoef uw geld niet," sprak Judas echter kortaf. "God zorgt ervoor dat wij niets tekort komen en Jezus' bestemming is niet van u afhankelijk. Hijzelf beslist welke weg hij zal gaan."

En opeens hoorde hij helder in zijn hoofd de woorden die Jezus had gesproken toen ze samen bij het kampvuurtje zaten: 'Misschien heb ik... als het erop aan komt... wat hulp nodig'. En ook herinnerde hij zich dat hij juist tegen hém had gezegd: 'Wees niet bang om het zwarte schaap te zijn, want jij zult de weg naar de toekomst openen.' En ineens was hem volkomen duidelijk wat Jezus met zijn woorden had bedoeld. Zijn emoties naar de achtergrond verbannend keek hij de priester aan en met vlakke stem zei hij:

"Maar vooruit, ik zal jullie ter wille zijn. Ik weet zeker dat Jezus zal terugkeren om hier Pasen te vieren. Als hij in de stad is zal ik jullie bij hem brengen. Maar uw smeergeld mag u houden! Ik doe alleen maar wat Jezus wil dat ik doe."

De centurion maakte duidelijk dat Judas vrij was om te gaan. Toen draaiden ze hem de rug toe en richtten hun aandacht weer op wat er op het plein gebeurde. Nu Barabas was afgevoerd bloedde het verzet langzaam dood. De trieste balans van de mislukte opstand kon worden opgemaakt. Aan de kant van het volk vielen vele tientallen doden en honderden gewonden te betreuren. En ook bij de Herodianen en Romeinen waren velen gesneuveld.

Langzaam druppelden zij die het gelukt was te ontvluchten binnen in het kamp en ze vertelden Jezus over het bloedbad. Hij was ontzet. Hoewel hij wist dat hem niets te verwijten viel, voelde hij zich diep ongelukkig. Onrustig liep hij rond en keek wie er wel en niet waren teruggekeerd. Tot zijn ontsteltenis zag hij dat er nog velen ontbraken, waaronder ook Maria. Later op de dag bereikten nog meer verhalen het kamp. De Romeinen hielden alle toegangspoorten tot de stad bezet en het was onmogelijk zonder gecontroleerd te worden de stad in of uit te komen. Jezus' hart huilde want zijn voornemen om in Jeruzalem het paasfeest te vieren leek hiermee in duigen te vallen. Hij verschanste zich in zijn tent en zijn hart schreeuwde uit naar God:

"Vader, alstublieft, vertel me: hoe heeft dit alles kunnen gebeuren? Ben ik dan toch niet duidelijk genoeg geweest? Ik meende met alles wat ik deed aan Uw verwachtingen te voldoen. Heb ik me dan toch vergist?"

Maar God stelde hem gerust:

"Je hebt je niet vergist, Jezus. En aan mijn verwachtingen heb je ruimschoots voldaan. Probeer je echter niet te meten met de menselijke maatstaf die anderen langs je leggen. Houd vol, blijf trouw aan onze boodschap, ook nu, zeker nu! Jij bent immers mijn lichtdrager, brenger van liefde. Volg je hart, want vanuit je hart zal ik je leiden en je de juiste weg wijzen."

Gods woorden deden Jezus goed en hij kwam weer wat tot rust. Hij ging zitten, steunde zijn hoofd in zijn handen en dacht na over wat hem nu te doen stond. In ieder geval was het niet raadzaam om op korte termijn naar de stad terug te gaan, voor zover dat überhaupt mogelijk zou zijn. Maar zijn voornemen om in Jeruzalem het paasfeest te vieren wilde hij nog niet opgeven. Het was nu zondag, donderdag was het Seideravond. Er was dus nog tijd. Zijn eerste verantwoordelijkheid gold nu het welzijn van zijn volgelingen. Hij besefte dat hun kamp een doorn in het oog van de Romeinen moest zijn en dat zij dit beter konden opbreken. Hij kroop naar buiten en zag dat velen op hetzelfde idee waren gekomen. Zeker de helft van zijn mensen was al weg of stond op het punt van vertrekken. Hij slikte iets weg, want hij zag hoe weinig er bereid waren om hem alleen op basis van zijn boodschap te volgen. Zijn blik dwaalde rond en hij zag Petrus in gesprek met Simon en Judas. Hij was blij dat ze aan het geweld waren ontkomen, hoewel beiden de nodige verwondingen hadden opgelopen. En ineens kreeg hij Maria in het oog. Ze zag bleek maar zo te zien was ze verder in orde en zijn hart maakte een sprongetje van blijdschap. Snel liep hij op hen toe. Zodra Simon hem in het oog kreeg kwam hij op hem af. Opgewonden riep hij:

"Goed nieuws, Jezus! Een deel van onze aanhangers is erin geslaagd de poort van Silóam in handen te houden! Als we willen kunnen we de stad dus in!"

Jezus keek hem vorsend aan. Toen zei hij scherp:

"Je bedoelt dat jóuw aanhangers die poort in handen hebben. Want mijn aanhangers houden zich ver van haat en geweld. Jullie weg is niet de weg die ik wil gaan en dat weet je maar al te goed."

Hij legde zijn hand op Simons schouder en vervolgde:

"Luister: ga mee terug naar Betanië, ga niet naar de stad. Wat denk je daar te kunnen bereiken? Is er niet genoeg leed geschied vandaag?"

En hij keerde zich tot iedereen die nog aanwezig was en sprak luid:

"Wie van jullie is er nog bereid om mij te volgen om wie ik ben? Wie is waarachtig in zijn trouw en ziet af van politiek gewin? Wie gelooft oprecht dat ik de weg, de waarheid en het leven ben en dat ik jullie het rijk van mijn Vader kan binnenleiden. Nu, wie durft daar volmondig 'ja' op te zeggen!"

Petrus sprong overeind en hartstochtelijk riep hij uit:

"Ik geloof in jou, Jezus! Ik volg je waarheen je ook gaat, mijn Meester, want jij bent de Christus, de enige ware afgezant van God, onze Heer!" Zijn woorden vonden bijval en velen dromden nu om Jezus heen en verzekerden hem dat ze nog steeds in hem geloofden. Ook Maria kwam hem bemoedigen. Ze legde haar handen om zijn gezicht en leunde haar voorhoofd tegen het zijne. Eeuwig dankbaar dat hen die dag niets was overkomen stonden ze daar en Jezus fluisterde:

"Ik ben zo blij je te zien! Je moest eens weten hoe ongerust ik was toen je maar niet terugkwam!"

Hij voelde dat ze beefde en hoorde hoe ze terug fluisterde:

"Bij mij was het niet anders. Ik had geen idee waar je was. Maar ik zie dat je de juiste weg hebt gekozen en ik volg je, hoe het ook zal aflopen."

Hij slikte en keek haar aan. Haar onwankelbare vertrouwen deed hem goed en opnieuw trok hij zich op aan het idee dat, ook al zou er uiteindelijk maar een handjevol overblijven die de ware aard van zijn boodschap had begrepen, hij niet voor niets zou hebben geleefd. Hij zond haar een dankbare blik toe en even was er weer die oude verbondenheid tussen hen. Toen ze richting Betanië gingen, omringde nog steeds een behoorlijke menigte hem.

In Betanië aangekomen stonden velen hen op te wachten. Ze hadden gehoord van het bloedbad en Lazarus was als eerste bij Jezus. Innig omhelsden ze elkaar.

"Gaat het wel?" vroeg Lazarus bezorgd. "Wat een toestand! Het is goed dat je bent teruggekomen. Hier kun je een beetje tot rust komen."

Jezus knikte stil en volgde zijn vriend naar diens huis. Ze spraken lang met elkaar en al pratende werd het Jezus steeds duidelijker wat hij vanuit de grond van zijn hart wilde: paasfeest vieren in zijn geliefde Jeruzalem. Hoofdschuddend hoorde Lazarus hem aan.

"Weet wat je doet, Jezus," sprak hij ernstig. "De priesters zullen er alles aan doen om je te vinden en van de Romeinen hoef je na wat er vandaag is gebeurd zeker geen bescherming te verwachten."

"Ik weet het," knikte Jezus."Maar toch moet ik dit doen. De uittocht uit Egypte betekent veel voor mij omdat ikzelf ook uit Egypte ben teruggekomen nadat ik daar een veilige schuilplaats had gevonden. Daardoor heeft het paasfeest voor mij een speciale betekenis. Alleen heb ik wel hulp nodig. Ken jij misschien iemand die een ruimte kan regelen waar wij het paasmaal kunnen nuttigen? Het moet iemand zijn die de stad op zijn duimpje kent en ons zonder oponthoud van de poort van Silóam naar die plek kan brengen."

"Ik ken enkele Essenen in Jeruzalem," antwoordde Lazarus. "Zij kennen jouw achtergrond. Zij zullen je zeker helpen."

Jezus glimlachte dankbaar. Ontroerd zei hij:

"Dank je wel, Lazarus. Ik weet welk risico ik loop en misschien is dit wel de laatste keer dat wij elkaar hier ontmoeten. Maar wanneer ik niet zou gaan zou ik mezelf verloochenen, dat begrijp je toch wel?"

Met een treurige glimlach knikte Lazarus:

"Ja, ik weet zo langzamerhand hoe jij in elkaar zit, geloof ik. Waar een ander zou terugdeinzen omdat zijn leven gevaar loopt, geef jij niet op. Je bent gewoon een... geweldige idioot, een... prachtige gek en ik hou van je, juist omdat je zo bent!"

En bewogen omhelsde hij zijn vriend.

De volgende dag ging hij vroeg op pad naar zijn Esseense vrienden in Jeruzalem. In afwachting van zijn terugkeer, voegde Jezus zich bij zijn volgelingen. Samen met Suzanne en Maria deelde hij het brood rond. En hij sprak:

"Jullie weten dat ik niet lang meer bij jullie zal zijn. Maar jullie zijn goed toegerust om ook zonder mij verder te kunnen. Ik heb alleen maar verteld wat jullie eigenlijk wel weten maar waar je horende doof en ziende blind voor bent geweest. Ik heb naar mezelf geluisterd, naar de stem van mijn geweten en naar de stem van God in mij. En dat kunnen jullie ook. Misschien is het zelfs wel beter dat ik er straks niet meer ben. Want zolang je naar mij luistert, hoef je niet naar jezelf te luisteren en dat zou je gemakzuchtig kunnen maken."

Hij liep tussen hen door en vervolgde:

"Wees niet afhankelijk van mij. Ieder mens heeft zijn eigen innerlijke meester. Het is jullie allen gegeven wijs te worden. Je hebt zelf de keus: je bent wijs of je bent dwaas. Daartussen ligt niets. Wie honderd meter onder water is, verdrinkt net zo goed als wie slechts één meter onder water is. Zorg dus dat je boven jezelf uitstijgt en vind innerlijke vrede!"

Bemoedigend keek hij naar de verwachtingsvolle gezichten die naar hem opkeken en zijn aandacht werd in het bijzonder getrokken door een jongeman die wat stilletjes achteraan zat. Hoewel hij zijn capuchon op had, kwam hij Jezus bekend voor, al wist hij bijna zeker dat hij niet tot zijn vaste volgelingen hoorde. Hij liep op de jongen toe.

"Hallo!" zei hij vriendelijk "Heb ik jou hier al eens eerder gezien?"

Verlegen stond de jongen op en deed zijn capuchon af. En nu zag Jezus dat het Gaius was. Zijn lange mantel verhulde zijn legionairskostuum.

"Dag, heer Jezus," sprak hij zacht. "Het is misschien wat laat, maar graag maak ik alsnog gebruik van uw uitnodiging om bij u te blijven."

En met afgrijzen in zijn ogen vervolgde hij:

"Ik was gisteren ook in de tempel. Het was afschuwelijk! Ik zag wat u deed en ik was het zó met u eens! Maar toch moest ik tegen u vechten, en dat wilde ik helemaal niet! Toen wist ik dat ik niet langer soldaat kon blijven maar dat ik bij u wilde zijn. En vergeef me, want ook ik heb mijn zwaard tegen uw mensen gebruikt. Maar ik kon niet anders, dat begrijpt u toch wel?"

En hij huilde. Bijna teder veegde Jezus de tranen van zijn wangen.

"Natuurlijk begrijp ik dat, Gaius!" stelde hij de jongen gerust. "En alles is je vergeven. Kom, ik zal je andere kleding geven. En je kunt je beter niet meer scheren dan zul je minder snel herkend worden."

Hij nam hem mee en gaf hem wat van zijn eigen kleding. Zelf trok hij het prachtige gewaad van de abt aan en Gaius zag een krans van licht om hem heen. Als een stel samenzweerders keken ze elkaar aan en opgetogen riep Gaius uit:

"Het lijkt wel of ik jarig ben en iedereen straks komt om mij te feliciteren! Toe heer Jezus, sta mij toe een feestje te organiseren omdat ik vandaag een nieuw leven ben begonnen!"

Hoewel zijn hoofd niet echt stond naar een feestje wilde Jezus de jongen niet teleurstellen.

"Vooruit maar," knikte hij goedig.

Toen Lazarus 's woensdags terugkeerde, was het een drukte van belang in zijn huis. Gaius had naast Jezus en zijn discipelen ook de nodige volgelingen uitgenodigd en Suzanne was er om Martha en Maria te helpen met bedienen. Hoewel het gezellig was, kon Maria haar draai niet vinden. De schokkende gebeurtenissen op het tempelplein achtervolgden haar al de hele week en een gevoel van naderend onheil drukte haar stemming. Ze herinnerde zich Jezus' woorden dat de gebeurtenissen in Jeruzalem hem zijn leven zouden kosten.

Ze observeerde de lachende gasten en luisterde naar de kwinkslagen die over en weer vlogen en ze kon zich niet voorstellen dat zij de enige was die het niet naar haar zin had. Ze keek naar Jezus en zag dat ook hij alles een beetje aan zich voorbij liet gaan. Hoewel Gaius het waarschijnlijk niet merkte, zag ze dat ook hij moeite had om alles bij elkaar te houden. De kloof tussen het bloedbad op het plein en dit inderhaast opgezette feest was toch ook niet te dichten. Ze zuchtte en wenste dat de avond voorbij zou zijn zodat ze deze schijnvertoning achter zich kon laten. Weer keek ze naar Jezus en hun blikken ontmoetten elkaar. Hij glimlachte naar haar maar het was een trieste lach en beiden voelden haarfijn aan wat er in de ander omging. Even hielden hun blikken elkaar vast en Maria zag zijn vertwijfeling. Toen sprak Gaius hem aan en weg was het moment. Ze zag dat hij zich vriendelijk met de jongen onderhield, maar zijn vertwijfeling had haar gevoel alleen maar versterkt en vreselijke beelden doemden op. Zoals al de hele week zag ze het tempelplein voor zich. Ze zag de doden liggen en het gekerm van de gewonden, badend in hun eigen bloed, klonk weer in haar oren. En plotseling zag ze Jezus zelf daar liggen en hij bewoog niet want ook hij had in die poel van geweld het leven gelaten. Een rilling trok over haar rug. Het schrikbeeld dat het zomaar zo zou kunnen gaan en dat de Romeinen zijn lichaam, zonder enig respect voor hun tradities, in een massagraf zouden gooien overviel haar. Dat zou toch zeker niet gebeuren!

Ze liep naar de keuken maar het beeld liet haar niet meer los. Onrustig vulde ze haar schaal met de hapjes die Martha had gemaakt en ze wilde teruglopen naar de kamer toen haar blik op een fijn gevormd flesje met reukwerk viel. In een opwelling zette ze de schaal neer, pakte het kruikje en tilde het dopje eraf. De zware geur van mirre kwam in haar neus, een geur die ze maar al te goed kende van al die keren dat ze overledenen had gebalsemd. En ineens wist ze wat ze wilde doen. Ze liet de hapjes voor wat ze waren, nam het kruikje mee naar de kamer en liep gedreven op Jezus toe. Zonder aarzelen goot ze de mirre over zijn hoofd en voeten. De kamer vulde zich met de zware geur en het geroezemoes van de aanwezigen verstomde. Stomverbaasd keek iedereen naar haar, niet begrijpend wat ze deed. Maria stoorde zich niet aan hen. Ze knielde voor Jezus neer en met haar lange haar droogde ze zijn voeten. Ze hoorde hoe de gasten op gedempte toon begonnen te smoezen en ook Judas kon zijn verontwaardiging niet voor zich houden.

"Maria, waarom verspil je die kostbare mirre!" zei hij verwijtend. "Dat kruikje is misschien wel driehonderd penningen waard! Van dat geld hadden we enige dagen kunnen eten en we zouden zelfs nog over hebben om aan de armen te geven!"

Maar Jezus nam het voor haar op. Teder legde hij zijn hand op haar hoofd en heftig sprak hij:

"Zwijg Judas, en jullie ook, allemaal want jullie weten niet waar je het over hebt. Voor de armen kunnen jullie altijd nog zorgen. Maar ik zal hier niet lang meer zijn en Maria is de enige die zo met mij begaan is dat ze zich mijn trieste lot heeft aangetrokken. Daarom heeft ze dit gedaan. Ze heeft mij gebalsemd vooruitlopend op mijn begrafenis. En als straks het verhaal van mijn leven van mond op mond zal overgaan en op schrift zal worden gesteld, dan zal ook haar liefdevolle daad in herinnering worden geroepen. Maar of men zich jullie zal herinneren, is nog maar zeer de vraag!"

Zijn woorden wekten veel beroering en de meeste gasten staken hun verontwaardiging niet onder stoelen of banken. Jezus deed er echter het zwijgen toe en al zijn aandacht ging uit naar Maria die nog steeds op haar knieën voor hem lag. Hij pakte haar handen en drukte deze liefdevol. Ze keken elkaar aan en Maria glimlachte dankbaar omdat hij haar zo goed had aangevoeld. Lazarus zag de blik die ze elkaar toewierpen en de innige liefde die daaruit sprak. Hij verbaasde zich dat die twee elkaar nooit hadden gevonden. Niet eerder had hij zo'n aantrekkingskracht tussen twee mensen meegemaakt en ook de gasten roerden zich niet meer maar keken geboeid toe. Maria voelde de priemende ogen en ineens had ze er genoeg van om daar te zijn. Met moeite rukte ze zich los van Jezus' blik en stond op. Stilletjes verliet ze het huis en koos haar weg richting het tentenkamp. Voor haar was het feest in ieder geval ten einde. De anderen gasten volgden al snel haar voorbeeld want de stemming kwam er niet meer in.

Jezus bleef alleen achter. Roerloos zat hij en zijn gedachten tolden door zijn hoofd. Morgen was het zover. Ondanks het risico dat hij liep, zou hij naar Jeruzalem gaan. En het was wel zeker dat daar zou gebeuren wat God hem had voorspeld. Hoe fijntjes had Maria dat aangevoeld! Een rilling trok over zijn rug. Hij wenste uit de grond van zijn hart dat God hem zijn vreselijke einde niet had laten zien. Want zijn lot drukte zwaar op hem. Tegelijkertijd voelde hij een hunkering, een heftig verlangen om terug te keren naar zijn Vader en eindelijk dit oneigenlijke leven achter zich te kunnen laten. Lazarus, die de gasten had uitgelaten, kwam zacht de kamer weer binnen. Hij ging naast zijn vriend zitten en legde een arm om zijn schouders. Zwijgend zaten ze zo tot Lazarus zei:

"Waarom ga je niet naar haar toe, Jezus. Naar Maria, bedoel ik. Iedereen heeft het gezien. Jullie houden van elkaar. Waarom denk je anders dat ze dit heeft gedaan? En waarom verzet jij je toch zo?"

Jezus schudde zijn hoofd.

"Ik kan haar immers niet geven wat zij wil," antwoordde hij zacht. "Mijn relatie met God zal voor mij altijd op de eerste plaats komen. En zij verdient beter dan op de tweede rang te moeten zitten en zich verplicht te voelen loyaal te blijven. Daar is ze gewoon te goed voor."

Maar Lazarus zei met een ontwapenende eerlijkheid:

"Dat alles doet er nu toch niet meer toe, Jezus. Wees reëel. Dit is misschien wel je laatste kans om haar te laten zien wat je voor haar voelt, je laatste kans om haar eindelijk dat te geven waarnaar ze zo verlangt. Je houdt toch van haar?"

Zonder aarzelen knikte Jezus en Lazarus hoorde een diepe ontroering in zijn stem toen hij zei:

"Ja, ik houd van haar. Maar ik wilde me niet aan haar hechten. Het zal het einde alleen maar nog moeilijker maken."

Zijn stem stokte en hij draaide zijn hoofd af. Hij wilde niet dat Lazarus zijn angst en onzekerheid zou zien. Lazarus viel even stil. Dit was de eerste keer dat Jezus zo openlijk met hem over zijn einde sprak en zijn keel kneep dicht. Hij pakte de hand van zijn vriend en geëmotioneerd zei hij:

"Ik kan je geen advies geven, Jezus. Maar volg je hart, zoals je altijd hebt gedaan, dan zul je de juiste beslissing weten te nemen."

En na hem omarmd te hebben verliet hij met tranen in zijn ogen de kamer om te gaan slapen. Weer zat Jezus alleen en hij liet de woorden van Lazarus landen in zijn hart. De geur van de mirre die Maria over hem heen had gegoten hing nog om hem heen en hij begreep dat zij met haar daad had laten zien dat ze zijn einde had aanvaard. Ze wist dat hij zou sterven, daar in Jeruzalem, zoals ook hijzelf dat zeker wist, en toch had ze hem al haar liefde getoond. Hij strengelde zijn vingers ineen en zocht God. En zijn Vader toonde zich vol begrip. Liefdevol klonk Zijn stem:

"Volg je hart, jongen. Jij weet immers wat goed is."

Jezus stond op. Nog aarzelde hij. Zou hij nu naar zijn kamer hier in het huis van Lazarus gaan? Of zou hij toch... Slapen zou hij sowieso niet, dat was wel duidelijk. En eindelijk wist hij wat hem te doen stond. Zacht verliet hij het huis en zocht zijn weg door de duisternis naar het tentenkamp. De flakkerende kampvuurtjes die zijn mensen hier en daar hadden gemaakt leidden hem op zijn pad. In het kamp was het rustig. Iedereen sliep, zo te zien. Voorzichtig, om niemand te storen, zocht hij het kleine tentje van Maria en hij vond het al snel. Zijn hart klopte sneller dan normaal toen hij de flap opzij klapte en naar binnen keek. Hij zag dat ze nog niet was gaan slapen. Ze had een olielampje aangestoken en zat diep in gedachten verzonken op haar bed. In het licht van het vlammetje kon hij haar gezicht zien. Hij dronk haar beeltenis hartstochtelijk in en een grote ontroering maakte zich van hem meester. Pas toen de geur van mirre in haar neus kwam besefte Maria dat ze niet langer alleen was. Ze draaide haar hoofd naar hem toe. Op de een of andere manier was ze niet verbaasd om hem te zien en ernstig keek ze naar zijn vertrouwde gezicht. Jezus wist zich even met zijn figuur geen raad.

"Hallo," zei hij zacht en ietwat verlegen.

"Hallo," antwoordde ze en afwachtend keek ze hem aan.

Hij bukte zich en kroop haar tent binnen. Zorgvuldig sloot hij de flap weer achter zich toe en wendde zich toen naar haar.

"Maria ...," begon hij maar zijn stem stokte van emotie en even kon hij geen woord meer uitbrengen.

Maria zag tranen in zijn ogen. Haar hart sloeg zeker drie slagen over maar ze liet hem het initiatief. En hij hervond zich, al trilde zijn stem toen hij zei:

"Maria, kun je me vergeven alsjeblieft, dat ik je zo lang in onzekerheid heb gehouden? Ik houd wel degelijk van je, met heel mijn hart en ziel zelfs houd ik van je, vanaf het eerste moment dat ik je zag. Maar ik kon het je niet zeggen, begrijp je dat? Ik wilde je geen verdriet doen, je niet aandoen dat je altijd op de tweede plaats zou komen en dat mijn dood je nog meer pijn zou bezorgen dan het je nu al zal doen. Maar nu je alles weet en hebt aanvaard, wil ik het niet meer voor me houden, je verdient het om het te weten nu ik het je nog zeggen kan."

Hij sloeg zijn armen om haar heen, omhelsde haar innig en kuste haar wanhopig op haar mond. Maria zag in zijn ogen de angst voor alles wat zou komen, maar ook zijn vastberadenheid om zijn opdracht tot het bittere einde te volbrengen. Maar bovenal zag ze zijn liefde voor haar, die hij nu eindelijk durfde te tonen. Geëmotioneerd fluisterde ze:

"Ik houd ook van jou, Jezus. Meer dan van alles wat mij lief is in dit leven houd ik van je. En God, U weet immers al zo lang hoeveel ik van hem houd!"

Ze beantwoordde zijn kus en er was geen gêne meer tussen hen. Met een vanzelfsprekendheid die toonde dat ze voor elkaar bestemd waren, kleedden ze elkaar langzaam uit, ieder stukje huid dat bloot kwam kussend. Ze streelden elkaars naakte lichaam en hun vurige verlangen sloeg al snel om in een blinde hartstocht die hen deed sidderen van genot. En Jezus bleef de hele nacht bij haar. Bij het licht van haar lampje leerde ze hem alles wat hij nog niet wist en in een verwoede poging om alles wat hen te wachten stond uit te bannen, bedreven ze hartstochtelijk de liefde. Zo namen ze op de valreep van alles wat er stond te gebeuren afscheid, dankbaar gebruik makend van deze ene nacht die hen gegund was.

Pasen

De zon kwam op en al snel trilde de lucht van de warmte. Jezus werd wakker in Maria's armen en zag dat zij niet meer sliep. Het besef dat deze nieuwe dag alles beslissend zou zijn drukte zwaar op hen beiden. Ernstig keken ze elkaar aan en hij kuste haar lang en verbeten, haar lichaam strak tegen zich aan drukkend, tot hij opstond en zich zonder iets te zeggen aankleedde. Daarna boog hij zich nog één maal over haar heen om haar te kussen. Toen draaide hij zich abrupt om en verliet haar tent. Maria hoorde hoe hij zich snel waste in een van de bakken met water die speciaal voor dit doel tussen de tenten stonden. Toen stierven zijn voetstappen weg. Verloren bleef ze achter in haar bed en een vreemd gevoel overviel haar. Het leek wel of ze alles wat er die nacht was gebeurd had gedroomd, of hij er niet echt was geweest om haar te beminnen, zijn handen koortsachtig zoekend naar de meest zinnelijke plekken van haar lichaam, zijn zwetende lijf op het hare, zijn hongerige lippen om haar tepels, op haar mond en uiteindelijk hun hartstochtelijk samenkomen. Ze haalde hijgend adem want de gedachte alleen al aan alles wat ze dan eindelijk toch hadden durven doen wond haar op. Bruusk stond ze op en in een heftige poging weer bij zinnen te komen kroop ze naar buiten en goot een kruik koud water leeg over haar hoofd. Ze proestte want het water drong in haar neus en mond, maar het bracht haar verkoeling en snel dook ze haar tent weer in om een schone jurk te pakken.

Het kamp gonsde nu van activiteit. In groepjes zouden ze proberen via de poort van Silóam de stad binnen te komen. Vanuit de bosschages op de Olijfberg moest het mogelijk zijn in groepjes van twee, drie binnen te dringen. Jezus zelf zou met zijn leerlingen als laatste op pad gaan. Maria keek naar alle bedrijvigheid en ze zag hoe

Jezus iedereen moed insprak. Zelf ging ze op zoek naar Suzanne en Levi, de twee waarmee zij de poging om de stad in te komen zou ondernemen. Ze vond Suzanne bij de ontbijttafel. Toen haar vriendin haar zag aankomen, kon ze een geamuseerde glimlach niet onderdrukken.

"Volgens mij heb jij niet veel geslapen vannacht," knipoogde ze plagend.

Maria bloosde. Ze besefte ineens dat het dunne doek van haar tent niet bepaald geluidsdicht was en dat velen hun hartstochtelijk liefdesspel hadden kunnen volgen. Maar Suzanne wuifde haar verlegenheid weg door hartelijk te zeggen:

"Het is jullie van harte gegund, Maria. Jullie draaiden al zo lang om elkaar heen!"

Maria lachte haar verlegenheid weg en ze hielp Suzanne met het uitdelen van het ontbijt. Ook Jezus kwam iets te eten halen. Hij glimlachte teder naar haar maar raakte haar verder niet aan. De dag verliep als in een roes. Telkens vertrokken kleine groepjes mensen en het kamp werd leger en leger. Ook Maria stond nu op het punt van vertrekken. Ze zocht Jezus op om te zeggen dat ze zou gaan. Even wisten ze zich geen houding te geven. Maar toen omarmden ze elkaar. Een groot gevoel van onrust overviel Maria. Angstig fluisterde ze:

"Ik zie je toch nog wel, Jezus?"

Innig trok hij haar tegen zich aan.

"Natuurlijk, in de zaal van de Essenen toch?" zei hij geruststellend. "Wanneer je luistert naar hun aanwijzingen, komt het allemaal goed."

Maria knikte stil. Zo bleven ze staan, eigenlijk nog niet klaar om afscheid te nemen. Tot Jezus zich voorzichtig losmaakte uit haar omarming.

"Toe liefste, je moet nu echt gaan."

Hij droeg haar over in de vertrouwde handen van Levi en Suzanne. Nu zij was vertrokken had hij geen rust meer en hij was blij toen het eindelijk zijn tijd was om te gaan. Hij riep zijn discipelen bij zich en zei:

"Jullie weten waarop we moeten letten, niet waar? Een jongen met een waterkruik zal ons de weg wijzen. Denk erom dat jullie niet treuzelen! Hoe eerder we op de plaats van bestemming zijn, hoe beter."

Doordrongen van de ernst van de situatie, knikten ze. Toen gingen ze op pad. Tot Jezus' verrassing sloten ook Lazarus en Gaius zich aan.

"Er moet toch iemand zijn die een oogje op je houdt!" lachte Lazarus.

Zijn woorden klonken luchtig maar Jezus hoorde de bezorgde ondertoon. Ontroerd drukte hij de hand van zijn vriend. Tegen het vallen van de avond bereikten ze de Olijfberg. Ze zagen de poort van Silóam voor zich. Vanuit de schaduw trad een in het wit geklede gestalte naar voren. Hij droeg een waterkruik. Indringend keek hij hen aan. Zonder iets te zeggen ging hij hen voor, de poort door. Ze haastten zich achter hem aan. Hij liep zo snel dat ze moeite hadden hem in de wirwar van steegjes en straatjes bij te houden. Ze renden achter hem aan tot ze merkten dat de straat naar boven klom en ze het hoogste punt van de stad bereikten. Her en der zagen ze de lichtjes die in de huizen waren ontstoken. Ze begrepen wat een goede plek dit strategisch gezien was. Vanaf hier was de hele omgeving te zien. Mocht er een inval op handen zijn, dan kon degene op de uitkijk dit lang van te voren zien en hadden ze voldoende tijd om te ontkomen. De jongen met de kruik klopte in een vooraf afgesproken ritme op een deur. Onmiddellijk werd deze geopend en ze stapten binnen. Ze zagen een grote zaal waar de meeste van zijn volgelingen al een plaatsje hadden gevonden. Jezus liet zijn blik door de ruimte dwalen en zag dat ook Maria er was. Ze praatte geanimeerd met een oudere vrouw die naast haar. Zijn hart sloeg een slag over toen hun blikken elkaar kruisten en hij haar herkende.

"Moeder?!" riep hij vol ongeloof.

In zijn stem klonk een mengeling van vreugde en verbijstering. Met enkele grote passen was hij bij haar en sloot haar in zijn armen. Stomverbaasd fluisterde hij:

"Moeder, hoe komt u nou hier? Ik ben ongelofelijk blij u te zien, maar dit is toch veel te gevaarlijk!"

Maria glimlachte stil.

"Ik moest je zien," zei ze eenvoudig. "Ik wist dat je voor het paasfeest naar Jeruzalem zou gaan en dat de kans groot zou zijn dat ik je hier kon ontmoeten. Maar dat het op deze manier zou moeten, had ik natuurlijk ook niet verwacht. Gaat het wel goed met je?"

Jezus knikte geroerd.

"Ja, alles is goed," sprak hij teder. "U moest eens weten hoe goed het mij doet om u te zien!"

En hij zocht dankbaar Maria's blik want hij begreep dat zij zich al de hele middag over zijn moeder had ontfermd.

"Moeder," zei hij zacht terwijl hij Maria's hand pakte. "Graag stel ik u voor aan de vrouw van wie ik hou. Dit is Maria. Zij zal vast en zeker goed voor u zorgen."

Ten overstaan van iedereen kuste hij Maria hartstochtelijk op haar mond. Zijn moeder lachte verheugd. Eindelijk was er dan iemand in zijn leven gekomen! Maria knikte vriendelijk en toen Jezus zijn plaats aan het hoofd van de tafel innam spraken de twee vrouwen zacht met elkaar. Jezus zag dat de traditionele vier bekers wijn al klaar stonden. Zijn handen beefden licht toen hij de eerste oppakte. Maar zijn stem klonk vast toen hij zei:

"Laten wij gedenken hoe God sprak: Ik zal u wegvoeren van onder de lastendiensten van Egypte!"

Hij nam een slok wijn uit de beker en iedereen volgde zijn voorbeeld. Toen pakte hij de tweede beker en zei:

"Ik zal u redden van hun dienst!"

Hij dronk, pakte de derde beker en vervolgde:

"Ik zal u verlossen!"

Weer dronk hij en pakte toen de laatste beker.

"Ik zal u tot Mijn volk nemen en brengen naar het beloofde land."

Hij dronk. Toen nam hij de doek weg die over de Seiderschotel lag, pakte wat brood en verzamelde zijn discipelen rond zich.

"Kom," zei hij. "Ik wil met jullie het brood breken. Laten we naar de kamer hierboven gaan."

Ze knikten. Alleen Judas aarzelde. Jezus zag zijn aarzeling.

"Ga jij niet mee, Judas?" vroeg hij.

Een beetje onbeholpen haalde Judas zijn schouders op. En met een stem verstikt van emotie hakkelde hij:

"Het spijt me, Jezus! Vergeef me alsjeblieft! Maar jij weet... waarom ik dit moet doen."

Hij draaide zich om en rende de zaal uit. Als aan de grond genageld keek Jezus hem na. Dus dit was het nu, het begin van het einde. Ook Petrus begreep meteen wat Judas van plan was. Heftig gebaarde hij hun Esseense gids dat hij hem moest volgen.

Onmiddellijk sprintte de jongen er vandoor. Geschokt keken de anderen elkaar aan. Maar Jezus zei rustig:

"Kom, laten we ons niet laten weerhouden de paasviering waardig af te sluiten. We gaan naar boven."

Hij ging hen voor de trap op. Ook daar hadden de Essenen de tafel volgens traditie gedekt. Eerbiedig legde Jezus het brood voor zich neer. Wetend dat Judas onderweg was om zijn vijanden te waarschuwen, overviel hem een vreemde stemming. Als in een flits trok zijn leven aan hem voorbij. Hij zag zichzelf zitten op het weggetje naar de put, waar hij voor het eerst Gods stem had gehoord. Hij zag zichzelf rijden op Bianco, op de vlucht voor zijn roeping. Hij zag zichzelf met Johannes in de Jordaan, waar Christus zich met hem had verbonden. En het was de Christus die het van hem overnam en sprak:

"Gedenk de mens Jezus. Gedenk de mens Jezus die bereid was zijn lichaam open te stellen als een tempel waarin ik mocht wonen. Gedenk hem wanneer straks zijn lichaam gebroken wordt."

Hij brak het brood en deelde het uit. En hij zei:

"Door dit brood te eten zal een stukje van mij in jullie komen en zullen jullie de kracht ervaren waaruit ook hij mocht putten."

Vol ontzag namen zijn discipelen het brood aan en eerbiedig aten zij. Toen pakte Jezus de kruik met wijn die op tafel stond en opnieuw was het de Christus die sprak:

"Gedenk de mens Jezus. Gedenk de mens Jezus wiens bloed zal vloeien omdat hij mij zonder enige aarzeling bekend heeft gemaakt, zijn leven in de waagschaal stellend, alles in dienst om het licht onder de mensen te brengen."

Hij schonk de wijn in en deelde de bekers rond. En hij zei:

"Door deze wijn te drinken zullen jullie mij voelen in jullie bloed, zoals hij mij voelde in zijn bloed. Het zal jullie de moed geven die nodig is om vrijuit van mij te getuigen, zodat ook na zijn dood zijn boodschap zal voortleven."

Zijn vrienden pakten de bekers aan en dronken. Bij sommigen gleden de tranen langs hun wangen. Jezus zag hun verdriet en troostend zei hij:

"Wees niet verdrietig alsjeblieft. Want mijn Vader wacht op mij en ik weet dat ik naast Hem zal zitten voor altijd. Dus al zien jullie mij niet meer hier, toch zal ik bij jullie zijn. En Christus zal bij jullie blijven om jullie te helpen mijn boodschap verder uit te dragen."

Hij stond op, liep bij hen langs en omarmde hen één voor één. Het langst stond hij stil bij Petrus.

"Petrus, jij bent al die tijd mijn rots in de branding geweest. Dank je wel voor alles wat je hebt gedaan. Toon dat je mijn vertrouwen waard bent. Wees dapper! Laat je niet door je angst weerhouden dat te doen wat moet. Getuig van mij en je beloning zal groot zijn!"

Innig omhelsde hij zijn vriend en Petrus huilde als een kind in zijn armen. Ze gingen weer zitten en Jezus maakte aanstalten om de traditionele psalmen die als afsluiting van de paasmaaltijd golden, te lezen. Maar plotseling werd er hard op de deur gebonsd. Hun Esseense gids kwam binnen gestormd. Schril riep hij:

"Jezus, ze komen eraan! Hij heeft ze inderdaad de weg hiernaar toe gewezen. Maar er is nog tijd. Vlucht nu het nog kan!"

In paniek sprongen de discipelen op. Alleen Jezus bleef rustig. Berustend sprak hij:

"Waarom zou ik vluchten? Mijn lot ontloop ik toch niet."

Maar Petrus pakte hem ruw bij zijn schouders en schudde hem wild door elkaar.

"Jij laat je toch zeker niet als een lam naar de slachtbank leiden!" riep hij uit. "We volgen die jongen, nu!"

Hij trok hem met zich mee en hun gids leidde hen trefzeker terug naar de toren van Silóam. Ongezien verlieten ze de stad en ze vluchtten naar de Olijfberg waar ze zich in de tuin Getsemané verschansten tussen het groen. Maar Jezus begreep dat het niet lang zou duren of ze zouden ook hier gevonden worden. Een grote onrust maakte zich van hem meester. Ernstig zei hij tegen zijn vrienden:

"Blijf hier en wees alert. Ik ga verderop om te bidden."

Hij liep verder de tuin in en liet zich op zijn knieën vallen. Hij verborg zijn gezicht in zijn handen en vertwijfeld smeekte hij:

"Mijn God, alstublieft, Vader, alstublieft, heb medelijden met mij. Is er echt geen andere weg om mijn opdracht te voltooien?"

Het was een vraag die geen antwoord behoefde. Hij wist dat er geen andere weg was. Een enorme angst overviel hem. En hij bad:

"Oh Heer, mijn ziel is sterk. Uw Christusgeest kent geen angst. Maar ik, Jezus, ben hier ook nog. En natuurlijk ben ik dankbaar voor al het goede dat U mij hebt gegeven. Er is geen mooier geschenk denkbaar voor een mens dan Uw Christusgeest te mogen ontvangen.

Zoveel wijsheid en verdieping heeft het mij gebracht. Maar U hebt wel een menselijk lichaam gekozen om Uw wijsheid in te planten. En U kent de pijn van zo'n lichaam niet. Maar ik wel. Ik heb ze gezien, de arme sloebers die net als ik straks aan het kruis genageld waren. Ik heb hun afgrijselijke doodsstrijd gezien. En Heer, Mijn God, ik ben zo bang voor die strijd en het ondraaglijke lijden. Vader, ik vraag U: hoe kunt U mij, Uw zoon, dit aandoen!"

En hij huilde. Hij dacht aan zijn dierbare vrienden die zulke hoge verwachtingen van hem hadden gehad. Lamaas uit India, Kaspar zijn gids in Perzië en Matheno, zijn goede oude vriend Matheno die hem in Qumran altijd met raad en daad terzijde had gestaan. Zouden zij de betekenis van zijn dood ooit kunnen doorzien? God kreeg medelijden toen Hij zijn verdriet zag en Hij zond een engel om hem te bemoedigen. Maar toen Jezus de engel zag werd hij vervuld met afgrijzen en hij riep:

"Mijn God, wat is dit, U komt mij toch niet nu al halen! Vader, alstublieft. Hoe zullen de mensen ooit de omvang van mijn offer begrijpen als U mij nu al tot U neemt! Als ze hier mijn levenloze lichaam vinden zullen ze denken dat ik me als een lafaard van het leven heb beroofd. Heer God, ik smeek U, laat mij dit laatste offer brengen, anders is alles voor niets geweest en zal de waarheid voor altijd verloren gaan."

De engel keek vol erbarmen op hem neer. Teder legde hij zijn hand op zijn schouder en sprak:

"Zie, zojuist heb jij jezelf verlost van je angst. Ga, en de zegen van de mensheid zal met je zijn."

Zijn liefdevolle aandacht gaf Jezus weer wat rust. En hij besefte dat zijn woorden inderdaad de aanvaarding van zijn laatste opdracht waren geweest. Hij haalde een paar keer diep adem. Toen boog hij zich voorover, sloot zijn ogen en woordeloos nu vroeg hij God of Hij hem wilde leiden bij alles wat er nu te gebeuren stond. Hij voelde Gods belofte in zijn hart dat deze hem, wat er ook zou gebeuren, zou bijstaan. Door deze belofte gesterkt kwam hij overeind en hij liep terug naar de plek waar hij zijn discipelen had achtergelaten. Tot zijn verbijstering zag hij dat ze in slaap waren gevallen. Hij porde hen wakker en sprak diep teleurgesteld:

"Konden jullie echt niet wakker blijven? Kijk, daar komen ze om mij te halen."

Verschrikt sprongen zijn leerlingen overeind en ze zagen dat ze de overmacht die er aankwam nooit zouden kunnen verslaan. In paniek vluchtten ze weg. Alleen Petrus bleef achter en trok zijn zwaard.

"Ik verdedig je zo nodig met mijn leven, Jezus!" riep hij hartstochtelijk uit en hij ging beschermend voor zijn vriend staan.

Maar Jezus schudde zijn hoofd.

"Ach Petrus, die jongens worden ook maar gestuurd. Nee, ik zal mij niet verzetten en gewoon met hen meegaan."

De legionairs kwamen nu op hen toe. Tot zijn afschuw zag Petrus dat Judas hen voorging. Doelbewust liep hij op Jezus af en kuste hem op zijn wang. Jezus wankelde. Hij wist dat hij Judas min of meer had aangezet om dit te doen, maar nu het zover was voelde het heel dubbel. Intens keken ze elkaar aan en zelfs Petrus voelde de chemie tussen hen. Toen grepen de soldaten Jezus vast en niet bepaald zachtzinnig boeiden ze hem. Verward schudde Judas zijn hoofd. Met tranen in zijn ogen keek hij toe hoe Jezus zich zonder enige vorm van verzet liet meevoeren. Petrus had totaal geen oog voor zijn emoties.

"En, ben je nu trots op jezelf, vuile verrader?" beet hij hem woedend toe. "Hoe kon je dit doen! Hoe kon je!"

Judas opende zijn mond om zichzelf te verdedigen. Maar toen draaide hij zich met een ruk om en beende weg. Hij had helemaal geen zin om uit te leggen dat Jezus zelf hem had gevraagd hem te helpen deze laatste, moeilijke stap te nemen. Even keek Petrus hem na. Toen haastte hij zich achter Jezus aan om te zien hoe alles zou aflopen. De soldaten volgden de weg naar de tempel en ze leidden Jezus de zaal van de Hoge Raad binnen. De hele Raad was die nacht in het paleis aanwezig om deze belangrijke kwestie te beslechten en toen Jezus werd binnengevoerd kon Kajafas een zeker gevoel van triomf niet onderdrukken. Zonder omhaal sprak hij:

"Zo Jezus, jij wilt toch zeker niet ontkennen dat jij verantwoordelijk bent voor het bloedbad dat zich hier heeft afgespeeld en al die doden en gewonden die zijn gevallen. Of dacht je je straf hiervoor zomaar te kunnen ontlopen!"

Jezus keek de man vrijmoedig aan.

"Zeker wel ontken ik die verantwoordelijkheid!" antwoordde hij zeer beslist. "Want ik verafschuw geweld en ik heb mij nooit opgeworpen als troonpretendent. En ook u heb ik nooit kwaad willen doen, maar u alleen willen wijzen op uw gedrag. Uzelf hebt door uw gedrag het volk tot wanhoop gedreven en zo deze opstand op uw geweten geladen. En u weet best wie ik ben en waarvoor ik ben gekomen. Daarvan heb ik nooit een geheim gemaakt."

Kajafas lachte schamper.

"Oh, je bedoelt jouw bewering dat je Christus zou zijn," zei hij een beetje lacherig. "Nu, als dat echt zo is, zeg dat dan eens openlijk!"

Maar Jezus antwoordde:

"Ik begrijp niet wat u bedoelt. Ik heb altijd vrijuit gesproken, buiten in het veld en ook hier in de tempel. Dus waarom vraagt u dit, u weet immers wat ik heb gezegd!"

Een van de tempeldienaars, die naast hem stond om hem te bewaken, ergerde zich aan zijn antwoord en gaf hem een harde slag in het gezicht.

"Niet zo brutaal hè!" siste hij hem toe. "Zo praten wij niet tegen de hogepriester, begrepen!"

Jezus voelde dat zijn lip kapot sprong en hij proefde bloed in zijn mond. Verontwaardigd draaide hij zich naar de man en hij sprak scherp:

"Waarom sla je mij? Als ik iets verkeerds heb gezegd, zeg dan wat er verkeerd was. Maar als het goed was, waarom sla je mij dan zomaar!"

Zijn vrijpostige woorden veroorzaakten een schokgolf van verontwaardiging in de ruimte en de tempeldienaars dromden woedend om hem heen. Maar Kajafas hief zijn hand op en riep:

"Wacht, laten wij ons beheersen. Want hij heeft mijn vraag nog niet beantwoord!"

En hij herhaalde:

"Zeg op Jezus, ben jij de Christus?"

"Al zou ik zeggen dat het zo is, dan zou u mij toch niet geloven," antwoordde Jezus bitter. "Maar ik zeg u: God zelf heeft mij onder Zijn hoede genomen en Zijn belofte dat ik naast Hem zal zitten in Zijn Koninkrijk is de eeuwig durende waarheid en een ieder die deze waarheid omarmt zal eeuwig leven."

Woedend sprong Kajafas overeind. Hij richtte zich tot de leden van de Raad en riep:

"Hebben wij nog meer nodig? Hij beweert nu toch zeker zelf dat hij gelijk staat aan God? Een schande is het!"

En de opgewonden menigte kon zich niet meer inhouden. Ze

grepen hem vast en beukten op hem in. Iemand trok zelfs een doek over zijn hoofd zodat hij niets meer kon zien en spottend riepen zijn kwelgeesten:

"Nou, zoon van God, als je zo machtig bent, vertel dan eens: wie van ons sloeg je nu?"

Jezus hief zijn armen op in een poging de slagen af te weren. Maar iemand trok zijn benen onder hem weg waardoor hij hard neerviel, en ze schopten en trapten hem. Kreunend van pijn kromp hij ineen. Toen stond een van de priesters op. Met luide stem overschreeuwde hij de massa.

"Mannen, schaam je! Zo ga je toch zeker niet om met iemand die zich niet kan verdedigen. Help hem overeind!"

Even gebeurde er niets. Toen werd hij overeind gesleurd en ruw trok iemand de doek van zijn hoofd. Jezus zocht de blik van de priester die het voor hem had opgenomen en zag dat het de goede Nicodemus was. Hun blikken haakten in elkaar en Nicodemus vroeg zacht:

"En Jezus, wil je ons nu misschien de waarheid zeggen? Ben jij de zoon van God?"

Even aarzelde Jezus. Toen antwoordde hij met vaste stem:

"U zegt het," en deed er verder het zwijgen toe.

Verdrietig schudde Nicodemus zijn hoofd. Hij besefte dat Jezus met deze woorden zijn eigen doodvonnis had getekend. Nog nooit had iemand met zulke pretenties zich aangediend en zo hun verworvenheden bedreigd. En Kajafas riep:

"Breng hem naar Pilatus, zodat hij veroordeeld kan worden!"

Het nieuws dat Jezus gevangen was genomen verspreidde zich als een lopend vuurtje door de stad en iedereen die hem een warm hart toedroeg drong zich samen bij het paleis van Pilatus. Maar zij konden niet dichtbij komen want een cordon soldaten sloot de toegang tot het plein hermetisch af. Al vroeg hadden vele zeloten, de priesters en andere oproerkraaiers zich daar verzameld. Het plein was overvol en om te voorkomen dat mensen onder de voet zouden worden gelopen, sloten de Romeinen de poort. Zo gingen de steunbetuigingen van Jezus' aanhang verloren in het geschreeuw van het gepeupel daarbinnen. Ook Maria en de moeder van Jezus bevonden zich voor de poort. Het lukte hen zowaar zich door massa heen naar voren te dringen. Maar daar stuitten ook zij op de soldaten.

"Alstublieft heer, heb medelijden," sprak Jezus' moeder een van hen aan. "Geheel onterecht is mijn zoon gearresteerd. Ik smeek u: laat mij door zodat ik ter verdediging van hem kan spreken."

Maar de soldaat duwde haar ruw aan de kant. Huilend zochten de vrouwen steun bij elkaar. Toen voelde Maria een hand op haar schouder en een vrouw fluisterde in haar oor:

"Kom, volg mij."

Verbaasd draaide Maria zich om. Ze kende de vrouw niet, maar ze voelde dat ze haar kon vertrouwen. De vrouw leidde hen om het plein heen, tot aan een trap die was afgesloten door een hoog ijzeren hek. De vrouw haalde een sleutel uit haar zak en liet hen binnen. Ze ging hen voor naar boven en ze kwamen uit op een soort zuilengang vanwaar ze beneden zich het plein konden zien liggen. Ze zagen Jezus staan, geboeid, het gepeupel achter en het immense paleis van Pilatus voor zich. De vrouw zei:

"Meer kan ik nu niet voor jullie doen. Maar van hier kun je zijn berechting volgen. Ik blijf in de buurt, misschien kan ik straks nog iets voor jullie betekenen."

Maria bedankte haar ontroerd en richtte al haar aandacht op wat zich beneden afspeelde. Ze zagen Pilatus naar buitenkomen en op Jezus toelopen. Hij keek naar zijn bebloede gezicht, naar de blauwe plekken op zijn armen en benen.

"Is dit het je echt allemaal waard?" vroeg hij. "Wil je werkelijk zo ver gaan?"

Gelaten antwoordde Jezus:

"Het was mijn lot van het begin af aan. Wie getuigt van de waarheid zal lijden in deze wereld."

Geringschattend nam Pilatus hem op.

"Ach, wat is waarheid?" reageerde hij cynisch. "Ik heb mijn waarheid en jij de jouwe. Kom jij niet gewoon jouw wetten tegenover de onze stellen?"

Maar Jezus sprak:

"Ik kom niet om wetten te stellen. Integendeel. Ik wilde juist die knellende banden voor de mensen lichter maken. Wetten moeten mensen dienen, niet knechten. Door de wet zijn de mensen afgedwaald van het licht van God in hun hart. En ook u hebt de herinnering aan het licht verloren en blokkeert zo mensen om de waarheid te vinden."

Vrijmoedig keek hij de man aan. Deze voelde zich ongemakkelijk onder zijn blik en hij verzuchtte:

"Ik sta hier met lege handen. Ik begrijp niets van jullie godsdienstig gekonkel. Bovendien heb je mijn nachtrust behoorlijk verstoord. Niet alleen die priester, Nicodemus, is nog laat bij mij geweest om het voor je op te nemen, ook iemand van mijn eigen mensen, ene Gaius Octavius, kwam jouw onschuld bepleiten. Hij bezwoer me dat jij niets te maken hebt met die opstand van afgelopen week. Volgens hem is Barabbas de Zeloot de schuldige. Ik moet toegeven dat ik geneigd ben hem te geloven. Ik vraag me echter af of het volk er ook zo over denkt. Daarom ga ik hem nu halen, en dan zullen we zien."

Hij riep een tiental soldaten bij zich en beval hen een beschermend schild om Jezus te vormen. Daarna ging hij naar binnen om Barabbas te halen.

Zijn afwezigheid gaf Jezus de tijd om zijn situatie in ogenschouw te nemen. Zijn blik dwaalde rond en hij zag het bolwerk van macht, het immense paleis van Pilatus, tegenover zich en de enorme muur die dit paleis omringde. En opeens ontdekte hij op die muur de twee vrouwen. Hij herkende hen onmiddellijk en zijn hart bloeide op. Maria zag zijn blik van waardering dat ze hem tot in het hol van de leeuw waren gevolgd en haar hart juichte en huilde tegelijk. En nog verder gleed zijn blik en hij zag de woede en onmacht van de menigte op het plein. Maar ook merkte hij de vele mensen buiten het hek op die zich daar in stil protest hadden verzameld en een vlam van hoop flakkerde op in zijn hart. En hij herinnerde zich Gods belofte, die Hij lang geleden had gedaan:

"Miljoenen zullen zich jouw woorden herinneren en er de betekenis van gaan begrijpen. En jij zult het weten want jij zult hier zitten, naast mij en Koning zijn voor altijd."

Even sloot hij zijn ogen, God dankend dat hij zijn doel niet uit het oog was verloren in deze heksenketel. Zo gesterkt zag hij Pilatus weer naar buiten komen en de spanning vlamde op in zijn lijf. Met luide stem richtte Pilatus zich tot de menigte:

"Ik heb mijn besluit genomen. Jullie mogen zelf zeggen wie in jullie ogen de schuldige is voor alles wat zich hier heeft afgespeeld en de doodstraf aan het kruis verdient!"

Hij wuifde met zijn hand en een aantal soldaten bracht Barabbas naar voren. Geschokt keek Jezus toe want de zeloot was behoorlijk toegetakeld. Maar dit had zijn verzet niet geknakt. Integendeel! Trots hief hij zijn geboeide armen in de lucht en hitste de menigte op. Zijn aanhangers juichten hem uitzinnig toe. Ze beseften dat wanneer ze ooit een nieuwe poging wilden wagen om Herodes te verdrijven, ze aan Barabbas heel wat meer zouden hebben dan aan Jezus! De priesters keken tevreden toe hoe de situatie zich ontwikkelde. Het leek erop dat zij weinig moeite hoefden te doen om de door hun gewenste afloop te bewerkstelligen. Jezus hoorde alle toejuichingen die Barabbas oogstte. Berustend liet hij zijn hoofd zakken en hij probeerde zich mentaal zo goed mogelijk voor te bereiden op alles wat hem nu te wachten stond. Verbijsterd zag Pilatus wat er gebeurde. Dit had hij niet verwacht! Geschokt zei hij:

"Ik zie geen schuld in deze man. Maar goed, jullie hebben je keus gemaakt. Daarom zal ik hem voorafgaand aan zijn straf en getrouw jullie regels, laten geselen tot het maximum van 39 slagen."

Met een kort gebaar beval hij zijn soldaten de geseling uit te voeren. De legionairs grijnsden breed, blij met dit verzetje. Ze grepen Jezus vast, bonden zijn handen aan een stenen blok en ontblootten ruw zijn rug. Nog steeds grijnzend pakten twee van hen een zweep. Jezus zette zich schrap en spande iedere vezel in zijn lichaam om de klappen zo goed mogelijk op te vangen. En toen de slagen op hem neervielen, beet hij zijn lippen stuk maar gaf geen krimp. Maria en zijn moeder konden vanaf de eerste rang zien hoe Jezus buiten proportie werd gemarteld en de stem van Pilatus die de slagen telde, dreunde door hun hoofd. Na dertig slagen liep het bloed in straaltjes van Jezus' rug en hij zakte in elkaar. Met een ruk hief Pilatus zijn hand op. Onmiddellijk stopten de soldaten. Een van hen gooide een emmer water over Jezus' hoofd waardoor hij weer bij bewustzijn kwam en met een enorme krachtsinspanning hees hij zichzelf overeind. Hij zocht Pilatus' ogen en met een bijna ongeduldige blik tartte hij hem de geseling voort te zetten. Pilatus bewonderde zijn slachtoffer om zijn houding. Hij knikte naar zijn soldaten en telde door. Na afloop was Jezus' rug volledig kapot geslagen. Maar zijn onverzettelijkheid was niet aangetast en Pilatus wist niet hoe hij het had. Niet eerder had hij meegemaakt dat iemand zelfs onder deze omstandigheden zijn waardigheid wist te bewaren. In het besef dat hij weliswaar Jezus' lichaam kon breken, maar dat de onvoorstelbare geestkracht waarover deze man beschikte niet kapot te krijgen was, draaide hij zich met een ruk om. Hij liet het aan zijn soldaten over om de voor hen al routine geworden klus uit te voeren. De soldaten lachten schamper. Ze liepen om Jezus heen, monsterden hem van top tot teen en zeiden kleinerend:

"Zo, koning van de joden, hoe gaat het vandaag met u?"

Jezus kneep zijn lippen op elkaar. Vastbesloten zich niet te laten provoceren reageerde hij op geen enkele wijze op hun plagerijen. Zijn houding prikkelde de soldaten echter om door te gaan en een van hen drukte een krans van doornige takken op zijn hoofd. De scherpe punten boorden zich door zijn hoofdhuid en drukten meedogenloos tegen zijn schedel. Jezus wankelde en straaltjes bloed liepen langs zijn voorhoofd en wangen. De soldaten lachten opnieuw.

"Die kroon staat u prachtig, majesteit!" spotten zij en ze wierpen een verschoten rode mantel om zijn schouders.

De beide Maria's op de muur klampten zich verbijsterd aan elkaar vast. Toen stond opeens de vrouw weer voor hen. Ook haar gezicht vertoonde grote emotie en verstikt zei ze:

"Neem van mij aan dat wij dit ook niet hebben gewild! Maar mijn man moet nu eenmaal de rust hier bewaren. En jullie hebben gezien hoe die zeloten tekeer gingen!"

Ze ging hen weer voor de trap af en opende het hek. Volkomen lamgeslagen stonden de twee vrouwen even later tussen de menigte die zich daar nog steeds ophield. In tegenstelling tot de zeloten, die Barabbas juichend op hun schouders hadden genomen, waren de mensen hier stil van verbijstering. Verloren keek Maria om zich heen. Haar arm stevig om Jezus' moeder geslagen wist ze even niet wat ze moest doen. Toen zag ze tot haar opluchting Petrus en Lazarus opdoemen. Huilend vielen ze elkaar om de hals.

"Heeft hij dit niet voorzien?" stamelde Petrus schor. "We hadden kunnen vluchten. Echt, we hadden kunnen vluchten!"

Stil schudde Maria haar hoofd.

"Natuurlijk heeft hij dit wel voorzien," zei ze zacht. "En hij heeft ervoor gekozen deze weg te gaan. Want wat zou er van hem zijn overgebleven als hij gevlucht was? Niets toch zeker! Hij zou zich monddood hebben laten maken. Maar nu heeft hij zijn waardigheid niet verloren en ervoor gezorgd dat zijn boodschap alleen maar aan zeggingskracht heeft gewonnen. Laten we dan ook proberen hem nu zoveel als in onze macht ligt te steunen!"

Bewonderend keek Petrus haar aan. Hij begon te begrijpen waarom Jezus zo vaak haar gezelschap had verkozen boven dat van hen. Plotseling kwam de menigte in beweging. Het hek rond het plein zwaaide open en een groot aantal soldaten dreef de mensen aan de kant. En Maria zag hoe Jezus, omringd door een groot aantal bewakers, werd voortgedreven naar de executieplaats die buiten de stadsmuur op een lage heuvel was gelegen. Ze hadden de zware dwarsbalk van het kruis op zijn rug gebonden en de soldaten dreven hem een tempo op dat hij nauwelijks kon bijhouden.

"Kom, kom," zeiden ze ongeduldig. "We hebben niet de hele dag de tijd!"

Ze sloegen hem met een zweep tegen zijn benen in een poging het tempo erin te houden. Maar in plaats daarvan struikelde Jezus en hij viel. Geïrriteerd wilde een van de soldaten hem een trap geven, maar een ander hield hem tegen en sneed de touwen door waarmee de dwarsbalk zat vastgebonden. Ruw trok hij een man uit het publiek en snauwde kortaf:

"Vooruit, draag jij die balk maar anders knijpt hij er hier al tussenuit."

Toen boog hij zich over Jezus heen en hees hem overeind. Stevig sloeg hij zijn arm om hem heen en gromde:

"En nu lopen, begrepen!"

Zwaar leunde Jezus tegen hem aan en door zijn opgezwollen oogleden wierp hij een blik op de soldaat. En hij kon zijn ogen niet geloven.

"Gaius???" stamelde hij.

De jongen, in vol ornaat gekleed in zijn legionairskostuum, knikte kort en fluisterde, zodat niemand anders het kon horen:

"Dit was de enige manier om bij je te komen. Luister, ik moet je iets zeggen. Vanochtend is Judas gevonden, dood. Hij heeft zichzelf opgehangen. Jullie waren zulke goede vrienden. Ik vond dat je dit moest weten."

Even voelde hij Jezus nog zwaarder tegen zich aanleunen. Toen, bijna onhoorbaar, hoorde hij hem terugfluisteren:

"Maak je... geen zorgen. Vandaag nog zal ik hem... ontmoeten in mijn Vaders paradijs."

En hij slaagde er zelfs in een kleine glimlach tevoorschijn te toveren. Petrus en Maria die de stoet volgden, hun weg zoekend achter alle mensen die langs de kant stonden, hadden Gaius ook herkend en ze dankten God dat Jezus in ieder geval die zware balk niet meer op zijn gewonde rug hoefde te dragen.

Ze waren nu bij de kleine heuvel aangekomen en met tranen in zijn ogen droeg Gaius zijn vriend over aan enkele van zijn collega's. Deze gunden Jezus niet veel tijd om tot zichzelf te komen want ruw trokken ze zijn overkleed over zijn hoofd en de stof die zat vastgeplakt aan de wonden op zijn rug, trok deze open en veroorzaakte nieuwe bloedingen. Ze wilden hem nu vastpakken en dwingen op het kruis te gaan liggen, gewend als zij waren dat hun slachtoffers hevig tegenstribbelden met het oog op alles wat hen te wachten stond. Maar Jezus schudde hun handen van zich af. Hij keek om zich heen en zag dat Maria, Lazarus, Petrus en zijn moeder hem de hele weg waren gevolgd en dat een enorme massa mensen zich om de heuvel verzamelde. Dankbaar realiseerde hij zich dat zijn optreden zo te zien toch het nodige teweeg had gebracht en dat alles dus niet voor niets was geweest. Toen knielde hij uit eigen beweging neer, ging liggen en strekte zijn armen over de dwarsbalk. Zo liggend zag hij Gods oneindige hemel boven zich en deze leek die dag blauwer dan ooit, als een eeuwig durende belofte. De soldaten bonden zijn armen en voeten met touw en zij verbaasden zich zeer over hem. Zijn houding dwong respect af en ze vroegen hem of hij een pijnstillend mengsel van zure wijn en mirre wilde nemen. Maar Jezus schudde beslist zijn hoofd. Tot nu toe had hij immers geen krimp gegeven. Niet toen ze hem geselden, niet toen ze hem de doornenkroon op zijn hoofd drukten en niet toen ze de zware balk op zijn kapot geslagen rug bonden. En ook nu zouden ze hem er niet onder krijgen. Hij klemde zijn kaken op elkaar en verzamelde al zijn geestkracht. De pijn kon niet heviger zijn dan alles wat ze hem al hadden aangedaan. Maar hij vergiste zich. Het was erger dan hij zich ook maar had kunnen voorstellen. En toen de dikke punt van de spijker meedogenloos door zijn handzenuw sneed, krijste hij het uit. Zijn schreeuw vermengde zich met de rauwe kreten van zijn moeder die overmand door alle emoties in elkaar zakte. En nog hoger reikte zijn schreeuw toen de tweede spijker zijn andere pols doorboorde en de derde zijn voeten. God in zijn hoogste hemel kromp ineen. Donkere wolken pakten zich samen, verstikten het licht van de zon. God rouwde en versluierde zijn stralen. Een onheilspellende stilte daalde neer en dringend fluisterde Jezus:

"Vader...,"

Onmiddellijk voelde hij Gods aanwezigheid in zijn hart, hem sterkend en troostend.

"Vader, vergeef het hen. Zij weten niet wat ze doen."

En God verliet hem niet, maar bleef bij hem met Zijn trillende aanwezigheid. Het kruis werd nu overeind getrokken. Jezus voelde hoe plotseling zijn volle gewicht aan zijn polsen kwam te hangen en een afgrijselijke pijn trok door zijn armen en borstkas en maakte het hem bijna onmogelijk te ademen. Voorzichtig probeerde hij of hij zich met zijn voeten kon afzetten om de druk op zijn polsen enigszins te verlichten. Maar ook dit veroorzaakte een helse pijn. Het zweet brak hem uit en liep in straaltjes van zijn gezicht. Alleen de trillende aanwezigheid van zijn Vader maakte dat hij het niet opnieuw uitschreeuwde. Onrustig dwaalde zijn blik rond. Zijn moeder, waar was zijn moeder, kon zij dit alles wel verdragen? Tot zijn opluchting zag hij dat Lazarus zich over haar had ontfermd. Dankbaar zocht Jezus de blik van zijn vriend en ondanks de moeite die het hem kostte om te spreken zei hij:

"Zorg voor haar, alsjeblieft."

Lazarus knikte, diep ontroerd omdat hij zich zelfs op dit moment nog om anderen bekommerde. En Jezus' blik dwaalde verder. Hij zag de enorme menigte die zich stil van ontzetting had verzameld. Sommigen hadden lantaarns gehaald om hem, ondanks de drukkende duisternis, bij te staan. En nu zocht hij Maria. Door de pijn heen brandde het verlangen om haar nog even te kunnen zien, hier, op deze plek, waar alles zou eindigen. Maria zag zijn zoekende blik en haar emoties de baas biedend keek ze hem strak aan, vastbesloten om hem met alle kracht die in haar was te steunen. Hun blikken haakten zich in elkaar en ze voelde dat haar aanwezigheid hem goed deed. En ze dronk zijn beeltenis in, brandde het vast op haar netvlies zodat ze nooit, maar dan ook nooit zou vergeten hoe hij eruit had gezien, de man van wie ze zo zielsveel hield. Ze zag hoe hij hijgde en dat zijn lippen langzaam blauw kleurden omdat hij door de stand van zijn borstkas nauwelijks adem konden halen. Een hevige benauwdheid speelde Jezus dan ook parten. Hij bereidde zich voor op de vlammende pijn in zijn voeten wanneer hij zich kort op zou drukken om toch weer even te kunnen inademen. Hij strekte zijn knieën en zoog rochelend wat lucht in zijn longen. Ondanks de heftige pijn in zijn voeten schonk het hem enige verlichting en hij zocht Maria's blik en fluisterde bijna onhoorbaar:

"Ik heb... dorst."

Maria begreep onmiddellijk wat hij had gezegd. Maar de soldaten onder het kruis hadden niets gehoord, omdat ze volledig opgingen in een dobbelspel met als inzet Jezus' kostbare overkleed. Gloeiend van verontwaardiging liep ze op hen af.

"Hij heeft dorst," zei ze schril. "Geef hem iets te drinken, nu!"

Verschrikt sprong een van de soldaten overeind. Hij prikte een spons op een tak en doopte deze in een emmer met zure wijn. Hij drukte de spons tegen Jezus' lippen. Gretig slurpte Jezus wat van het vocht op maar toen lukte het hem niet meer de hevige pijn in zijn voeten te weerstaan. Hij liet zich weer door zijn knieën zakken maar hierdoor werd de pijn in zijn polsen opnieuw ondragelijk. Een waas trok voor zijn ogen. Hoe lang zou hij dit nog kunnen volhouden? Hij voelde zijn hart geweldig tekeer gaan in een uiterste poging dat wat er nog aan zuurstof binnen kwam rond te pompen. Maar ondanks dat werd de benauwdheid heviger en heviger. Maria zag hoe vreselijk hij leed. Ondanks haar voornemen sterk te blijven wankelde ze en toonloos vormde haar mond de woorden:

"Ga maar, liefste. Ga maar. Ik zie je immers daar weer terug."

Of hij haar woorden had begrepen wist ze niet. Maar voor haar gevoel had hij nu definitief afscheid van haar genomen want de strijd die hij streed eiste hem volledig op. Vurig hoopte ze dat het dan ook snel afgelopen zou zijn. Maar de uren verstreken en nog leek er aan de hevige marteling geen einde te komen. In een trieste cadans duwde hij zich telkens weer af op de spijker in zijn voeten om in ieder geval even vrijuit te kunnen ademen. Tot de pijn in zijn voeten het hem onmogelijk maakte te blijven staan en hij zich weer moest laten zakken. Het kostte hem echter steeds meer moeite en ook de ingevallen duisternis bezwaarde hem. Altijd had hij van de zon gehouden, graag de warmte op zijn gezicht gevoeld. Met een laatste, uiterste krachtsinspanning verhief hij zijn stem en riep:

"Helion, helion, lama sabachthani!" wat betekent: 'O zon, o zon, waarom heb je mij verlaten!'

Zijn jammerkreet steeg op tot in de hemel en God kon zijn doodstrijd niet langer aanzien. Iedereen die zich om het kruis had verzameld, zag hoe zich plotseling een gouden lichtstraal door het wolkendek boorde. Rechtstreeks scheen het licht op Jezus' hoofd en Jezus hoorde zijn Vaders liefdevolle stem in zijn hart. Niet eerder had die stem zo teder geklonken als toen Hij zei:

"Het is goed zo jongen, het is volbracht. Kom, ik verwacht je nu."

Gods liefdevolle woorden raakten Jezus diep. Een laatste siddering trok door zijn lichaam. Toen gaf hij zich over. Hij gaf zich over in Gods armen en met zijn laatste woorden toonde hij dat hij geen moment had getwijfeld, dat hij wist waarheen hij zou gaan: naar zijn Vader die hem geen moment in de steek had gelaten en die altijd een betrouwbare basis was geweest. Hij fluisterde:

"Vader, in Uw handen geef ik mijn ziel."

En hij boog zijn hoofd en stierf.

Een klemmende stilte viel. Iedereen hield geschokt de adem in. Maar toen ontvouwde zich een adembenemend schouwspel rondom het kruis. Een stralende fontein van paars licht spatte uiteen tot ver boven Jezus' hoofd en zette de heuvel en de hemel erboven in een intens paarse gloed. Een overweldigende golf van energie sloeg door iedereen die stond toe te kijken en allen voelden een begeestering, een merkwaardig nieuw elan. En Christus ontfermde zich over hem. Hij droeg hem langs alle wachters van het hemelrijk, zorgvuldig zijn ziel beschermend en bracht hem rechtstreeks tot bij God. Om onmiddellijk daarna weer terug te keren. Want hij had nog een taak te volbrengen.

Nu God Jezus veilig bij zich wist, richtte Hij zijn woede op hen die de gewelddadige dood van Zijn zoon op hun geweten hadden. Een heftig natuurgeweld brak los. De aarde beefde, de stad Jeruzalem schudde heen en weer, bomen braken en vielen om. En ook de tempel schudde op haar grondvesten en het gordijn voor het heiligheid scheurde in tweeën. De priesters werden vervuld met angst. Ze ontvluchtten het tempelgebouw en zochten bescherming in hun huizen, bang voor de wraak van God. En ze begrepen hoe ze Jezus tekort hadden gedaan en zij schaamden zich diep.

Ook Maria, Gaius, Lazarus, Petrus en Jezus' moeder stonden middenin het natuurgeweld. Ze keken elkaar aan met een mengeling van verbijstering en opluchting. De tranen gleden bij alle vijf langs de wangen en Maria sprak, haar stem schor van emotie:

"Hij had gelijk. God heeft hem niet in de steek gelaten, al die tijd niet en nu niet. Hij is nu daar, ik weet het zeker. En met behulp van Christus zullen zijn woorden hun weg vinden. Als hij daar zo op vertrouwde, dan moeten wij dat zeker ook doen!"

De soldaten die de wacht hadden gehouden, hoorden haar woorden. Verward keken ze naar alles wat er gebeurde. En een van hen merkte op:

"Nu weten we het eindelijk zeker: dit was echt de zoon van God!"

En zij stuurden een bode naar Pilatus om hem te berichten dat Jezus was overleden.

LITERATUUR

DOWLING, Levi, *Het Aquarius Evangelie*, Uitgeverij Schors, Amsterdam

SMALHOUT, Prof. Dr. Bob, *Bijbelse tijdgenoten*, 2005 Uitgeverij het Spectrum

STOLP, Hans, *Jezus van Nazareth, Esoterisch Bijbellezen*, Uitgeverij Ankh Hermes bv - Deventer

STOLP, Hans, *De Zaligsprekingen als inwijdingsweg*, Uitgeverij Ankh-Hermes bv - Deventer

LOMMEL VAN, Pim, *Eindeloos bewustzijn,* Uitgeverij Ten Have

FREDRIKSSON, Marianne, *Volgens Maria Magdalena,* Uitgeverij Maarten Muntinga bv, Amsterdam

GNOSTISCHE GESCHRIFTEN
Het evangelie van Maria Magdalena
Het evangelie van Judas
Het evangelie van Thomas

DE BIJBEL *Jesaja, Matteus, Marcus, Lucas, Johannes, Zacharia,* 1951 Nederlands Bijbelgenootschap, Haarlem

EVERS, Lou, *Jodendom voor beginners*, Forum - Amsterdam

BLOCK, Emil, *Tussen Bethlehem en de Jordaan*, 1989 Uitgeverij Christofoor

VERGEER, Charles, *Een nameloze, Jezus de Nazarener,* 1997 Uitgeverij SUN, Nijmegen/Amsterdam

VRIES DE, Sjoerd, *Hindoeïsme voor beginners*, 2003 - Forum - , Amsterdam

MARE VAN, Peter (opgetekend door), *Ooggetuigeverslag van het leven van Jezus*, Uitgeverij Ankh-Hermes bv - Deventer

www.ingramcontent.com/pod-product-compliance
Lightning Source LLC
Chambersburg PA
CBHW020443130626
46549CB00001B/280